THE BIG CHANGE?

Michèle Auga

THE BIG CHANGE?

GROSSBRITANNIENS EXIT AUS DEM POPULISMUS

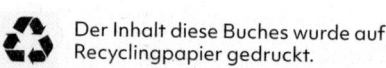 Der Inhalt diese Buches wurde auf Recyclingpapier gedruckt.

Bibliografische Information der Deutschen Nationalbibliothek
Die Deutsche Nationalbibliothek verzeichnet
diese Publikation in der Deutschen Nationalbibliografie;
detaillierte bibliografische Daten sind im Internet
über *http://dnb.dnb.de* abrufbar.

ISBN 978-3-8012-0687-1
Auch als E-Book erhältlich: ISBN 978-3-8012-7067-4

Copyright © 2025 by
Verlag J. H. W. Dietz Nachf. GmbH
Dreizehnmorgenweg 24, 53175 Bonn
Tel. 0228/18 48 77-0 | info@dietz-verlag.de

Der Verlag behält sich das Text- and Data-Mining nach § 44b UrhG vor,
was hiermit Dritten ohne Zustimmung des Verlages untersagt ist.

Umschlag: Petra Bähner, Köln
Satz: Rohtext, Bonn
Druck und Verarbeitung: Plump Druck & Medien GmbH, Rheinbreitbach
Alle Rechte vorbehalten
Printed in Germany 2025

Besuchen Sie uns im Internet: *www.dietz-verlag.de*

Inhalt

Kapitel 1
Der Verrat — 7

Kapitel 2
Das Virus im System — 15

Kapitel 3
Der König der Welt — 27

Kapitel 4
Havarie — 37

Kapitel 5
Sex, Drugs and Rock 'n' Roll — 55

Kapitel 6
Familienkrach und Klassenkampf — 71

Kapitel 7
Culture Wars — 85

Kapitel 8
Die rote Büchse der Pandora — 103

Kapitel 9
Broken Britain — 119

Kapitel 10
Partner in Crime? — 137

Kapitel 11
Die grüne Revolution — 157

Kapitel 12
Low Budget Honeymoon — 179

Kapitel 13
Progressiver Realismus — 205

Die Autorin — 224

History recalls how great the fall can be
While everybody's sleeping, the boats put out to sea
Borne on the wings of time
It seemed the answers were so easy to find
»Too late«, the prophets (profits) cry
The island's sinking, let's take to the sky

Supertramp, Fool's Overture, 1977

Kapitel 1
Der Verrat

Auf dem Höhepunkt des Britischen Imperiums im Jahr 1922 war das Vereinigte Königreich das größte Reich, das die Welt je gesehen hatte. Es bedeckte etwa ein Viertel der Landfläche der Erde und herrschte über 458 Millionen Menschen. Kaum ein anderes Land konnte bis dahin auf dieselbe rechtliche, politische und wirtschaftliche Kontinuität verweisen wie »die Insel«. Kaum ein anderes Land war so sehr mit sich im Reinen wie das Vereinigte Königreich. »Rule Britannia«! Sklavenhandel, Rassismus und auf Ausbeutung begründeter Reichtum waren noch keine Themen, die den gesellschaftlichen Diskurs in Wallung brachten.

Die größte Wirtschaftsmacht der Welt wurde, beschleunigt durch den Ersten Weltkrieg, zwar bald von Amerika abgelöst – der eigenen Kolonie. Aber gegen den Faschismus und die Brutalität eines einsetzenden Zweiten Weltkriegs setzte sich London standhaft zur Wehr. So groß war die Identifikation mit dieser Geschichte von Freibeutern, Admirälen und Kaufleuten bis hin zu mutigen Bürgern, die die eigenen gestrandeten Soldaten mit Fischerbooten aus den deutschen Fängen vor der belgischen Küste retteten, dass sie sich – wenn auch lange unreflektiert – ins kollektive Gedächtnis einbrannte. Noch in den 1970er-Jahren fand diese Erinnerung Eingang in die Popkultur einer Band wie Supertramp: Unterlegt von den Glockenschlägen Big Bens ruft in dem Song »Fool's Ouverture« die Stimme Winston Churchills aus dem Jenseits: »We will never surrender!« – Wir werden niemals aufgeben.

Die Politik einer multipolaren Welt von heute mit aufstrebenden Mächten des globalen Südens wie Brasilien, China oder Indien würde Großbritanniens größtem Premier der Geschichte wohl einiges an Kopfzerbrechen bereiten. Mitte der 1990er-Jahre war die Wirtschaft des Königreiches noch so groß wie die von China und Indien zusammengerechnet. Nur ein knappes Vierteljahrhundert später hat Indien die ehemaligen Kolonialherren ökonomisch überholt, und China liegt auf Platz zwei der größten Wirtschaftsnationen der Welt. Mit Rishi Sunak wurde ein Nachfahre indischer Einwanderer Premierminister, und David Lammy von der Labour Party, dessen guyanischen Eltern Mitte der 1940er-Jahre zur berühmten »Windrush-Generation« karibischer Einwanderer gehörten, nahm sich wie selbstverständlich vor, der erste schwarze Außenminister des Landes zu werden.

Die Welt ist ein Dorf geworden. Ob es um den Klimawandel geht, die Künstliche Intelligenz, technologische Innovationen, den Aufbau einer klimaneutralen Wirtschaft oder die gemeinsame Bekämpfung von menschheitsbedrohenden Pandemien: Kein Land kann mehr allein agieren, und multilaterale Zusammenarbeit muss das Gebot der Stunde sein. »Doch«, so schrieb David Lammy in der Zeitschrift »Foreign Affairs« im April 2024, »anstatt diese globale Entwicklung anzuerkennen und sich der Herausforderung zu stellen«, hat die Konservative Partei die britische Regierung in den letzten 14 Jahren nach innen gekehrt. Die Tories seien »tief in Nostalgie versunken« und hätten »die Stellung des Vereinigten Königreichs in der Welt verleugnet«. Ohne über einen klaren Plan für das weitere Vorgehen zu verfügen, habe man die EU verlassen. »Sie verachten den weltweiten Ruf des Landes als Garant für Rechtsstaatlichkeit [...] und drohen sogar, die Europäische Menschenrechtskonvention zu verlassen.« In der Tat sind diese, im Zuge der »Ruanda-Asylpolitik« geäußerten Ideen im Mutterland der Demokratie für viele Menschen befremdlich.

Lammys Kritik setzt an der Wurzel des britischen Selbstverständnisses an: der durch die Magna Charta seit 1215 verbrieften Unverletzlichkeit der Menschenwürde. Im ältesten Freiheitsdokument der westlichen Welt sicherte König Johann seinen aufständischen Baronen zu, dass kein freier Mann verhaftet, angegriffen oder enteignet werden dürfe. Der Willkür sollte ein Ende gesetzt werden. Bis heute schränkt dieser Rechtsanspruch die Gewalt des Monarchen und des Staates ein und baute die Herrschaft des Rechts (Rule of Law) aus.

Immer größer wurde in der Folge die Macht des »Rates der Gemeinden« (der *commons*), in dem über die Vorhaben des Königs und den Staatshaushalt »parliert« wurde. Das erste Parlament – das House of Commons – war geboren. Recht und Gesetz standen über der Krone. Nach einer sehr kurzen republikanischen Episode (1649–1660) durch einen diktatorisch agierenden Oliver Cromwell setzte sich die Idee des Parlaments als Inhaber der Staatsgewalt in der glorreichen Revolution von 1688/89 fort. Das Parlament sollte bestimmen, wer König ist, und der König sollte sich nie wieder mit Gewalt Zugang in das Unterhaus verschaffen können. Der letzte Versuch dieser Art scheiterte 1642, als Charles I. mit seiner Leibgarde in den Westminster Palace eindrang und für dieses Vergehen – wenn auch nicht nur dafür – auf dem Schafott landete.

Nach der Flucht seines Sohnes Charles II. nach Frankreich griff man auf die über vierhundert Jahre alte Magna Charta zurück und entwickelte das Prinzip des frei geborenen Engländers (freilich noch nicht der Engländerin) 1689 weiter zum »Bill of Rights«. Bis heute ist die »Bill« ein wichtiges Gesetz im britischen Verfassungsrecht, das die Erhebung von Steuern regelt, Bürgerrechte zuweist und über das Militär bestimmt. Die Freiheit des Parlaments kann durch kein Verfassungsgericht außerhalb des Parlaments beschnitten werden. De jure ist der »König im Parlament« der Souverän, de facto jedoch das House of Commons. Nicht das (Verfassungs-)recht muss daher geschützt werden, sondern die Freiheit. Das ist bis heute der Kern der britischen Parlamentssouveränität. Kaum jemand konnte ahnen, dass dieses Argument 1776 ausgerechnet von den eigenen abtrünnigen Untertanen in Nordamerika gegen Westminster selbst erhoben werden sollte.

Von der amerikanischen Unabhängigkeitserklärung, über die »Déclaration des droits de la femme et de la citoyenne« 1791 in Frankreich, die »Allgemeine Erklärung der Menschenrechte« von 1948 bis zur »Europäischen Konvention zum Schutz der Menschenrechte und Grundfreiheiten« (EMRK) aus dem Jahr 1950 zieht sich also der Geist der Magna Charta. Wie um alles in der Welt, so Lammy, könne eine britische Regierung diese Tradition verraten?

Albert Venn Dicey, der 1922 verstorbene, berühmte britische Oxford-Professor und Begründer der modernen britischen Verfassungslehre, würde ihm wahrscheinlich antworten: »A parliament is either sovereign or it is not« – ein Parlament ist entweder souverän oder es ist es nicht. Sollte das Unterhaus morgen beschließen, dass der Himmel pink sei, so ist der Himmel pink. Sollte Ruanda kein sicheres Herkunftsland für Asylsuchende sein, dann kann das Parlament es dazu erklären. Zumindest deutete die Politik der Konservativen Partei auf ein entsprechendes Rechts- und Verfassungsverständnis hin.

Es war erst 1998, unter der Regierung Tony Blair, gelungen, die Europäische Menschenrechtskonvention zu bindendem nationalem Recht im Vereinigten Königreich zu machen, mit der Folge, dass britische Gerichte auch nach dem Brexit Konventionsverstöße feststellen und das Parlament zur Behebung derselbigen anrufen können. Aus Sicht des populistischen Flügels der Konservativen wäre ein solcher »europäischer Akt« jedoch nichts anderes als eine chauvinistische Kränkung. Einen Austritt aus der europäischen Menschenrechtskonvention würden sie nicht als Problem, sondern als eine Beseitigung von Demokratiedefiziten empfinden. Ja, der Vorwurf David Lammys, man habe sich mit dem Brexit nach innen gewandt, sei korrekt. Nur, worin bestünde denn das Problem?

Im Rückblick verletzte das Referendum drei wichtige, über die Jahrhunderte gewachsene politische Prinzipien des britischen Systems: erstens das Prinzip der Parlamentssouveränität, zweitens das Prinzip der treuhänderischen Vertretung in der repräsentativen Demokratie und drittens das demokratische Prinzip der politischen, rechtlichen und moralischen Gleichheit aller Bürger. Mit dem Brexit war das infektiöse Virus des Populismus im System angekommen und suchte sich seine Wirtszellen in der politischen Verfasstheit einer über 300 Jahre alten Demokratie.

Seit der »Bill of Rights« von 1689 war die parlamentarische Souveränität identitätspolitischer Bestandteil der englischen Geschichte.

Anders als in Kontinentaleuropa und insbesondere in Deutschland, wo sich der Adel solange gegen die Zuweisung von mehr Rechten an das Volk zur Wehr setzen konnte, bis das feudalistische System infolge eines Weltkriegs komplett abgewirtschaftet hatte, war dieses Verhältnis an der Themse seit Langem geklärt: Das Parlament ist Träger der unbeschränkten Staatsgewalt. Punkt. Bis heute ist der Grundrechtstext auf der mittlerweile sehr vergilbten Pergamentrolle heilig und selbstverständlich digitalisiert und über zwei Klicks auf der Homepage des Parlaments in Westminster abrufbar. Plebiszitäre Elemente einer direkten Demokratie – wie sie im Brexit-Votum zum Ausdruck kamen – waren im Mutterland der Demokratie jedoch nicht vorgesehen. Vor allem aber waren sie nicht eingeübt und handwerklich alles andere als ausgereift.

Abgeordnete in Westminster waren bislang »Treuhänder« ihres Wahlkreises. Sie besaßen die Autonomie, nach eigenem Wissen und Gewissen zu entscheiden, und sei es gegen den ausdrücklichen Wunsch ihrer Wähler. Edmund Burke (1729–1797), ein irischer Abgeordneter, Philosoph und Gegner der Sklaverei, der als geistiger Vater des Konservatismus gilt, hatte diesen Grundsatz auf die Spitze getrieben. Sein Verhalten im Parlament, so Burke, solle von seinem Wissen und seiner Erfahrung geprägt sein, damit er dem öffentlichen Interesse dienen könne: »Ich kann meine unvoreingenommene Meinung, mein reifes Urteil, mein aufgeklärtes Gewissen nicht Ihnen, irgendeinem Mann oder irgendeiner Gruppe von Lebenden opfern.« Als Volksvertreter schulde er seinen Wählern nicht nur seinen Fleiß, sondern auch sein Urteilsvermögen. Es sei Verrat, »statt Ihnen zu dienen, wenn ich es Ihrer Meinung opfere«, so Burke 1774, und er setzte fort: »Ihr wählt zwar ein Mitglied, aber wenn ihr es gewählt habt, ist es kein Mitglied von Bristol, sondern ein Mitglied des Parlaments.« Auch das deutsche Grundgesetz kennt dieses freie Mandat und hat ihm in Artikel 38 Ausdruck verliehen. Zweimal gab das Vereinigte Königreich dieses Prinzip auf der nationalen Ebene auf: 1975, als die Bevölkerung den 1973 erfolgten Eintritt des Landes in die EU bestätigen sollte, und 2016, als es ihn wieder rückgängig machte.

Der Ruf nach Volksabstimmungen gehört zum Standardrepertoire von Populisten. Das Plebiszit soll »mehr Demokratie wagen«, hat diese auf der Insel aber praktisch eher beschnitten. Obwohl es in einer Demokratie keine Bürger zweiter Klasse geben darf, konnten 3,3 Millionen im Vereinigten Königreich ansässige EU-Bürger nicht an der Abstimmung teilnehmen, immerhin 5 Prozent der Gesamtbevölkerung. Die Instrumentalisierung der verschiedenen, bereits vorhandenen Wählerverzeichnisse führte zum Ausschluss ganzer Bevölkerungsgruppen. Obwohl das vorhandene Register der Kommunal- und EU-Wahlen alle EU-Bürger im Vereinigten Königreich umfasste, entschied man sich beim Brexit-Referendum für die Anwendung der Listen für die Unterhauswahlen, welche nur diejenigen 30.000 Einwohner aus der EU umfasste, die Bürger Irlands, Maltas und der Republik Zypern waren. Folglich durften zwar einige EU-Bürger, die keine britischen Staatsbürger waren, wählen, die anderen jedoch nicht.

Das Wahlrecht der Betroffenen hing davon ab, aus welchem Land sie kamen, ein Verstoß gegen Artikel 14 des britischen Menschenrechtsgesetzes, wonach eine Diskriminierung aufgrund der nationalen Herkunft unzulässig ist. Im Gegensatz dazu konnten Bürger des Commonwealth – also Menschen aus Australien, Kanada, Neuseeland, Pakistan, Indien oder Bangladesch – mit Wohnsitz im Vereinigten Königreich sehr wohl über die EU-Mitgliedschaft abstimmen.

Damit fanden sich die Einwohner, die am ehesten von einer Entscheidung für den Austritt aus der Europäischen Union betroffen sein würden und von denen der überwiegende Teil zum Steueraufkommen des Vereinigten Königreichs beitrug, plötzlich im demokratischen Nirvana wieder.

Auch die Jungen hatten keine Stimme. Während man beim Votum über die schottische Unabhängigkeit im Jahr 2014 den Teenagern zwischen 16 und 18 Jahren die Abstimmung mit dem Argument erlaubt hatte, dass sie lange mit den Folgen würden leben müssen, waren sie nun von der Entscheidung über ihre Zukunft als Europäer und Europäerinnen ausgeschlossen. Denjenigen, die am stärksten betroffen waren, wurde jedes Mitspracherecht in Bezug auf ihre Zukunft, und damit ein grundlegendes Menschenrecht, verwehrt. Dabei sollte der Artikel 5 der britischen Menschenrechtsakte von 1998 – der das Recht auf Freiheit und Sicherheit verbrieft – Menschen davor schützen, dass ihnen ihre Freiheit willkürlich genommen wird.

Was hätten die Väter der Magna Charta wohl zu dieser Entwicklung gesagt? Wie hätten die Autoren der amerikanischen Unabhängigkeitserklärung von 1765 reagiert, denen das Konzept der »No taxation without representation« (Keine Besteuerung ohne Vertretung) heilig war? Die weise Einsicht, dass niemand über die absolute Wahrheit verfügt, hat zur Konsequenz, dass sich Parlamentsmehrheiten ändern können und dass Gesetze nach einigen Jahren überprüft, angepasst oder ganz fallen gelassen werden können. Die Brexit-Entscheidung dagegen bleibt für Generationen unumkehrbar.

Kapitel 2
Das Virus im System

»Get Brexit Done!« – Bringt den Brexit endlich über die Bühne. Mit diesem Motto zog Premierminister Boris Johnson im Oktober 2019 in den Wahlkampf. Der blonde Popstar der britischen Politik hatte sich auf einen mit einer Union Jack-Fahne geschmückten Bulldozer geschwungen und ließ sich bereitwillig dabei filmen, wie er – sein Motto in großen Lettern auf die Schaufel gedruckt – mit der Baumaschine durch eine künstliche Wand aus Styropor krachte. Der Stillstand sei aufgehoben. So liebte ihn das Publikum.

Seit dem Referendum vom Juni 2016 waren drei Jahre vergangen. Nicht nur die Tories waren heillos zerstritten über die Glaubenssätze des EU-Austritts. Der Keil ging durch die Gesellschaft. Er sprengte Familienfeiern und beschädigte nachhaltig Beziehungen zwischen den Generationen und Klassen. Das Verhältnis zur EU-Kommission war gestört bis feindselig, David Cameron – der Urheber des Referendums – war zurückgetreten und Johnsons Vorgängerin Theresa May vor Kurzem gekränkt und unter Tränen ebenfalls ausgeschieden. Es war ihr nicht gelungen, Einheit in der Konservativen Partei über die wesentlichen Eckpunkte des zukünftigen Verhältnisses mit der EU herzustellen. Die Tories suchten erneut, bereits zum zweiten Mal nach dem Referendum, eine neue Führung. Wie konnte es soweit kommen?

Das Referendum über die EU-Mitgliedschaft hatte am 23. Juni 2016 stattgefunden. Sturzflutartige Überschwemmungen infolge schwerer Gewitter hatten an diesem Tag vor allem London getroffen, und die Wetterfront schien sich wie ein böses Omen über der britischen Hauptstadt zu entladen. Jeder Gebrauchshinweis auf einer Nudelpackung war länger als das, was die Wählerinnen und Wähler in den Kabinen vorgefunden hatten. »Referendum über die Mitgliedschaft des Vereinigten Königreichs in der Europäischen Union« stand in der Überschrift des Wahlzettels. »Wählen Sie nur einmal, indem sie Ihr Kreuz in einer der beiden Boxen setzen.« Darunter stand neben zwei großen Kästen »In der EU bleiben« und »Die EU verlassen«.

Als die Vorsitzende der Wahlkommission, Jenny Watson, in einem blauen Kleid und nach einer langen Nacht des Auszählens auf der Bühne erschien, um das amtliche Endergebnis zu verkünden, gab es zunächst nur ein leises »Hurra«. Denn den meisten anwesenden Journalisten blieb die Nachricht im Halse stecken. Es hatte keine Exit-Polls – also Prognosen – gegeben. Das Resultat traf die Pro-Europäer um 4:35 Uhr morgens durch den Nachrichtensender *itv News* wie ein stechender Katerkopfschmerz nach durchzechter Nacht. 46,5 Millionen Bürger waren wahlberechtigt gewesen. Die Wahlbeteiligung betrug 72,2 Prozent. 51,9 Prozent stimmten für den Austritt, 48,1 für den Verbleib.

Nichts war damit gelöst. Die Gesellschaft war gespalten, aber nun hatte man es Schwarz auf Weiß. Als Boris Johnson, damals Bürgermeister von London, sein Haus in Islington verließ, musste eine Gruppe von Polizisten in gelben Warnwesten ein Spalier bilden, um ihn sicher zu seinem Auto zu geleiten. Eine aufgebrachte Menge beschimpfte ihn und griff ihn tätlich an, hatte er sich doch als einer der Wortführer der Brexit-Kampagne in Szene gesetzt. Großbritanniens umstrittener Politclown hatte der EU vorgeworfen, einen »europäischen Superstaat« errichten zu wollen, woran ja schon Napoleon und Hitler sich versucht hätten, was dann aber »tragisch geendet« habe, so der Oxford-Absolvent.

Der Austrittsprozess sollte beginnen, sobald die britische Regierung das offizielle Gesuch beim Europäischen Rat gemäß Artikel 50 des Lissabon-Vertrags eingereicht hatte. Daran anschließen sollte sich eine zweijährige Verhandlungsphase, an deren Ende ein Abkommen mit den Nachbarn stehen würde. Allein, welche Inhalte ein solches Abkommen haben könnte, war nirgendwo beschrieben, auch nicht in den europäischen Verträgen. Dieses Szenario war schlicht nicht vorgesehen.

Als David Cameron und seine sichtlich besorgte Ehefrau Samantha, eine Nachfahrin des nach Frankreich geflüchteten Exil-Königs Charles II., am Tag nach dem Brexit-Referendum in der Downing Street vor die Kamera traten, blieb dem Fünfzigjährigen nichts anderes übrig, als die Brücke zu verlassen: »Ich werde alles tun, was mir als Premierminister noch gelingen kann, um das Schiff wieder in ruhige Gewässer zu bringen, aber ich glaube nicht, dass es richtig wäre, wenn ich der Kapitän bliebe.«

Von da an lief die Uhr. Das Ende der Verhandlungsfrist konnte zwar theoretisch im Einvernehmen mit allen Mitgliedstaaten terminlich verschoben werden. Sollte nach zwei Jahren jedoch kein Abkommen erzielt und die Deadline nicht verlängert worden sein, so würde die britische EU-Mitgliedschaft automatisch enden. Es bliebe ein kalter Brexit, ein »No-Deal-Brexit«, ohne jeglichen weiteren Rahmen mit unberechenbaren Folgen für die Wirtschaft und die Menschen.

David Cameron hatte sich verkalkuliert. Seit seiner Auseinandersetzung mit Bundeskanzlerin Merkel und dem französischen Präsidenten Sarkozy über eine Änderung der Lissabon-Verträge der Union, hatte er sich in den Kopf gesetzt, dass der, seiner Ansicht nach selbstverständlich positiv verlaufende Ausgang eines EU-Referendums die Position des Königreichs in der EU stärken würde. Er hätte seine in dieser Frage gespaltene Konservative Partei wieder zusammenführen und den populistischen Forderungen eines widerspenstigen Nigel Farage und seiner United Kingdom Independence Party (UKIP) nach einem Brexit endgültig ein Ende setzen können.

Schon seit Jahren herrschte in der britischen Öffentlichkeit verstärkt durch die Boulevardpresse eine durchgängig negative Berichterstattung über die EU vor. Auch Johnson, der zu Beginn seiner Karriere als Korrespondent des traditionell eher rechts ausgerichteten *Daily Telegraph* – von bösen Zungen auch »*Torygraph*« genannt – regelmäßig aus Brüssel berichtet hatte, bediente das Klischee der Bürokratenkrake Brüssel unaufhörlich. Kaum jemand traf dabei den Nerv ausgewählter Wählergruppen so wie er. »Ich denke, es macht die Menschen fassungslos«, so Johnson, »wenn man ihnen sagt, dass [ihnen] die grundlegendste Macht eines Staates – nämlich zu entscheiden, wer das Recht hat, in ihrem Land zu leben und zu arbeiten – [...] genommen wurde und nun in Brüssel liegt.« Dabei ließ Johnson bewusst aus, dass den Mitgliedstaaten beispielsweise während einer Fußballeuropameisterschaft sehr wohl jederzeit die Möglichkeit eingeräumt wird, einem Staatsangehörigen eines EU-Mitgliedstaats die Einreise oder den Aufenthalt aus Gründen der öffentlichen Ordnung, Sicherheit oder Gesundheit zu verweigern oder dass die Freizügigkeit der Arbeitnehmer nicht für die Beschäftigung in der öffentlichen Verwaltung gilt, einem wichtigen Beschäftigungssektor in Großbritannien.

Johnson, der Störenfried der Tories, der seiner Partei auch schon mal ein »fossiles Patriarchentum« vorwerfen konnte, liebte anschaulich praktische Beispiele und den kalkulierten Tabubruch, wenn es darum ging, einen Punkt zu machen. »Es ist traurig«, so fuhr er vor dem versammelten Parteitag fort, »dass unsere Befugnisse der wirtschaftlichen Selbstverwaltung so eingeschränkt sind, dass der Finanzminister persönlich andere Finanzminister um Erlaubnis bitten muss, die Mehrwertsteuer auf Tampons senken zu dürfen.«

Nicht das Thema weiblicher Sanitärbedarf, sondern die Kassenschlager Immigration und Beschränkung der Freizügigkeit entwickelten sich zu *dem* zentralen Thema der öffentlichen Auseinandersetzung. Bis zu 49 Prozent der Befragten gaben 2016 an, dass ihre Entscheidung zum Referendum maßgeblich von der Regulierung der Zuwanderung abhänge. Mit dem »Wir-holen-uns-die-Kontrolle-zurück-Ruf« hatte das »Leave«-Lager den erfolgreichsten aller Kampagnenslogans gefunden.

Gerade Johnson war es gelungen, den Faktor Emotionalität geschickt zur Mobilisierung zu nutzen, während diejenigen, die für den Verbleib warben, sich vorrangig auf abstrakte Argumente von etwaigen ökonomischen Konsequenzen konzentrierten. Diese Bedenken – so Johnson – seien jedoch nur ein »Projekt der Angstmacherei« durch abgehobene Eliten, die einen »Spuk« verbreiten wollten. Wer sich gegen die politische und wirtschaftliche Elite Brüssels und London auflehnen wolle, der solle das Votum doch bitte gern dafür nutzen. Und so empfanden viele Menschen die Abstimmung als erste, einmalige und historische Gelegenheit, ihrem generellen Frust über viele unterschiedliche Alltagsprobleme endlich einmal Ausdruck zu verleihen.

Nach dem Rücktritt des glücklosen Camerons galt es, das Machtvakuum schnell zu füllen, und die Tories einigten sich bereits am 13. Juli 2016 auf die langjährige Innenministerin Theresa May, eine ehemalige Beraterin des Verbands für Zahlungsverkehrsdienstleistungen, als neue Vorsitzende und Regierungschefin. May hatte ein feines Gespür dafür, welches Image ihrer Partei in der Bevölkerung anhaftete. Sie war es, die den Begriff der »Nasty Party«, der »gemeinen« und »hässlichen« Tory-Partei selbstkritisch geprägt hatte. Sie wollte stattdessen ganz Britannien repräsentieren, nicht nur die klassischen Wählergruppen in der gut situierten Mittel- und Oberschicht.

Vielleicht ist es dieses Motiv, das ihre Politik im Nachgang als wenig konsequent erscheinen lässt. Immerhin sollte Mays neues Kabinett sowohl personell als auch im Ressortzuschnitt berücksichtigen, wo jetzt die Prioritäten lagen. Erstmals gab es mit David Davis einen »Minister für das Verlassen der Europäischen Union« und Liam Fox, ihr Minister für Handelsfragen, war ein stadtbekannter »Brexetier«. Die wichtigste Personalie jedoch war die des Außenministers. Mit Boris Johnson holte sich Theresa May den Feind an den Kabinettstisch.

Im Oktober 2016 gab die Premierministerin bekannt, bis Ende März 2017 den Artikel 50 des Lissabon-Vertrages aktivieren und damit den offiziellen Austrittsprozess einleiten zu wollen; aber welche Strategie und Ziele die Regierung in den Verhandlungen mit Brüssel verfolgte, blieb allein ihr Geheimnis. Will sie einen »Hard Brexit« oder doch ein Übergangsabkommen mit erweiterten Zugangsrechten zum Binnenmarkt? Wie sieht sie das Thema der Personenfreizügigkeit? Wie ist das weitere Verfahren? Und: Weshalb sollte das Parlament nicht über die Aktivierung von Artikel 50 abstimmen dürfen? Die Unsicherheit war perfekt. Die Tories begannen sich zu zerlegen.

Erst der Oberste Gerichtshof des Vereinigten Königreichs, konnte die Regierung May im Januar 2017 dazu zwingen, den Austrittsprozess ausschließlich nach Zustimmung des Parlaments einzuleiten. Die Regierung May, so die Richter des Supreme Court, die direkt unter den Augen von Big Ben am Parliament Square tagten, habe »die Fähigkeit des Parlaments, seine verfassungsmäßigen Aufgaben zu erfüllen, ohne vernünftige Rechtfertigung vereitelt oder verhindert«, was ein »unzulässiger Zweck für eine Vertagung« sei. Abgeordnete auf allen Seiten des politischen Spektrums fühlten sich in ihrem freien Mandat bestätigt.

Bereits seit 2016 war im House of Commons unter dem Vorsitz des Labour-Veteranen Hilary Benn ein sogenannter Brexit-Ausschuss berufen und erstmals die Opposition in den Prozess einbezogen worden. Benn und seine Kollegen sollten die Verhandlungen überwachen und die Stimmung in der Gesellschaft einfangen. Dies war bitter nötig geworden. Plötzlich war ein Anstieg fremdenfeindlich motivierter Gewalttaten in Großbritannien zu beobachten. Die Polizei berichtete von mehr als 2.300 rassistischen Hassattacken innerhalb der ersten 38 Tage nach dem Referendum. In Schottland hatte Regierungschefin Nicola Sturgeon kurz nach der Abstimmung deutlich gemacht, dass sie sich für einen Verbleib ihres Landes in der EU einsetzen werde. Ein zweites schottisches Unabhängigkeitsreferendum sei hierfür die einzige Lösung. Auch die Menschen in Nordirland hatten mehrheitlich für einen Verbleib in der EU gestimmt. Man werde keine EU-Außengrenze zwischen Nordirland und der Republik Irland – also mitten auf der Insel – akzeptieren, so parteiübergreifende Stimmen aus Belfast.

Eine Antwort auf diese berechtigte Sorge blieb die Regierung seit der historischen Bloomberg Rede Camerons vom 23. Januar 2013 schuldig. Als erster Regierungschef seit Margaret Thatcher hatte der Premier die EU-Mitgliedschaft damals ernsthaft infrage gestellt und die Büchse der Pandora geöffnet. Für Nordirland folgten zehn verlorene Jahre der Ungewissheit in einer ohnehin vom Bürgerkrieg gekennzeichneten Region, für die die Mitgliedschaft in der EU eine katalysatorische Wirkung für den gesellschaftlichen Frieden hatte.

Die Fliehkräfte der irischen und schottischen Nationen zerrten an der Union, die sich neben der gesellschaftlichen Krise um den Brexit jetzt auch noch mit einer Verfassungskrise um die Einheit des Königreiches auseinandersetzen musste.

Das Volk war direkt befragt und der »Wille des Volkes« zum Ausdruck gebracht worden. Nun musste Theresa May das Unterhaus über den von ihrer Regierung ausgehandelten Vertragsentwurf mit Brüssel konsultieren. Hatte das Parlament mit dem Entscheid für das Referendum nicht bereits bedingungslos kapituliert? Die Richter zwangen die zerstrittenen Tories jedoch, gewissermaßen in einem Rückfall in den Parlamentarismus, noch einmal die Volksvertreter abstimmen zu lassen. Populisten wie Nigel Farage hatten inzwischen unverblümt mit Gewalt gedroht: »Sie haben keine Ahnung«, so das Gründungsmitglied der UK Independence Party, »wie groß der öffentliche Zorn sein wird«, sollte es zu irgendwelchen Verzögerungen kommen.

Der Zorn äußerte sich jedoch erst in den von May überraschend vorgezogenen Neuwahlen, die sie im April 2017 ausrief. Sie hatte sich nach Mehrheiten für ihre Politik gesehnt, musste nach den Wahlen vom 8. Juni aber in einer Minderheitsregierung mit Zustimmung der nordirischen Democratic Unionist Party (DUP) weiterregieren, die das Kabinett jederzeit in eine schizophrene Geiselhaft nehmen konnten: Wascht mir den Pelz und gebt mir den Brexit, aber macht mich nicht nass, denn ich will weder eine EU-Außengrenze auf der grünen Insel noch Zollkontrollen in der Irischen See. Darüber, ob und wie englische, angeblich »identitätsstiftende« Lebensmittel zukünftig ungehindert ihren Weg nach Nordirland finden würden, war mit der DUP ein regelrechter »Würstchenkrieg« ausgebrochen.

Auch eine Klausur des neu zusammengesetzten Kabinetts am 6. Juli 2018 auf dem offiziellen Landsitz der britischen Premierminister in der englischen Grafschaft Buckinghamshire brachte keine Versöhnung, weder unter den Tories, noch mit der Kommission in Brüssel. Das Vereinigte Königreich würde die Europäische Union am 29. März 2019 verlassen. Punkt. Man habe mit dem nach dem Landsitz benannten »Chequers Plan« nun einen »detaillierten Vorschlag« für eine »prinzipienfeste, pragmatische und ehrgeizige künftige Partnerschaft«: eine Freihandelszone für Waren, um einen reibungslosen Handel aufrechtzuerhalten, unterstützt durch ein gemeinsames Regelwerk und eine neue erleichterte Zollregelung, so die Regierungschefin. Von der

Personenfreizügigkeit war in ihrem Plan allerdings ebenso wenig die Rede wie von den zwei weiteren zwingenden Grundfreiheiten der Binnenmarktlogik – Dienstleistungen und Kapital.

Brexit-Minister David Davis und Außenminister Boris Johnson traten umgehend aus Protest gegen den Plan zurück, der ihrer Ansicht nach zu viel Einfluss in Brüssel beließ. Der EU-Chefunterhändler Michel Barnier wiederum war ebenfalls »not amused« und erklärte, dass die Integrität des europäischen Binnenmarktes »nicht verhandelbar« sei. Eine »Rosinenpickerei« unter den vier Freiheiten des Marktes sei ausgeschlossen. Camerons Plan, die Streitigkeiten im Parlament zu beenden und das Land mit dem Referendum zu befrieden, erwies sich als nicht umsetzbar. Die Tories hatten sich im Spinnennetz des Brexits verfangen.

Aber nicht nur die Tories waren unter Druck, auch die oppositionelle Labour Party hatte nicht wirklich eine politische Linie entwickeln können. Schätzungen hatten ergeben, dass 30 Prozent der klassischen Labour-Wähler für den Brexit gestimmt hatten. Getragen von der Graswurzel-Bewegung »Momentum« hatte eine Parteieintrittswelle mit dem Abgeordneten Jeremy Corbyn ausgerechnet einen ihrer größten EU-Kritiker an die Spitze gespült. Seine Anhänger bejubelten jeden seiner Auftritte mit »Oh, Jeremy Corbyn« Gesängen – frei adaptiert nach dem unverwechselbarem Gitarrenriff des »Seven Nation Army« Songs im Fußballstadion. Während an der Parteibasis die »Corbynmania« um sich griff, entfremdete sich die Fraktion der Abgeordneten im Unterhaus zunehmend von der eigenen Führung.

Die möglichen Folgen eines Brexits wurden auch in den Pro- und Contra-Lagern bei Labour unterschiedlich eingeschätzt. Die Parteiführung verfolgte lange Zeit das Ziel, Neuwahlen herbeizuführen, und nahm für sich in Anspruch, weder das Verhandlungsergebnis von Theresa May noch einen harten Brexit zu unterstützen. Ein Brexit-Deal à la Labour würde auf eine Zollunion und eine enge Binnenmarktanbindung setzen. Vielleicht hätte man gar eine parteiübergreifende parlamentarische Mehrheit versammeln und das Verhandlungsergebnis in einem zweiten Referendum erneut zur Abstimmung stellen können?

Labour setzte sich damit nicht für ein unmittelbares zweites unqualifiziertes Referendum ein (wofür es ohnehin keine Mehrheit in der Bevölkerung gab – denn warum sollte man denselben Fehler gleich zweimal machen?), sondern für eine Korrektur des Abstimmungsvorgangs an sich, in dem die grobe Ja-Nein-Frage in eine qualifizierte Sachfrage umgemünzt würde, die mehr Optionen ließ als nur »Ja« oder »Nein«.

Als Corbyns Sprecher für die Austrittsverhandlungen, ein gewisser Keir Starmer, auf dem Parteitag 2018 in Liverpool vorschlug, den Knoten mit Hilfe dieses zweiten Referendums zu lösen, erntete er »Standing Ovations«. Viele Abgeordnete befanden sich in einem echten Gewissenskonflikt. In der Londoner Blase, mit ihrer jungen, gut ausgebildeten und wohlhabenden Bevölkerung, in der sich mehr als drei Viertel für den Verbleib entschieden hatten, konnte man die Stimmung in den kleineren Gemeinden im Norden und Osten Englands schnell falsch einschätzen. Wie ein grüner mehrarmiger Krake waren London und seine reichen Vorstädte auf einer interaktiven Karte 2016 erkennbar gewesen, die die Abstimmungsergebnisse sichtbar gemacht hatte. Tiefrot dagegen färbte sich – von einigen Sprenkeln abgesehen – der größere Rest Englands: »Leave«! Wir wollen raus! Dabei war die EU für die meisten ihrer Gegner nicht mehr als nur eine Chiffre, ein Code und ein Identifikationsvehikel für alles gewesen, was seit den Zeiten Margaret Thatchers im Land strukturell schiefflief.

Nun setzten jedoch bereits erste Tendenzen des »Bregret« ein. Manch einer bedauerte (to regret) das Ergebnis. War es weise gewesen, eine so weitreichende Entscheidung wie die über die EU-Mitgliedschaft in das Format einer Volksabstimmung zu gießen? Am Tag der Abstimmung waren die meisten Menschen hoch emotional, aber oft ohne ausreichende Sachkenntnis in den Wahlkabinen verschwunden. Die beiden großen Parteien waren über die Frage entweder gespalten (Konservative) oder zumindest unentschieden (Labour) gewesen. Nigel Farage und seine UKIP waren die einzigen, die sich klar und deutlich für den Brexit ausgesprochen hatten. Sie wussten: In einer ordentlichen nationalen Wahl, einer »General Election« zum Unterhaus, und unter den Bedingungen des britischen Wahlsystems, mit seinem Prinzip des »The-Winner-takes-it-all« hätten sie niemals eine Mehrheit im Parlament auf sich vereinigen und den Austritt umsetzen können. Ihre Polemik hatte dennoch, langsam aber stetig, die Diskussion innerhalb des politischen Mainstreams vergiftet.

Jetzt musste das Ergebnis also »nur« noch umgesetzt werden. Theresa May – die auf Konsens bedachte, besonnene Fachpolitikerin, die für alle Briten da sein wollte – konnte jedoch nur scheitern. Was den einen in ihrer Fraktion an Brexit zu weit ging, schien den anderen nicht radikal genug. Von eigenen Parteifreunden als »dead woman walking« bezeichnet und ohne eine entsprechende Fraktionsmehrheit im Rücken, schmiss sie am 24. Juli 2019, drei Jahre nach David Cameron, entnervt das Handtuch.

Auf den grünen Hinterbänken des Parlaments wartete schon Boris Johnson. Endlich war seine Zeit gekommen. Die Partei setzte ein Mitgliedervotum an. Nach fünf innerparteilichen Abstimmungsrunden hatte der Favorit Johnson ein Feld von neuen Mitbewerbern hinter sich gelassen und sich mit 51 Prozent in einer Stichwahl gegen Jeremy Hunt (24,7 Prozent) durchgesetzt. Am 24. Juli 2019 ernannte Königin Elisabeth II., selbst im 70. Jahr ihrer Krönung, den in der Foto-Berichterstattung wie ein schüchterner Lausbub wirkenden Johnson in seiner Funktion als Mehrheitsführer im Parlament zum 14. Premierminister ihrer Amtszeit: »Lovely to see you again« – Schön sie wiederzusehen.

Die schöne Stimmung beim Verlassen des Palasts durch ein Heer von jubelnden Touristen und Royalisten war dahin, als Johnsons Wagenkolone zur Downing Street einbog, wo bereits ein Meer aus Europa-Fahnen, Trillerpfeifen und Buhrufen auf ihn wartete. In seiner Antrittsrede vor der wartenden Presse erläuterte Johnson in der ihm unnachahmlich holprigen, mit flotten Sprüchen gespickten Art, seine Interpretation der britischen Demokratie, seine Auslegung des souveränen Volkswillens und sein Verständnis von Führung: Trotz all der Bemühungen habe es sich gezeigt, »dass es im In- und Ausland Pessimisten gibt, die glauben, dass nach drei Jahren der Unentschlossenheit, dass dieses Land ein Gefangener der alten Argumente von 2016 geworden ist und dass wir in diesem Haus der Demokratie nicht in der Lage sind, ein grundlegendes demokratisches Mandat zu erfüllen. Und so stehe ich heute vor Ihnen, um Ihnen zu sagen, dem britischen Volk, dass diese Kritiker falsch liegen. Die Zweifler, die Untergangspropheten, die Pessimisten – sie werden sich wieder irren. Die Leute, die gegen Großbritannien gewettet haben, werden ihr letztes Hemd verlieren, denn wir werden das Vertrauen in unsere Demokratie wiederherstellen, und wir werden die wiederholten Versprechen des Parlaments an das Volk erfüllen und am 31. Oktober aus der EU austreten. Ohne Wenn und Aber. Und wir werden einen neuen Deal machen, einen besseren Deal, der die Chancen des Brexits maximiert und uns gleichzeitig erlaubt, eine neue und aufregende Partnerschaft mit dem Rest von Europa zu entwickeln, die auf freiem Handel und gegenseitiger Unterstützung beruht. Ich habe volles Vertrauen, dass wir es in 99 Tagen geschafft haben werden. Aber wissen Sie was? Wir werden nicht 99 Tage warten denn das britische Volk hat genug vom Warten. Die Zeit zum Handeln ist gekommen, Entscheidungen zu treffen eine starke Führung zu übernehmen und dieses Land zum Besseren zu verändern und obwohl die Königin mich gerade mit diesem außergewöhnlichen Staatsamt beehrt hat, ist es meine Aufgabe, Ihnen, dem Volk, zu dienen.«

Die Mauer musste weg. Die Mauer des Widerstands gegen den Volkswillen. Die Stimmen der Zauderer und die Stimmen der Feiglinge wie die des beliebten Parlamentssprechers John Bercow, eines ausgewiesenen Brexit-Gegners, der nicht nachließ, die Rolle des Parlaments in dieser Frage zu betonen, sollten bitte verstummen. Am liebsten hätte Johnson das Parlament entgegen der Geschäftsordnung in die Ferien geschickt und allein nach seinem Gusto nach einer Lösung gesucht, wenn da nicht schon wieder das Oberste Gericht gewesen wäre, das ihm dieses Ansinnen nur acht Wochen nach seiner Amtseinführung untersagte. Johnson war als Tiger gestartet und als Bettvorleger gelandet. Auch er hatte keine Mehrheit, um den Brexit durchzubringen.

Im Oktober 2019 setzte Johnson alles auf eine Karte und rief vor laufenden Kameras am Amtssitz der Downing Street Nummer 10 erneute Neuwahlen für den 12. Dezember aus. Die Tradition der Parlamentssouveränität ließ sich noch immer nicht mit dem plebiszitären Element der Volksabstimmung versöhnen. Das hatte auch der Premier erkannt, und nun drehte er den Spieß einfach um. Die Abgeordneten waren schuld: »Wir sind an einem Stadium angekommen, wo wir keine andere Wahl haben. Es sind die Abgeordneten, die sich verweigern, das Mandat des Volkes umzusetzen. [...] Wenn das Parlament ein Mitspracherecht hätte, würden wir nicht bis zum 31. Januar [aus der EU] austreten, was ein Desaster wäre. [...] Warum sollten die Abgeordneten entscheiden dürfen, dass Ergebnis eines Referendums nicht umzusetzen?«

Stattdessen, so der Premier, habe man einen »ofenfertigen« Deal, was nicht stimmte, denn die Nordirlandfrage war nicht gelöst. Man werde wieder die Kontrolle über das eigene Geld zurückbekommen, den britischen Gesundheitsdienst NHS aufstocken, die Migration regeln und eigene Gesetze verabschieden können. Johnson spielte bewusst auf der Klaviatur der Brexit-Kampagne und log: »We can leave the EU as one UK« – wir können die EU als ein einiges Land verlassen – eine Quadratur des Kreises, die selbst das spätere »Windsor-Abkommen« zur Nordirlandfrage vom Februar 2023 nicht völlig auflösen würde.

Seit dem »Karfreitagsabkommen« von 1998, welches endlich einen Frieden zwischen Protestanten und Katholiken herbeigeführt hatte, war es das Friedensprojekt EU gewesen, welches Schlagbäume in Irland überflüssig gemacht hatte. Jetzt verkündete Johnson beides, die Einheit der Union und den Austritt ohne innerirische Grenze. Er versprach das Blaue vom Himmel, Milliarden von Investitionsgeldern, die danach in das Königreich fließen würden sowie den Willen des Volkes (»the priority of the people«) umzusetzen. Seine Regierung werde Großbritannien »zum tollsten Wohnort der Welt« machen, ein Land, in dem »wir für unsere Werte einstehen«. Am Ende der allein um das Thema Brexit gesponnenen Wahlkampagne Johnsons flogen in der Werkshalle eines bekannten britischen Baumaschinenherstellers in Stafford ein paar weiße Styroporsteine quietschend durch die Luft. Immerhin hatte der strahlende Kandidat den Stunt todesmutig selbst und ohne Double durchgeführt, während die EU inzwischen mitleidig zugestimmt hatte, die Frist für den Austritt bis zum 31. Januar 2020 zu verlängern.

Kapitel 3
Der König der Welt

Es war einmal in New York, als am 19. Juni 1964 ein kleiner blonder Prinz die Welt erblickte. Seine Eltern – ein britischer Student der Volkswirtschaftslehre an der Columbia University und eine bildende Künstlerin mit progressiven Ansichten – waren sich 1962 an einem College in Oxford begegnet, wo Stanley Johnson gerade einen Preis für Poesie gewonnen hatte, nicht gerade ein Hinweis darauf, dass er seine Frau Charlotte später aus Eifersucht öfter häuslicher Gewalt aussetzen sollte. Für die vier Kinder, so erzählte sie später, habe er sich nie wirklich interessiert.

Der kleine Alexander Boris hatte sich schon früh große Ziele gesetzt. »König der Welt« wolle er werden. Politik lag ihm in den Genen. Schon sein türkischer Urgroßvater väterlicherseits war Innenminister im Osmanischen Reich gewesen und sein Vater von 1979 bis 1984 Abgeordneter der Konservativen im Europäischen Parlament.

In der gemeinsamen Zeit der Familie in Brüssel ging der Grundschüler auf die von den Europäischen Mitgliedstaaten gegründete Europäische Schule I. Dort konnte er in seiner Muttersprache Lesen und Schreiben lernen wie die meisten Kinder von Eltern, die in den Europäischen Institutionen arbeiteten. 1977, im Alter von 13 Jahren, gewann er ein Begabtenstipendium für das private englische Eliteinternat Eton College – eine Schule für Jungs, die für ihr antiquiertes Konzept und weltweit einmalige männliche Seilschaften berühmt war. Zwanzig britische Premierminister gehören in Eton, das nur 20 Minuten Fußweg vom Schloss Windsor entfernt liegt, zu den Alumni. Die in ihn gesteckten Erwartungen konnte der junge Johnson jedoch nicht ganz erfüllen, da er seine Energie fast ausschließlich in seine Neigungsfächer Literatur und Theater steckte und ansonsten eher durch Faulheit glänzte. Die Schulgemeinschaft – darunter der spätere Premierminister Rishi Sunak – liebte den immer positiven Mitschüler, sein Gespür für Dramatik und seine Fähigkeit, jedes Publikum mit einem charismatischen Auftritt zu begeistern.

Dieses Talent, das der Journalist Jan Ross in einer wunderbaren Biografie über den Premier beschrieben hat, setzte der junge Johnson auch im Studium in Oxford ein. Dem Wunsch seines früheren Hausvaters aus Eton, Martin Hammond, folgend, begann er in Oxford ein Studium der klassischen Antike, das heißt der griechischen und römischen Originalliteratur, dass er 1987 abschloss. Anders als von seinem Lehrer erträumt, wurde Boris jedoch kein Wissenschaftler, sondern Journalist.

Es wäre falsch, ihn mit einem Hochstapler zu vergleichen, der vielleicht nicht das geistige Zeug gehabt hätte, den intellektuellen Ansprüchen von Schule und Universität zu genügen. Er nahm nur für sich in Anspruch, dass man sehr gut auch anders durchs Leben käme, mit Improvisation, Spontanität, Halbwahrheiten und indem man sich auf andere verlässt. Seine Mitgliedschaft im zweifelhaft ehrwürdigen, rein männlichen Bullingdon Dinner Club in Oxford geriet ihm nicht zum Nachteil. Der Film Riot Club aus dem Jahr 2014 setzt den umstrittenen Ruf dieser Studentenverbindung fiktiv, aber brillant, in Szene. Ein großes Bankett der feinen Gentlemen-Gesellschaft im Smoking läuft durch respektloses Benehmen, Alkoholexzesse und Sexismus aus dem Ruder, bis es in völliger Gewalt und Vandalismus eskaliert. Auch Johnson ist in Oxford Mitglied bei Bullingdon und sollte seine ehemaligen Trinkkumpanen unter Garantie am Kabinettstisch oder in der Tory-Fraktion des Unterhauses wiederfinden: Dominic Raab, Außenminister und stellvertretender Premierminister, Kwasi Kwarteng, Minister für Energie, Industrie und Handel, Ben Wallace, Verteidigungsminister und nicht zuletzt Jacob Rees-Mogg, Fraktionsführer, der vielen Briten als der Inbegriff des »Posh« gilt, da er seinen wohlhabenden und privilegierten Status in der Upper Class durch distinguiertes Hochenglisch und besonders feine Kleidung unnachahmlich zelebriert.

Doch zurück zum Prinzen, dem die Wandlung zum Weltenkönig noch bevorsteht. Aufgrund eines gefälschten Zitats entließ die *Times* den Nachwuchsjournalisten, der sich infolge bei einem Lokalblatt durchschlagen musste. Über den rechtskonservativen *Daily Telegraph* landete er 1989 schließlich als Brüssel-Korrespondent am Ort seiner Kindheit. Durch bewusst provokante und polarisierende Artikel, die nicht immer ganz auf Fakten beruhten, aber zur Erheiterung der Leserschaft beitrugen, erlangte er einen gewissen Bekanntheitsgrad zu Hause und mehrfache TV-Auftritte bei »Have I Got News for You«, einer Art Mutter der Nachrichten-Comedy-Shows.

Mit wehendem Haar und im Knitteranzug gewann er 2001 seinen ersten Unterhaussitz für die Konservativen, 2004 das Amt des Schattenministers für Kultur und schließlich 2008 das Amt des Bürgermeisters von London, ein Wahlerfolg, der in der multikulturellen Stadt eher einem Labour-Politiker zugetraut wurde. Seine Exzentrik, unorthodoxen Herangehensweisen, eine für englische Verhältnisse sehr lockere Sprache und die bewusste Förderung des öffentlichen Personennahverkehrs durch den überzeugten Radfahrer kamen in der Metropole gut an. Neue rote Doppeldeckerbusse hießen jetzt »Borismaster« und die bis heute in der Stadt verfügbaren Leihräder »Boris Bikes«. Rassistische Ausrutscher des unerschütterlichen Optimisten wurden durch Selbstironie neutralisiert und immer wieder verziehen. Hate Speech war Johnson fremd.

Während jeder andere wie ein Idiot ausgesehen hätte, tat es seiner Popularität gut, als er zur Eröffnung der Olympischen Spiele 2012 in London durch einen technischen Fehler minutenlang Fähnchen schwingend in einer Seilbahn hängen blieb. »BoJo« das Phänomen. Seine Bilanz als Stadtoberster fiel dagegen eher bescheiden aus. »Unbestreitbar ist«, so kommentierte der *Guardian*, »dass London im Jahr 2016 insgesamt eine weitaus reichere Stadt ist als 2008. Dies war jedoch das Ergebnis vieler Faktoren – von denen einige überhaupt nichts mit Johnson zu tun haben – und die zu Problemen großer Ungleichheit sowohl innerhalb Londons als auch im Vergleich zum Rest des Vereinigten Königreichs führten.«

Die Performance, der Auftritt, das, was der eigenen Karriere dienlich war, schien Boris Johnson voranzutreiben und voranzubringen, nicht ein bestimmtes politisches Programm. Ähnlich verhielt es sich wohl in Sachen EU-Austritt und seiner persönlichen Ansicht hierzu.

In seinem Klassiker über den Brexit »All Out War«, zu Deutsch etwa der »totale Krieg«, beschreibt der Journalist Tim Shipman, wie sich Johnson und Michael Gove, damals Justizminister, in das Camp der Leave-Kampagne aufmachten. Shipman, der sogar Zugriff auf WhatsApp-Chats führender Regierungsmitglieder hatte, zitiert den damaligen Innenminister Ben Wallace, der Johnson einen Rat gab: »Es ist ganz einfach, Boris. Ich glaube Deine Entscheidung [zum Brexit] wird Dich entweder zum Premierminister machen oder zumindest in die Endauswahl der letzten Zwei kommen lassen. Egal wie Du Dich entscheidest, Du musst zeigen, dass Du es kannst und ein zukünftiger Premier bist. Was die Kampagne betrifft: Du musst es machen. Sei auf der Höhe der Zeit und geh' voran.«

Wallaces Einschätzung war wahrscheinlich richtig. Die Figur Johnsons und seine öffentliche Ausstrahlung würde für viele Menschen bei ihrer Brexit-Entscheidung Signalwirkung haben – in die eine oder andere Richtung. Eine andere ungenannte Quelle Shipmans kam zu einer ähnlichen Einschätzung: »Boris, der Typ ist doch so verwildert, der folgt nur seinen Instinkten. Sein Instinkt sagte ihm ›raus‹ [aus der EU]«. Viele Menschen waren unentschlossen, aber die Entscheidung zweier Politiker vom Format eines Johnson oder Gove konnte einen Unterschied machen. Sie benötigten nur den richtigen Spin – eine gute Kampagne und einen guten Kampagnen-Manager.

In der Polit-Satire »Brexit – Chronik eines Abschieds« spielt ein glänzender Benedict Cumberbatch den von allen Pro-Europäern verhassten Spin-Doktor Dominic Cummings, der mit Hilfe von Algorithmen den politischen Diskurs des Landes nach allen Regeln der Kunst Richtung EU-Austritt dirigierte. Cummings wird zur umstrittensten Figur der politischen Szene Großbritanniens und für sehr lange Zeit ein Wegbegleiter Johnsons. Ähnlich wie Steve Bannon in seiner Rolle als Chefstratege Donald Trumps, polarisiert Cummings bis heute. Seine noch immer abrufbare Website zum Brexit ist nach einem simplen Strickmuster aufgebaut: Erste Regel: Rede über Einwanderung. Zweite Regel: Rede über 76 Millionen Türken, die nach einem EU-Beitritt ihres Landes freien Zugang zum britischen Arbeitsmarkt sowie dem Sozial- und Gesundheitssystem bekommen werden: »Bis zu 2 Millionen Menschen kamen in den letzten zehn Jahren ins Vereinigte Königreich. Stelle Dir vor, wie es sein wird, wenn in der Zukunft noch mehr und ärmere Länder Mitglied der Union werden.« Es gab nur einen Ausweg: »Take back control!« – Nimm Dir die Kontrolle über Dein Land zurück!

Am 24. März 2015 fiel der Name Boris Johnson erstmals in der Reihe der möglichen Nachfolger in der Downing Street Nummer 10. Vier Jahre später, nach dem Rücktritt Theresa Mays, war Johnson endlich am Ziel.

Die EU, angeführt von ihren erfahrensten Diplomaten, war derweilen entschlossen, ihre Integrität aufrechtzuerhalten, während Johnson schwor, die Brexit-Versprechen einzulösen, die ihm den Thron eingebracht hatten. Als erste Amtshandlung lehnte er den von Theresa May ausgehandelten Vorvertrag ab, schloss aber gleichzeitig eine erneute Verschiebung des Brexits aus. Seither hing der »No-Deal-Brexit« wie ein Damokles-Schwert über dem Königreich, und schien alle, außer Boris Johnson, zu beunruhigen: »Ich möchte, dass alle wissen, dass ich Brüssel unter keinen Umständen auffordern werde, etwas aufzuschieben. Wir verlassen die EU am 31. Oktober, ohne Wenn und Aber.«

Was Boris Johnson betrifft, so war er sich sicher, seinen Platz in den Annalen gefunden zu haben. Mit einer Mischung aus Chuzpe, Charme und Charisma würde er sein Land wie Admiral Nelson durch stürmische Gewässer führen – und sich dabei heillos überschätzen. Die Choreografie folgte dem immer gleichen Provokationsmuster: Auftritt Szene eins: Johnson droht der EU mit einem »No-Deal« und die Verhandlungen werden an den Rand des Abbruchs gebracht. Szene zwei: Gipfeltreffen. Vor großer Bühne lenkt der Brite ein und verkauft in Szene drei: die Geisteswandlung vor heimischem Publikum als seinen großen Erfolg, um innenpolitisch weiter zu punkten.

Eine Notdebatte am 3. September 2019 und ein interfraktioneller Gesetzesentwurf des Labour Abgeordneten Hilary Benn hatten mit zusätzlichen Stimmen aus dem Lager der inzwischen heillos zerstrittenen Konservativen Partei einen No-Deal abwenden können. Der sogenannte Benn Act verpflichtete den Premier, die EU um eine weitere peinliche Verschiebung des Austrittstermins zu bitten. Ein Misstrauensvotum im Nacken, sah Johnson keinen Ausweg, außer die Abgeordneten im Stil eines Oliver Cromwell diktatorisch zurück in die Wahlkreise zu schicken.

Die Prorogation, die Sitzungspausen, fallen in der Regel mit den Schulferien und anderen Unterbrechungen im parlamentarischen Kalender zusammen. Sie ermöglichen es den Abgeordneten und den Mitgliedern des Oberhauses, sich auf die Arbeit im Wahlkreis zu konzentrieren. Sie sind jedoch nicht dafür gedacht, kritische Abgeordnete vor die Tür zu setzen. Eine Aktivistin namens Gina Miller bescherte Johnson einen gehörigen Gesichtsverlust. Sie hatte wiederholt den Mut aufgebracht, trotz gegen sie gerichteter Todesdrohungen in den Sozialen Netzwerken, Klage gegen das Vorgehen des Regierungschefs einzureichen und erhielt Recht.

Am 24. September 2019 entschied der Oberste Gerichtshof in der Rechtssache »Miller gegen den Premierminister«, dass die Prorogation rechtswidrig war – folglich wurde die Regierungsverordnung, die die Vertagung angeordnet hatte, aufgehoben und die Vertagung als »null und nichtig« eingestuft. Als das Parlament am nächsten Tag wieder zusammentrat, wurde die Prorogationszeremonie einfach aus dem Protokoll gestrichen und die Geschäfte wurden fortgesetzt, so als wäre nichts geschehen und als hätte die Auflösungszeremonie nie stattgefunden.

Boris Johnson wäre nicht Boris Johnson, wenn er diese Niederlage nicht in einen Erfolg umgemünzt hätte. Was störte ihn sein Geschwätz von gestern. Die von ihm in der Folge ausgerufenen Neuwahlen für den 12. Dezember 2019 verschafften ihm endlich eine Mehrheit von 365 von 650 Sitzen – ein Triumph. Gerade in den traditionellen Hochburgen der Labour-Partei, der sogenannten »roten Mauer« in Nordengland, hatte Johnson für die Tories abgeräumt. Die Labour-Partei hatte nicht verloren, sie war erniedrigt worden. Der schillernde König der Welt hatte ihr ins Herz gestochen.

Derweilen baute die EU weiterhin goldene Brücken. Man bot an, den sogenannten »Backstop« zu streichen, der den Warenverkehr auf der irischen Insel regeln sollte. Die EU-Binnenmarktregeln müssten jedoch weiterhin Gültigkeit in Nordirland haben. Doch auch bei dieser großzügigen Regelung stellten sich die Hardliner quer. Johnsons Gang ins brüssel'sche Canossa schien unabwendbar. Tatsächlich stimmte der EU-Rat ein drittes Mal der Verschiebung des Brexits zum 31. Januar 2020 zu. In der Zwischenzeit hatte Johnson sich die notwendigen Mehrheiten besorgt, und am 22. Januar stimmten beide Häuser, die Commons und die Lords, dem Brexit-Gesetz zu.

Als der Tag des Austritts am 31. Januar 2020 endlich gekommen war, hatten sich Hunderte Menschen mit Union Jack und Englandfahnen auf dem Parliament Square in London versammelt. Man zählte mit Sektflaschen bestückt einen Countdown herunter. Viele sprachen vom »Independence Day«, einem britischen Unabhängigkeitstag. Big Ben schlug um 23:00 Uhr zur vollen Stunde, und in Brüssel hatte damit bereits der neue Tag begonnen. Auf einer großen Leinwand am Westminster Palace erschien ein riesiger Schriftzug: »We're out!« – Wir sind raus.

Johnson rief einen Moment der nationalen Erneuerung und Veränderung, gar eine neue Ära, aus. Anstelle eines katalysatorischen Moments des gesellschaftlichen Friedens rückten nun jedoch zähe Verhandlungen um ein zukünftiges Handels- und Kooperationsabkommen in den Mittelpunkt des öffentlichen Interesses. Da sich die Beratungen über das Austrittsabkommen um Jahre verschoben hatten, blieb nun auch für diesen darauffolgenden Vertrag weniger Zeit. Sieben Jahre hatte die EU benötigt, um mit Kanada ein ähnliches Abkommen auszuhandeln. Nun sollten bis zur Unterzeichnung mit den Briten nur wenige Monate reichen.

In der neunten Runde der Verhandlungen der Unterhändler im September 2020 tickte die Uhr unaufhörlich und bedrohlich. Bis zum 1. Januar 2021 sollte ein Verhandlungsergebnis her. Johnson, der für die Werte Großbritanniens einstehen wollte und sich oft genug auf die beeindruckende Rechtsgeschichte Großbritanniens bezogen hatte, pokerte mit Hilfe einer gezinkten Karte erneut. Ein neues Binnenhandelsgesetz sollte den ungehinderten Handel im Vereinigten Königreich erlauben, ungeahndet dessen, dass dies gegen internationales Recht verstoßen würde. Das Vertrauen der EU in die britische Vertragstreue sank gegen null. Seit vier Jahren hatten die glorreichen 27 zusammengestanden und sich engmaschig koordiniert. Sollte Johnson es doch darauf ankommen lassen! Erst am Heiligen Abend 2020 konnte zur großen Erleichterung aller eine Grundsatzvereinbarung über ein langfristiges Handels- und Kooperationsabkommen erzielt werden und die betroffenen Beamten wieder zu Familienmitgliedern mutieren.

Die Vereinbarung enthielt in erster Linie Regelungen zum zukünftigen Warenverkehr. Waren müssen seither über Ein- und Ausfuhrformalitäten – auch ohne Gebühr – verzollt werden, beispielsweise Autos, Medikamente, Chemikalien und Wein. Der Fischerei-Sektor ist in Großbritannien wirtschaftlich eher unbedeutend und dennoch emotional hoch aufgeladen. Die Fangquoten für Fischer aus der EU in britischen Gewässern wurden in einem ersten Schritt um 25 Prozent gekürzt und sollen ab Juni 2026 jährlich neu verhandelt werden. Der Finanzdienstleistungsbereich wurde weitgehend ausgeklammert und erst 2024 nachverhandelt.

Im Jahr 2020, kurz vor dem Austritt, hatten noch über 55.000 Studierende in 649 Projekten Mobilitätshilfen durch das ERASMUS-Programm erhalten. Mit dieser Unterstützung in den Bereichen Hochschulbildung, Berufsbildung, Schulbildung, Erwachsenenbildung und Jugend in Höhe von insgesamt circa 144 Millionen Euro pro Jahr sollte von nun an Schluss sein. Die Teilnahme am Wissenschaftsprogramm HORIZON war zeitweilig ausgesetzt. Übrig geblieben sind dagegen die Kooperation im Forschungs- und Ausbildungsprogramm der Europäischen Atomgemeinschaft (Euratom), am ITER-Kernfusionsreaktorprojekt und in der zivilen Nutzung von Nuklearenergie, bei Copernicus dem Erdbeobachtungssystem sowie an einem Satellitenüberwachungsprogramm. Bis ins kleinste Detail führt das TCA, das Trade and Cooperation Agreement, Regelungen in den Bereichen Wettbewerb und Subventionen, Steuertransparenz, Luftverkehr, Straßenverkehr, Energie, Datenschutz und, vor allem, der Standards in sozialversicherungsrechtlichen Fragen aus.

Die größte Enttäuschung der europäischen Jugend, aber auch der Wirtschaftsverbände, betraf das sofortige Ende der Freizügigkeit von Personen. Zwar konnten EU-Bürger, die bereits im Vereinigten Königreich lebten, einen Aufenthaltsstatus beantragen. Diejenigen, die seit dem 1. Januar 2021 einwandern wollten, sollten ab jetzt jedoch hohe Hürden überwinden müssen. Da in erster Regel die Zuwanderung von Geringqualifizierten verhindert werden soll, gilt mittlerweile ein vorgeschriebenes Mindesteinkommen von knapp 45.000 Euro im Jahr, ein Gehalt, das nur Menschen erzielen können, die eine entsprechende Ausbildung besitzen und eine Einladung durch einen Arbeitgeber erhalten.

Umgekehrt verloren alle Briten das Recht, in der Europäischen Union zu leben, zu arbeiten oder an den spanischen Stränden in Rente zu gehen. Ein gemeinsamer Partnerschaftsrat soll zukünftig Streit beilegen. Zwar konnten sich die Verhandlungsführer auf den Austausch von Geheiminformationen einigen, eine Zusammenarbeit in den Bereichen Außenpolitik, äußere Sicherheit und Verteidigung war jedoch nicht Gegenstand des Abkommens. Hierüber wollte Johnson partout nicht verhandeln.

Endlich war man wieder »souverän« und hatte »die Kontrolle« zurück. Doch schon am 29. Januar 2020 waren die zwei ersten Patienten in Großbritannien positiv auf das Corona-Virus getestet worden. Ein Jahr später, am 5. April 2021, fand sich der Premier unter lebensbedrohlichen Umständen auf der Intensiv-Station des St.-Thomas-Hospital auf der Südseite der Londoner Themse wieder.

Es war einmal mitten in Europa, eine komplexe Geschichte vom Brexit. Eine Geschichte von Intrigen, Verhandlungen und politischen Manövern, die die Welt in Atem hielt. Eines aber hatte der Brexit gezeigt: wie eine konservative Partei sich eines populistischen Vehikels bediente, um neue Wählerschichten zu erschließen, die eigene Macht zu konsolidieren und dieses Instrument wiederholt auszunutzen, wann immer man innenpolitisch unter Druck geraten sollte. Wenn die Mittel dem Zweck dienten, war man sogar bereit, mit der eigenen jahrhundertealten Tradition zu brechen und internationales Recht zu verraten. Der seit dem Zweiten Weltkrieg geltende Ruf als verlässlicher und stabiler Partner auf dem europäischen und internationalen Parkett war für immer verloren. Nicht zu Unrecht hatten politische Beobachter dem blonden Prinzen einen neuen Spitznamen verliehen. Der »kleine Trump« würde sich wieder erholen, ein Comeback feiern und dann über den eigenen Hochmut fallen.

Kapitel 4
Havarie

His Majesty's Revenue and Customs Office, das britische Finanzministerium, ist das erste Haus am Platz in der Parliament Street, der Hauptstraße des Regierungsviertels in London. Eingebettet zwischen dem Buckingham Palast und der Themse grenzt das klassizistische, weiße Gebäude wie eine Festung direkt an den bei Touristen beliebten St. James's Park. Als man im Zweiten Weltkrieg nach einem sicheren Bunker für die Regierung suchte, entschloss man sich, sie hier im Keller unterzubringen. So sicher schien der Betonrahmen des Gebäudes vor dem »Blitz«, den deutschen Bombenangriffen, dass Winston Churchill seinen »War Room«, die britische Kriegskommandozentrale, hierhin verlegte.

Nur einen Steinwurf entfernt von der Downing Street regiert hier heute der jeweilige Schatzkanzler, der Finanzminister des Vereinigten Königreichs. Kaum einer der Touristen, die am frühen Morgen des 8. Oktober 2008 durch den kühlen Park schlenderten und die vielen stolzen königlichen Schwäne bestaunten, konnte ahnen, welche Dramatik sich in den letzten Stunden hinter den schweren Mauern von Her Majesty's Treasury – des Finanzministeriums – abgespielt hatte.

Einen Tag zuvor war der Aktienhandel der Royal Bank of Scotland ausgesetzt worden. Ihr Kurs war um 35 Prozent eingebrochen und ihr Vorstandsvorsitzender Tom McKillop hatte sich verzweifelt an Schatzkanzler Alistair Darling von der regierenden Labour Party gewandt, um ihm mitzuteilen, dass der Bank innerhalb weniger Stunden das Geld ausgehen würde. Darling war sicher, »das Spiel war gelaufen. Wenn die Märkte die RBS, eine der größten Banken der Welt, aufgeben konnten, waren alle Wetten auf das britische und weltweite Finanzsystem verloren.« Es drohte ein seit dem Schwarzen Donnerstag von 1929 nie mehr dagewesener Börsenkrach mit unvorhersehbaren, düsteren Folgen für ganz Europa.

Schon im September 2007 war es zu einem Ansturm auf die britische Bank Northern Rock gekommen. Infiziert von der amerikanischen Hypothekenkrise, folgte eine Liquiditätskrise im britischen Bankensektor, und Northern Rock war nicht mehr in der Lage gewesen, die für ihr Geschäftsmodell notwendigen Kredite aufzunehmen. Per Ermächtigung durch Schatzkanzler Darling konnte die Bank of England eingreifen und der Northern Rock Mittel zur Deckung ihrer Verbindlichkeiten leihen. Der Steuerzahler sollte für die Einlagen der Sparer bürgen.

Ein Jahr später hatten sich die Direktoren der wichtigsten Banken in einem mit schwerem dunklem Holz vertäfelten Konferenzraum über dem War Room des Ministeriums eingefunden. Alles was Rang und Namen in der Banken-City hatte, war erschienen: die Barclays Bank, HSBC, Standard Charter und die ehrwürdige 1707 in Edinburgh gegründete und mittlerweile weltweit agierende schottische Nationalbank, die Erfinderin des Überziehungskredits. Ihr Direktor Fred Goodwin, ein Aufsteiger aus einem bildungsfernen Haushalt und nun CEO der zehntgrößten Bank der Welt, wehrte sich über Stunden, dem Bankenrettungsplan der Regierung Gordon Browns zuzustimmen. Auch die anderen Bankiers sahen sich außer Stande die vom Finanzminister vorgelegten Papiere zu unterzeichnen.

In ungefähr zwölf Stunden würde die Börse öffnen und kurz vor einer Kernschmelze stehen. Die Regierung rang den Managern nichts weniger ab, als ihrer eigenen Entmachtung zuzustimmen – der de facto Verstaatlichung ihrer Banken. Um 5:00 Uhr morgens war der Durchbruch erreicht. Über den »bail out«, den Banken-Rekapitalisierungsfonds, kaufte die Regierung Gordon Brown eine Kombination aus Stammaktien und Vorzugsaktien der betroffenen Banken. Diese verpflichteten sich im Gegenzug zu Beschränkungen bei der Vergütung von Führungskräften und zur Auszahlung von Dividenden an Kleinstaktionäre. Darüber hinaus sollten sie Hausbesitzern und kleineren Unternehmen wieder Kredite gewähren müssen. Der Staat selbst würde das Programm aus den Dividenden der gekauften Aktien refinanzieren und die Aktien langfristig, nach einer Markterholung, wiederverkaufen – so der Plan.

Um 5:30 Uhr wurde der Minister informiert, dass man eine Einigung erzielt und die Kapitulation unterzeichnet worden war. Kurz vor der Öffnung der Finanzmärkte, der ehrwürdigen London Stock Exchange, um 7:00 Uhr setzte auch Schatzkanzler Darling seine Unterschrift auf die Dokumente und erwarb damit einen großen Teil des weltweiten Bankensystems für den britischen Staat. Northern Rock lieh sich bis zu 20 Milliarden Pfund von der Bank of England. Den übrigen Banken griff der Staat mit zwei Paketen in Höhe von jeweils 25 Milliarden britischen Pfund unter die Arme. Um 9:30 Uhr traten Darling und Brown in der Downing Street vor die Kameras. Sie hatten das britische und europäische Bankensystem vor dem Kollaps bewahrt.

Die britischen Wirtschaftsweisen vom »Office for Budget Responsibility« (OBR) kamen Jahre später zu der Einschätzung, dass Alistair Darlings Interventionen die Öffentlichkeit bis Ende Januar 2018 insgesamt 23 Milliarden Pfund gekostet hätten. Der Nettosaldo ergibt sich aus einem Verlust von 27 Milliarden Pfund bei der Rettung der Royal Bank of Scotland (RBS), der durch einige Nettogewinne bei anderen Programmen wieder ausgeglichen wurde.

Auf die Finanzkrise folgte die globale Wirtschaftskrise, und das Königreich landete in einer schweren Rezession. Die Labour Party konnte sich bei den Wahlen zum Unterhaus am 6. Mai 2010 kein viertes Mal durchsetzen. Ein strahlender David Cameron von der Konservativen Partei erklärte nach seinem Wahlsieg, was jetzt Priorität habe: wirtschaftliche Erholung, Stabilität, Wachstum, Maßnahmen zur Verringerung des Staatsdefizits, Ankurbelung von Investitionen und die Schaffung von Arbeitsplätzen. Die Tories seien »die Partei der fiskalischen Verantwortung«.

Der eigenen Logik folgend legte die Regierung unter derselben Überschrift ein Sparprogramm auf. Die Melodie schien etwas aus der

Mode gekommen und erinnerte an die Zeit Margaret Thatchers. Wie von einer abgewetzten Schallplatte klang der Oldie »TINA« aus den Lautsprechern, das Akronym für Englisch »there-is-no-alternative«. Der alte Sound für eine neue Ära sollte eine auf den Markt und insbesondere auf die Wettbewerbsfähigkeit ausgerichtete Politik beschreiben, zu der es eben wie bei TINA »keine Alternative« gäbe. Die Briten sollten sich »zusammenreißen«.

Die Ausgabenkürzungen betrafen vor allem den öffentlichen Sektor. Einige Ministerien mussten 25-prozentige Kürzungen hinnehmen. Harte Entscheidungen seien notwendig, um die finanzielle Gesundheit des Landes wiederherzustellen und langfristigen Wohlstand zu sichern, so der Regierungschef. Eine Reform des Sozialsystems mit dem Namen Universal Credit sollte Arbeitsanreize schaffen und die Abhängigkeit von Sozialleistungen verringern. Cameron sprach sich für harte Maßnahmen aus: Obergrenzen für die Sozialhilfe, verpflichtende Arbeitsprogramme für Sozialhilfeempfänger und Reformen der Erwerbsunfähigkeitsleistungen. Ziel sei es, die »Eigenständigkeit der Menschen zu fördern und die Staatsausgaben zu senken«.

Die berufliche Bildung sei ein Schlüsselfaktor für Wirtschaftswachstum und soziale Mobilität. Reformen sollten die Standards in den Schulen verbessern, die Berufsbildungsmöglichkeiten erweitern und den Zugang zur Hochschulbildung verbessern.

Cameron versprach, die Grundversorgung in den Bereichen Gesundheit, Bildung und Polizei vor Einsparungen zu schützen und gleichzeitig Effizienzsteigerungen und Bürokratieabbau anzustreben. Er versprach, die Mittel für den Nationalen Gesundheitsdienst (NHS) aufzustocken sowie Maßnahmen zur Verbesserung der Effizienz und der Patientenversorgung durchzuführen.

Erstmals positionierte Cameron die Konservative Partei als umwelt- und klimabewusst. Er setzte sich für Maßnahmen zur Förderung erneuerbarer Energien, zur Verringerung der Kohlenstoffemissionen und zum Schutz natürlicher Lebensräume ein.

Die »Big Society« – die »Große Gesellschaft« – war das allumfassende Schlagwort der Tories, das die Stärkung der Gemeinschaft, Freiwilligenarbeit und soziale Verantwortung in den Vordergrund stellte und die Ansprüche des Einzelnen an den Staat zurückfahren sollte. Die Macht der Zentralregierung sollte unter dem Schlagwort »Levelling-up« zunehmend auf die lokalen Gemeinschaften übertragen und bürgerschaftliches Engagement fördern, um den wachsenden sozialen Herausforderungen zu begegnen.

Anders als zu Zeiten Margaret Thatchers, präsentierte sich die Konservative Partei als moderne, mitfühlende und pragmatische Alternative, mit einer Vision für wirtschaftlichen Aufschwung, soziale Reformen und nationale Erneuerung. Aber war nicht der »Dritte Weg« Tony Blairs schon Reform genug gewesen? Und war Austerität, jetzt nach der Finanzkrise, tatsächlich das Rezept, das der Wirtschaft nach der Rezession auf die Beine helfen würde? Schon einmal, zur Regierungszeit Thatchers ab 1979, waren öffentliche Ausgaben gekürzt, Subventionen abgebaut und staatliche Unternehmen privatisiert worden. Thatchers Programm hatte zugunsten des Finanzsektors in der City of London komplett auf eine Industriestrategie verzichtet, führte jedoch zu einer tiefen Rezession und hohen Arbeitslosigkeitsraten im Norden Englands.

Auch die Vorgängerregierungen Camerons, die Labour-Politiker Blair und Brown, hatten auf Haushaltsdisziplin gesetzt. Sie durchmischten ihr Regierungsprogramm aber mit gezielten Investitionen, insbesondere in öffentliche Dienstleistungen wie das Gesundheits- oder Bildungswesen. Gordon Brown hatte die Ausgaben für den National Health Service (NHS) erhöht. Die New Labour Politik hatte darauf abgezielt, wirtschaftliche Stabilität herzustellen ohne die sozialen Ausgaben zu vernachlässigen. Die Verschuldung sollte niedrig und das Haushaltsdefizit unter Kontrolle gehalten werden. Der öffentliche Sektor sollte in erster Linie durch mehr Effizienz reformiert und die Qualität von Dienstleistungen verbessert werden. Einige Elemente der Politik Thatchers, wie die Deregulierung und Privatisierung, waren auch unter Labour fortgesetzt worden, aber in einem moderateren Tempo und Umfang. Das Rückgrat des Aufschwungs, der erst 2008 ein Ende fand, bildete der Finanzsektor.

Mit David Cameron schlug das Pendel wieder in eine andere Richtung. Nur drei Jahre nach seinem Amtsantritt, kam ein Bericht der englischen Hilfsorganisation Oxfam 2013 zu einem vernichtenden Zwischenfazit. Nach knapp 30 Jahren Neoliberalismus, Finanzkrise und drei Regierungsjahren durch die Tories habe »diese Politik [...] zu einem dramatischen Anstieg der Zahl der in Armut lebenden Menschen geführt, die sich von 7,3 Millionen im Jahr 1979 auf 13,5 Millionen im Jahr 2008 fast verdoppelt habe«. Die Ungleichheit habe ein Niveau erreicht, wie es zuletzt in den 1920er-Jahren zu beobachten war, was darauf zurückzuführen sei, dass ein immer größerer Anteil des Einkommens an die Reichsten ginge, insbesondere an das oberste 1 Prozent. Seit 1975 sei die Einkommensungleichheit unter Menschen im erwerbsfähigen Alter im Vereinigten Königreich schneller gestiegen als in jeder anderen OECD-Nation, einschließlich der Vereinigten Staaten, sodass das Vereinigte Königreich heute zu den ungleichsten Ländern in dieser Gruppe gehöre. »Tatsächlich hat das Vereinigte Königreich einen Index der Einkommensungleichheit vor Steuern von 0,52, der höher ist als der der Vereinigten Staaten.« Diese Ungleichheit, so führte Oxfam weiter aus, mache sich insbesondere an den Gehältern fest: »Das durchschnittliche Jahreseinkommen im Vereinigten Königreich für die oberen 10 Prozent der Bevölkerung lag 2008 bei etwa 55.000 Pfund, bei den untersten 10 Prozent waren es nur 4.700 Pfund – ein Verhältnis von 12:1.«

Noch kurz vor der Regierungsübernahme durch David Cameron hatte sein Vorgänger Gordon Brown versucht, ein 31 Milliarden Pfund schweres Konjunkturprogramm aufzulegen, welches die heftigsten Auswirkungen der Finanz- und Wirtschaftskrise abfedern sollte. Es sah die Senkung der Mehrwertsteuer vor und investierte in Schulen und Sozialwohnungen. In dieser Zeit stiegen die Einkommen des ärmsten Fünftels der Bevölkerung am schnellsten (um 3,4 Prozent) und für die reichsten zwei Fünftel am langsamsten (um 0,3 Prozent). Doch damit war nun Schluss. Cameron erklärte, dass »das Zeitalter der Verantwortungslosigkeit dem Zeitalter der Sparsamkeit weicht«

und verpflichtete sich, die »jahrelangen übermäßigen Staatsausgaben zu beenden«, die er als überzogen bezeichnete.

Allerdings zeigten seine Therapieansätze keine Wirkung. Das erklärte Ziel der Regierung war gewesen, das Defizit im Staatshaushalt zu verringern. Dies sollte das Vertrauen der Märkte stärken und zu Investitionen und Wirtschaftswachstum führen. Stattdessen wuchs die Staatsverschuldung von 56,6 Prozent (im Juli 2009) auf 90 Prozent des BIP im Jahr 2013.

Infolge der Steuer- und Sozialleistungsreformen der neuen Regierung, befürchtete das Institute for Fiscal Studies, ein unabhängiges Wirtschaftsforschungsinstitut, dass zwischen 2010 und 2014 die ärmsten zwei Zehntel der Bevölkerung prozentual größere Einbußen bei ihrem Nettoeinkommen hinnehmen müssten als alle anderen Gruppen, mit Ausnahme des reichsten Zehntels. Die Forscher hatten Bedenken, dass die Politik sowohl die absolute als auch die relative Armut erhöhen werde. Sie sollten Recht behalten.

Auf Cameron folgte May, und auf May folgte Johnson. Nur zehn Jahre nach dem Einzug David Camerons in die Downing Street kandidierte ein dritter Konservativer für das Amt des Premierministers. Zum ersten Mal übernahm jetzt jedoch ein bekennender Brexetier das Ruder auf der Brücke. Die wachhabenden Offiziere waren im BoJo-Fieber. Man konnte oder wollte nichts hören von den Problemen der Heizer und Schmierer im Maschinenraum. Das Deck wurde geschrubbt und kalfatert. Die Planken glänzten, während die unteren Dienstgrade versuchten, die Lecks abzudichten. Der einst so stolze Tanker Großbritannien geriet in Schieflage.

Lange vor der Corona-Krise war die britische Wirtschaft angesichts der vielen Unsicherheiten des Brexits geschrumpft. War die Wachstumskurve in den Jahren 2013 bis 2017 noch um etwa 2 Prozent pro Jahr nach oben gestiegen, verlangsamte sie sich seit dem Referendum auf nur noch 1,5 Prozent. Im zweiten Quartal 2019 ging das Bruttoinlandsprodukt zum ersten Mal seit 2012 zurück.

Das Land lag auffällig unter dem EU-Durchschnitt beim realen BIP. Für 2019 hatten die Statistiker ein Wachstum des BIP pro Kopf von nur 0,9 Prozent gegenüber dem Vorjahr errechnet. Nach dem positiven Brexit-Votum war auch die Landeswährung abgerutscht. Mit einem Jahresdurchschnitts-Wechselkurs von nur 1,14 Euro lag das britische Pfund deutlich unter dem Niveau vor der Abstimmung (1,27 Euro). Ohne das dringend notwendige Freihandelsabkommen mit der EU bis zum Jahresende 2020 drohte eine harte Landung. Dies war ein Horror-Szenario für den britischen Wirtschaftsdachverband Confederation of British Industry (CBI), der ohnehin von Anfang an gegen die Austrittsidee war.

Die Generaldirektorin der CBI, Carolyn Fairbairn, hatte schon vor dem Referendum befürchtet, ein EU-Austritt wäre »ein echter Schlag für Lebensstandard, Arbeitsplätze und Wachstum«. In einem Interview mit der BBC erläuterte sie 2016, »die Einsparungen durch geringere Beiträge zum EU-Haushalt und weniger Regulierung werden durch die negativen Auswirkungen auf Handel und Investitionen bei Weitem aufgewogen. Selbst im besten Fall würde dies einen ernsthaften Schock für die britische Wirtschaft bedeuten.«

2019, drei Jahre später, wies der Verband weiter gebetsmühlenartig auf die Brexit-Unsicherheit hin, die hier und jetzt echte Auswirkungen auf die Wirtschaft habe: »Das wird von Tag zu Tag deutlicher. Offizielle Daten zeigen, dass die Unternehmensinvestitionen im vergangenen Jahr in jedem Quartal zurückgegangen sind – das hat es seit der globalen Finanzkrise nicht mehr gegeben. Und das Niveau der Unternehmensinvestitionen ist im Vergleich zu anderen Aufschwüngen bereits um 26 Prozent gesunken.«

Einige britische Firmen hatten aus Angst vor künftigen Zöllen, bereits ganze Teile ihrer Produktion ins Ausland verlagert. In der EU war plötzlich ein Anstieg britischer Investitionen von 12 Prozent zu verzeichnen, während der Kapitalzuzug auf die Insel um 11 Prozent zurückging. Erste Automobilfirmen drohten mit Werksschließungen. Honda zog sich aus Swindon zurück, und Ford schloss ein Werk in Bridgend in Süd-Wales, ein schwerer Schlag für die strukturschwache Gegend, deren Pro-Kopf-BIP im Dezember 2019 6 Prozent unter dem

EU-Durchschnitt lag. Die Automobilindustrie befürchtete vor allem Probleme bei den Lieferketten.

Zu den weiteren Branchen, die durch die Politik stark verunsichert waren, gehörten die Pharmaindustrie und die Finanzbranche in der City of London. In 82 Interviews fing die Deutsch-Britische Handelskammer 2020 die pessimistische Stimmung unter den deutschen Firmen ein. 71 Prozent der Befragten gaben an, dass sie Änderungen in den Lieferketten erwarten, für die hauptsächlich neue Handelshindernisse verantwortlich wären. Mehr als die Hälfte der betroffenen Firmen wollte Teile ihrer Produktion nach Deutschland und 47 Prozent allgemein nach Europa verlegen. Von den im Herbst 2020 noch nicht abgeschlossenen Verhandlungen mit der EU erwarteten 42 Prozent keinerlei Ergebnis. Des Weiteren sah man große Hindernisse durch zukünftige Zölle (69 Prozent), Probleme bei den Lieferketten (58 Prozent), abweichende Standards (51 Prozent), zusätzliche Verwaltungskosten (41 Prozent) und Probleme bei der Fachkräftebeschaffung (31 Prozent). Auf die Frage, ob die Manager einen Effekt des Brexits auf das Wirtschaftswachstum in Großbritannien erwarteten, vermuteten 75 Prozent, dass das Wachstum um mindestens 2 Prozent geringer ausfallen werde. Nur 23 Prozent der Geschäftsführer waren der Ansicht, dass die Einbußen geringere oder keine Effekte haben würden.

So kurz nach dem Brexit waren noch keine konkreten Auswirkungen des Austritts messbar. Auch verwischte die Pandemie alle sonst zuverlässigen Statistiken.

Johnson richtete eine eindrückliche Adresse an die Nation, zu Hause zu bleiben: »You must stay at home!« Der Lockdown traf den bereits angezählten Wirtschaftsstandort Großbritannien jetzt mit aller Härte. Die Statistiker der Bank of England errechneten im Rückblick, dass die Wirtschaft 2020 um 14 Prozent eingebrochen war und das Land die tiefste Rezession seit 325 Jahren erlebte, was erstmals seit der Finanz- und Wirtschaftskrise auch wieder an höheren Arbeitslosenzahlen ablesbar war. Ausgehend von einem relativ niedrigen Niveau von 3,8 Prozent im Jahr 2019 stieg die Anzahl derer, die ihre Arbeit verloren hatten, im April 2020 auf rund 850.000 Menschen. Innerhalb nur eines Monats hatte sich die Gruppe mehr als verdoppelt.

Was die Arbeitslosigkeit betrifft, so war sie im Vereinigten Königreich eigentlich immer niedriger als im europäischen Durchschnitt (in der Europäischen Union lag sie 2019 bei 7,5 Prozent). Die Gründe hierfür sind vielfältig. Der Arbeitsmarkt ist weitaus flexibler, und trotz der Rekordbeschäftigung herrschte über Jahre ein niedriges Lohnniveau. Die Produktivität ist dagegen im Vergleich sehr viel niedriger. Verdeckte Arbeitslosigkeit, Unterbeschäftigung, die Zunahme von Teilzeitarbeit sowie Scheinselbstständigkeit sind ein Problem. Es ist für Arbeitgeber weitaus einfacher, die Arbeitszeit willkürlich zu verkürzen und Menschen mit sogenannten »Null-Stunden-Verträgen« quasi zeitweilig mit niedrigsten Gehältern zu beschäftigen. Auch war es in Großbritannien immer einfacher, Arbeitnehmer einzustellen und kurzfristig wieder zu entlassen. Das sogenannte »Hire and Fire« galt geradezu als Standortvorteil.

In Zusammenhang mit dieser Entwicklung stehen auch bis ins Jahr 2024 anhaltende Trends bei der Lohnentwicklung. Seit der Regierungsübernahme Camerons stagnierten die Reallöhne – eine Entwicklung, die während der gesamten Regierungszeit der Konservativen, 14 Jahre lang, anhalten sollte.

In einer der am wenigsten regulierten Volkswirtschaften der Welt entstand ein Heer von Scheinselbstständigen und De-facto-Tagelöhnern. Die fehlende Beschäftigungs- und Lohnsicherheit wurde vielen Menschen in der Pandemie zum Verhängnis. Eine Studie der Joseph-Rowntree-Stiftung hatte schon für den Zeitraum 2019/20 errechnet, dass die Anzahl derjenigen, die trotz Erwerbstätigkeit in Armut lebten, auf 56 Prozent gestiegen sei. Dies stellte eine erhebliche Veränderung zu den Nullerjahren, als immerhin nur 39 Prozent dieser Menschen von einem solchen Schicksal betroffen waren, dar. Die Faustregel, dass eine bezahlte Beschäftigung das Armutsrisiko verringerte, schien plötzlich nicht mehr zu gelten.

Die Autorin der Rowntree-Studie führte die Probleme anhand praktischer Beispiele aus: »Von allen Familientypen haben berufstätige

Alleinerziehende den schnellsten Anstieg der Armut zu verzeichnen: Drei von zehn sind heute von Armut betroffen, im Vergleich zu zwei von zehn im Jahr 2010/11. Sinkende Leistungseinkommen und steigende Wohnkosten haben erwerbstätige Familien mit niedrigem Einkommen in die Armut getrieben[...]. Etwa 18 Prozent der Arbeitnehmer im untersten Fünftel der Stundenlöhne geben an, dass sie gerne mehr Stunden arbeiten würden, diese aber nicht verfügbar sind. Der Mangel an erschwinglichen, flexiblen Kinderbetreuungsmöglichkeiten sowie die Kosten und die Verfügbarkeit von Verkehrsmitteln schränken häufig die Arbeitszeiten ein, die sie leisten können.«

Mit Beginn der Regierung Cameron 2010 wurde das Alter, ab dem Frauen eine staatliche Rente beziehen können, von 60 Jahren auf dasselbe wie das der Männer, also 65 Jahre, angehoben. Mehr Frauen arbeiteten jetzt länger, aber in Jobs, die im Durchschnitt schlechter bezahlt wurden als noch bei den Frauen derselben Altersgruppe vor zehn Jahren. Viele mussten nun auf einmal aufstocken und erhielten Leistungen, die zusammengerechnet viel niedriger waren, als die Rente die sie früher erhalten hätten. Im Ergebnis hatten 39 Prozent der alleinstehenden Frauen im Alter von 60 bis 64 Jahren zum Regierungsantritt von Boris Johnson ein zu geringes Einkommen, um den Mindesteinkommensstandard zu erreichen, gegenüber 19 Prozent im Jahr 2008/09.

Auch die Zahl der Kinder, die in absoluter Armut leben, war im Jahr des Amtsantritts Johnsons erneut um 200.000 gewachsen. 4,1 Millionen Kinder, 30 Prozent ihrer Altersgruppe, lebten in Haushalten, die weniger als 60 Prozent des Durchschnittseinkommens verdienten. Schon vor der Pandemie waren viele dieser Kinder ohne Winterkleidung und meistens ohne Frühstück in der Schule erschienen. In der Pandemie fielen auch noch die kostenlosen Schulmahlzeiten weg.

Marcus Rashford, einer der bekanntesten Fußballspieler des Landes von Manchester United, verschaffte dem Thema endlich die gebührende Aufmerksamkeit. Mit dem ursprünglichen Ziel, nur 400.000 Kinder in seiner Region zu unterstützen, sammelte der Fußballprofi, der als Kind in einer sozial schwachen Familie selbst auf die Frühstücks-Clubs der Schule angewiesen war, über 20 Millionen Pfund ein, um landesweit 4 Millionen Kinder mit Lebensmitteln zu versorgen.

In einem bitteren offenen Brief an die britische Regierung forderte er sie dazu auf, der Kinderarmut im Vereinigten Königreich ein Ende zu setzen: »Hier geht es nicht um Politik, hier geht es um Menschlichkeit. Wenn wir uns im Spiegel betrachten, wollen wir das Gefühl haben, dass wir alles getan haben, um diejenigen zu schützen, die sich selbst nicht schützen können, aus welchen Gründen auch immer. Abgesehen von unserer jeweiligen politischen Zugehörigkeit – können wir uns nicht alle darauf einigen, dass kein Kind hungrig ins Bett gehen sollte?« Rushford, der für seine Initiative viel positive Rückmeldung bekam, verhehlte nicht die Wut, die ihn antrieb: »Die Regierung hat in der [Finanz- und] Wirtschaft[skrise] einen Ansatz nach dem Motto verfolgt ›koste es, was es wolle‹ – ich fordere Sie heute auf, dieses Denken auch auf den Schutz aller gefährdeten Kinder in England auszudehnen. Ich ermutige Sie, ihre Bitten zu hören. Erkennen Sie Ihre Menschlichkeit. [...] Wir leben in England im Jahr 2020, und in dieser Angelegenheit ist dringende Hilfe erforderlich. Bitte, [...] nehmen Sie eine Kehrtwende vor und machen Sie den Schutz des Lebens einiger unserer Schwächsten zur obersten Priorität.«

Einen Tag nach der Veröffentlichung des Briefes kündigte die Regierung eine Änderung ihrer Politik an. Der *Guardian* bezeichnete die Aktion des englischen Nationalspielers als eine »politische Meisterleistung«. Rashford, der im offenen Streit mit Gesundheitsminister Matt Hancock lag, der sich nicht einmal seinen Namen merken wollte, gründete eine Allianz mit mehreren britischen Lebensmittelherstellern, Supermärkten und Wohltätigkeitsorganisationen und bildete eine Art Task Force gegen Kinderernährungsarmut. Er sei »enttäuscht über den Mangel an Empathie«, der von konservativen Abgeordneten gezeigt werde.

Erst sehr viel später war bekannt geworden, dass insbesondere Hancock während der Pandemie einfach andere Prioritäten gehabt hatte. Im Juni 2021 enthüllte die Zeitung *The Sun*, dass er gegen die Corona-Auflagen verstoßen und trotz der strengen Regeln zum »Social Distancing« in seinem Büro eine außereheliche Liebesaffäre begonnen hatte. In der Beschaffung von Schutzanzügen für den Gesundheitsdienst hatte er wenig Sorgfalt bewiesen und offen gegen Vergaberegeln verstoßen. Als er sich – wenn auch zwei Jahre später – überreden ließ, in der 22. Staffel der Survival-Reality-Show »Ich bin ein Star – holt mich hier raus« aufzutreten, (in der er den dritten Platz belegte) war seine politische Kariere endgültig besiegelt.

Rushfords Kampagne hatte nur verdeutlicht, welche Ungleichheit in einem der reichsten Länder der Erde um sich gegriffen hatte. Von den Versprechen beim Amtsantritt Camerons, die Grundversorgung in den Bereichen Gesundheit und Bildung zu schützen, war nichts übrig geblieben. Wo war die Konservative Partei »als moderne, mitfühlende und pragmatische Alternative zur letzten Labour-Regierung«, die er im Wahlkampf so angepriesen hatte?

Stattdessen erschien ein peinlicher Bericht des Sonderberichterstatters der Vereinten Nationen, Philip Alston, zur Menschenrechtslage im Vereinigten Königreich. Nur zehn Jahre nach Einleitung einer erneuten Sparpolitik und der Aufforderung an die Menschen, »sich zusammenzureißen«, sprach der Professor der New York University der Regierung ab, die Probleme der Ärmsten überhaupt auf dem Schirm zu haben. Insbesondere die Digitalisierung des Sozialsystems habe Probleme aufgeworfen:

»Die Kommunikation, die früher persönlich, telefonisch oder per Brief stattfand, wird zunehmend durch Online-Anträge und -Interaktionen ersetzt. In verschiedenen Eingaben an den Sonderberichterstatter wurden Probleme mit dem Universal-Credit-System im Vereinigten Königreich genannt, darunter Schwierigkeiten im Zusammenhang mit fehlendem Internetzugang und/oder mangelnden digitalen Kenntnissen bis hin zu dem Ausmaß, in dem Online-Portale Verwirrung stiften und rechtliche Entscheidungen verschleiern können, wodurch das Recht der Antragsteller untergraben wird, Entscheidungen, die ihre sozialen Rechte betreffen, zu verstehen und anzufechten«. Alstons Bericht ist vernichtend: »Die Realität sieht [...] so aus, dass die Regierungen die Technologiebranche keineswegs so reguliert haben, als stünden die Menschenrechte auf dem Spiel. Der Technologiesektor bleibt praktisch eine menschenrechtsfreie Zone. Die großen Technologieunternehmen und ihre Unterstützer in den Regierungen haben hart daran gearbeitet, dass dies so bleibt.«

In dem Film »Ich, Daniel Blake« aus dem Jahr 2016 hat der nicht ganz unumstrittene britische Regisseur Ken Loach den vielen alleinerziehenden Müttern und digitalen Analphabeten, die der UN-Berichterstatter Alstons beschreibt, ein Denkmal gesetzt.

Daniel Blake, ein verwitweter 59-jähriger Tischler aus Newcastle, hat einen Herzinfarkt erlitten. Obwohl sein Arzt ihm nicht erlaubt hat, wieder zu arbeiten, wird er nach einer Arbeitsfähigkeitsprüfung als sehr wohl arbeitsfähig eingestuft und erhält deshalb keine Sozialhilfe. Das Widerspruchsverfahren bereitet ihm große Schwierigkeiten, da er es online bearbeiten muss, obwohl er keine Computerkenntnisse besitzt. Auch Katie Morgan, eine alleinerziehende Mutter kämpft gegen das System. Nachdem sie zu spät zu ihrem Termin beim Jobcenter gekommen ist, werden ihre Leistungen gekürzt. Katie und ihre Kinder sind gerade von einer Obdachlosenunterkunft in London in den Nordosten Englands nach Newcastle gezogen, da es in London keine bezahlbare Unterkunft gibt. Daniel hilft der Familie, indem er Gegenstände repariert, ihnen beibringt, wie man Räume ohne Strom heizt, und Holzspielzeug für die Kinder bastelt.

Während eines Besuchs einer Lebensmitteltafel bricht Katie vor Hunger weinend zusammen und gesteht unter Tränen, sich zu prostituieren, da sie keine andere Möglichkeit habe, ihre Kinder zu ernähren. Daniels und Katies Geschichte findet leider kein Happy End.

Kaum ein anderer Film aus dieser Zeit beschreibt so eindrücklich, was in dem Bericht der Vereinten Nationen recht nüchtern klingt: »Das Vereinigte Königreich ist ein Beispiel für ein wohlhabendes Land, in dem selbst im Jahr 2019 11,9 Millionen Menschen (22 Prozent der Bevölkerung) nicht über die ›wesentlichen digitalen Fähigkeiten‹ verfügen, die für das tägliche Leben erforderlich sind. Weitere 19 Prozent können grundlegende Aufgaben wie das Einschalten eines Geräts oder das Öffnen einer App nicht ausführen. Darüber hinaus sind

4,1 Millionen Erwachsene (8 Prozent) offline, weil sie befürchten, dass das Internet eine unsichere Umgebung ist, entsprechend stammt fast die Hälfte von ihnen aus einem Haushalt mit niedrigem Einkommen, und fast die Hälfte ist unter sechzig Jahren alt.«

Unter dem Stichwort »Universal Credit« sollten nach dem Willen der konservativen Regierung die verschiedenen sozialen Leistungen zusammengeführt und vereinfacht werden. Hierzu gehörten die Arbeitslosenhilfe, Steuerfreibeträge oder das Wohngeld.

Wie von Cameron im Wahlkampf angekündigt, sollte das neue System dazu anregen, Arbeit aufzunehmen. Lange Wartezeiten auf die Leistungen führten jedoch bei vielen Menschen zu Mietschulden bei gleichzeitig ansteigender Wohnungsnot. Allein in England waren 2019 280.000 Menschen obdachlos, die meisten davon in der Hauptstadt.

Daran hatte auch die von Boris Johnson in seiner Zeit als Bürgermeister inszenierte Kampagne nichts geändert, die er nutzte, um mit einem der reichsten russischen Geschäftsmänner der Stadt, Evgeny Lebedev, eine sogenannte »harte Nacht« auf der Straße zu verbringen. Bürgermeister Boris vertrieb sich die Langeweile dabei angeblich mit dem Aufsagen von Gedichten des Nationaldichters Thomas Gray.

Lebedev, der später von Johnson geadelt werden sollte und anschließend einen Sitz im House of Lords bekam, berichtete nach der durchwachten Nacht froh: »Wir haben heute Abend ein mitfühlendes London von seiner besten Seite gesehen: mutige Sozialarbeiter, die sich um die Menschen kümmern, die sonst niemanden haben.« In der Zeitung *Independent* rief Lebedev, dessen Vermögen auf circa 300 Millionen US Dollar geschätzt wird, zu Spenden für die Obdachlosen auf.

Zu Beginn des Lockdowns im März 2020 verteilte die Regierung Johnson über 3,2 Millionen Pfund an die Stadtverwaltungen in England, um Obdachlose in ihrem jeweiligen Zuständigkeitsbereich unterzubringen. Die Obdachlose Amanda, berichtete der BBC: »Können Sie sich die Unsicherheit in einem Hauseingang mit einem oft nassen Schlafsack vorstellen, wenn die Leute Sie ignorieren, wenn sie an Ihnen vorbeigehen? [...] Jetzt plötzlich hat man die Sicherheit eines Zimmers mit eigenem Bad, sauberer Bettwäsche, sauberen Handtüchern und einem Fernseher. [...] In der ersten Zeit habe ich zwei Tage lang geschlafen und in 24 Stunden etwa 15 Mal geduscht.« Für einen kurzen Moment flackerte Camerons »Big Society« auf. Wo ein Wille, da auch ein Weg. 37.000 Menschen konnten untergebracht werden, 8.600 davon auch langfristig. Der zuständige Finanzminister, Rishi Sunak, orientierte sich mit einem Kurzarbeitergeld, dem »Furlough Scheme« an den Programmen von Hubertus Heil in Deutschland. Zum ersten Mal in der Geschichte verhandelte eine Tory-Regierung im Rahmen eines sozialpartnerschaftlichen Modells mit den Gewerkschaften und den Arbeitgebern über die Lösung einer sozialen Frage.

Im Rahmen der Regelung wurde Arbeitgebern Zuschüsse gewährt, damit sie ihr Personal während der durch das Coronavirus bedingten Schließungen weiterbeschäftigen und bezahlen konnten, indem sie die Beschäftigten mit bis zu 80 Prozent ihres Lohns beurlaubten. 11,7 Millionen Arbeitnehmende wurden im Rahmen dieser Regelung nach Hause geschickt, was Kosten in Höhe von 70 Milliarden Pfund in der Staatskasse verursachte. Erstmals seit der Finanzkrise diskutierte die Gesellschaft wieder die Rolle des Staates und seine Verantwortung. Insbesondere in der Konservativen Partei löste Corona und die damit einhergehende Politik der Regierung zwischen Lockdown und Kurzarbeiterlohn eine Sinnkrise aus. Der »Nanny-State«, der Staat, der wie ein Kindermädchen überfürsorglich agiert und sich in die persönlichen Belange der Menschen einmischt, galt immer als das »Worst-Case-Scenario« des rechten Parteiflügels.

Die Finanzierung des Notprogramms »Everyone In« und der »Furlough Scheme« liefen im September 2021 aus. Johnson nahm eine größere Regierungsumstellung vor, indem mehrere Vertreter des eher rechten und populistischen Flügels der Tories am Kabinettstisch Platz nahmen.

Die veröffentlichten Bilder der ersten Sitzung zeigen mindestens 30 Personen, die bei geschlossenem Fenster im Kabinettssaal der Downing Street Schulter an Schulter zusammengepfercht sitzen, darunter Berater und Beamte, von denen kein einziger eine Maske trägt. Die Pandemie war vorbei, weil der Premierminister es so beschlossen hatte.

Dominic Raab wurde vom Außenministerium ins Justizministerium versetzt, während Liz Truss zur neuen Außenministerin ernannt wurde. Michael Gove wurde zum Minister für Wohnungsbau, Gemeinden und Kommunalverwaltung ernannt und Nadine Dorries – eine glühende Johnson-Bewunderin – wurde Kulturministerin. Suella Braverman, ebenfalls vom rechten Flügel wurde Generalsstaatsanwältin für England und Wales und später sogar Innenministerin. Liz Truss und Suella Braverman sollten fortan den Ton setzen und Johnson gar den Rang ablaufen, wenn es darum ging, rechte Stammtische mit deftigen Schlagzeilen zu versorgen.

Obdachlosigkeit, so Braverman, sei auch nur eine Frage des »Lifestyles« und Menschen mit »antisozialem Verhalten« und Körpergeruch gehörten mit Hilfe der Polizei aus den Innenstädten entfernt. Das ging vielen dann doch zu weit. Es war das Hausblatt der Investmentbanker in der City of London, die *Financial Times*, die die Pläne der Ministerin Braverman 2023 publik machte und stattdessen eine Obdachlosenorganisation wie *Shelter* im *Managerblatt* zu Wort kommen ließ:

»Die Privatmieten sind so hoch wie nie zuvor. Zwangsräumungen nehmen zu. Und die Krise bei den Lebenshaltungskosten hält an«, so Polly Neate, Leiterin von Shelter, die mit einem Schlag über 1,3 Millionen Abonnenten der FT ansprechen konnte. »Dies in Kombination mit dem jahrzehntelangen Versagen der Regierung, wirklich erschwingliche Sozialwohnungen zu bauen, führt zu einer Rekordzahl von Obdachlosen und lässt Tausende von Menschen auf der Straße leben. Die Regierung hat versprochen, der Obdachlosigkeit ein Ende zu setzen, aber sie bleibt hinter ihren Möglichkeiten zurück.«

Am Ende der Corona-Pandemie lebten 157.640 Familien auf der Straße, was einem Anstieg von 12,1 Prozent gegenüber der Zeit vor Covid entspricht. 104.510 Familien lebten in Notunterkünften. Insbesondere die Zahl der Obdachlosen im Alter von 65 bis 74 Jahren war besonders stark angewachsen.

Suella Braverman blieb unbeirrt bei ihrer Politik. Unter ihrer Führung veröffentlichte das Innenministerium einen 48-seitigen Aktionsplan gegen »unsoziales Verhalten«, in dem versprochen wurde, »der

Polizei und anderen Behörden die Instrumente an die Hand zu geben, die sie brauchen, um zu handeln und den Stolz auf unsere Gemeinden wiederherzustellen«. Was war übrig geblieben von der »Big Society« – der »Großen Gesellschaft« David Camerons, die die Stärkung der Gemeinschaft, Freiwilligenarbeit und soziale Verantwortung vorsah? Die Ansprüche des Einzelnen an den Staat sollten zurückgefahren werden. Der »Kindermädchenpolitik« war tatsächlich ein Ende gesetzt worden. 2024 veröffentlichte Shelter eine neue Rekordzahl: 145.800 Kinder seien obdachlos – der höchste Stand aller Zeiten.

# Kapitel 5

Sex, Drugs and Rock 'n' Roll

Wie kann ein Staat aussehen, der seinen Menschen dient und weniger an seiner Kosteneffizienz gemessen wird? Die Corona-Pandemie entfachte auch in der britischen Gesellschaft eine Diskussion über die Aussagekraft von statistischen Kennzahlen, die Notwendigkeit eines nachhaltigen, qualitativen Wachstums und das Recht der Bürgerinnen und Bürger auf eine funktionierende öffentliche Daseinsvorsorge. Auch die Integrität von Politikerinnen und Politikern wurde sensibler und weniger gelassen beurteilt als noch vor der Krise.

Wie unter einem Mikroskop hatte die Pandemie große strukturelle Schwächen des britischen Systems offen gelegt. Die seit Margaret Thatcher vorherrschende Meinung, die Rolle des Staates sei zu vernachlässigen, wurde wieder vermehrt infrage gestellt. Für viele Bürgerinnen und Bürger war der Staat in ihrem Leben kaum mehr sichtbar. Hinzu kam die enttäuschende, aber offensichtliche Erkenntnis, dass viele Entscheidungsträger nicht wirklich ein gutes Verständnis von ihrer Rolle in der Öffentlichkeit zu haben schienen. Nach drei relativ schnellen Kabinettswechseln hatten Menschen Karriere gemacht, die den Eindruck hinterließen, den besonderen Herausforderungen ihres Amtes an ihre persönliche Integrität nicht immer gewachsen zu sein. Jetzt, in der Krise, sollte sich herausstellen, was gutes politisches Management ausmacht und wie das Spitzenpersonal in Westminster auch persönlich zur Bewältigung dieser größten nationalen Herausforderung seit dem Zweiten Weltkrieg beitragen würde. Millionen von Menschen hatten nicht nur Angehörige verloren, sondern viele bangten um ihren Job oder saßen mit wenig Geld und unterforderten Kindern zu Hause fest.

Die britische Impfkampagne war zunächst eine der schnellsten und erfolgreichsten der Welt. Bereits im Dezember 2020 begann die Verabreichung von ersten Impfstoffen, was eigentlich eine rasche Reduzierung der Infektions- und Todesraten ermöglicht hätte. Durch die vorhandenen Daten des Nationalen Gesundheitsdienstes fiel es leicht, die Versicherten direkt anzusprechen oder einen Überblick über die tatsächliche Anzahl der Geimpften zu behalten. Aber die Regierung Johnson verpatzte es, diesen Vorsprung zu nutzen. Durch ein sehr zögerliches Vorgehen bei der Einschränkung der allgemeinen Bewegungsfreiheit und ihre widersprüchlichen Botschaften in der ersten Welle, landete Großbritannien am Ende der Pandemie auf einem traurigen sechsten Platz der am schwersten betroffenen Länder in der OECD mit über 230.000 Toten.

Die Angst vor dem »Nanny-State«, dem »Kindermädchenstaat«, der sich zu sehr in das Leben der Menschen einmischt und individuelle Entscheidungen unmöglich macht, hinderte die Regierung nicht nur an einem entschlossenen Vorgehen, sie führte sogar zu grotesken Entscheidungen. Das Bemühen, Normalität herstellen zu wollen, gipfelte in einer »Essen-Sie-auswärts-Strategie« des Finanzministers und späteren Premiers Rishi Sunak, der dafür warb, die Gastronomie in der Pandemie nicht zu vernachlässigen. Die Kampagne ermöglichte es den Gästen, 50 Prozent Rabatt auf Mahlzeiten zu erhalten, wofür Sunak etwa 850 Millionen Pfund aus seiner Schatulle aufbrachte. Laut einer Studie der Universität Warwick, stieg dadurch die Zahl der Neuinfektionen um bis zu 17 Prozent. Auch die Anzahl der vielen Menschen, die in öffentlichen Verkehrsmitteln noch immer keine oder nur sehr simple Stoffmasken trugen, ließ nicht darauf schließen, dass die Regierung die Bevölkerung effektiv informierte.

Mehrfach wechselte Johnson zwischen Lockerungen und Verschärfungen der Maßnahmen, was nicht nur zu Verwirrung in der Bevölkerung führte, sondern auch zu einer erhöhten Tätigkeit von misstrauisch gewordenen Investigativjournalisten.

Besonders auffällig war jedoch eine gewisse Doppelmoral in der Führungselite des Landes, für die auf wundersame Weise andere Regeln zu gelten schienen als für den Rest der Bevölkerung.

Im November 2021 berichtete der *Daily Mirror* erstmals über angebliche Lockdown-Partys in der Downing Street und anderen Regierungsgebäuden. Nach den ersten Reportagen folgten weitere Enthüllungen durch den *Guardian*, den *Telegraph* und *itv News*. Als schließlich Fotos eines trinkfreudigen Premierministers in einem Besprechungsraum mit offensichtlich feiernden Mitarbeitern auftauchten, musste sich Johnson reumütig entschuldigen und stimmte einer Untersuchung durch die hochrangige Beamte Sue Gray zu, die sehr viel später weitreichendere persönliche Konsequenzen aus dem Verhalten der Regierung ziehen und in das Führungsteam der Labour Party wechseln würde.

Dominic Cummings, Spin-Doktor des Brexits und Chefberater Boris Johnsons, reiste im März 2020 während der ersten strengen Lockdown-Phase im eigenen Auto mit seiner an Corona erkrankten Ehefrau von London in den Nordosten Englands. Bevor er von dort die Rückreise antrat, unternahm er eine weitere Fahrt ins Innere des Landes, angeblich um seine Sehkraft zu testen. Diese Anekdote erregte die Gemüter ganz besonders.

Eine gemeinnützige Organisation, das »Good Law Projekt«, das sich für Rechtsstaatlichkeit und Transparenz einsetzt, spielte eine zentrale Rolle bei der Aufdeckung des sogenannten »VIP-Lane«-Skandals. Sie deckte auf, dass die Regierung eine besonders schnell zu bearbeitende Auftragsvergabe bei der Beschaffung von medizinischer Schutzausrüstung eingerichtet hatte. Unternehmen mit Verbindungen zu konservativen Politikern erhielten eine bevorzugte Behandlung bei der Vergabe von lukrativen Verträgen, oft ohne die üblichen Ausschreibungsverfahren.

So vermittelte der Berater der späteren Premierministerin Liz Truss, Andrew Mills, im April 2020 einen Vertrag über 252 Millionen Pfund an die Firma Ayanda Capital zur Lieferung von Masken. Die Firma Pharmaceuticals Direct Limited engagierte einen Berater der mit Samar Jassal, einem Tory-Aktivisten, Parteispender und Freund einer

Reihe von Schlüsselfiguren in Boris Johnsons Regierung, zwischen Mai und Juni 2020 zwei Verträge im Wert von mehr als 131 Millionen Pfund abschloss. Aus Dokumenten, die dem »Good Law Project« vorliegen, geht hervor, dass sogar Innenministerin Priti Patel geholfen hatte, diese Verträge abzuschließen, obwohl Beamte des Gesundheitsministeriums Bedenken geäußert hatten, dass die Preise für die Masken »weit über dem Durchschnitt« liegen würden. Die Differenz zwischen dem Kauf von 20 Millionen Masken zum damaligen Durchschnittspreis und den mit »Pharmaceuticals Direct« vereinbarten Kosten belief sich auf etwa 50 Millionen Pfund.

Auch das House of Lords war nicht sicher vor Filz. In den Jahren 2020 und 2021 sah sich die Konservative Baroness Mone mit Vorwürfen im Zusammenhang mit der Beschaffung von medizinischer Ausrüstung konfrontiert. Aufgrund des hohen öffentlichen Interesses und laufender Ermittlungen ist sie bis heute vom Oberhaus beurlaubt.

Die Baronin Harding of Windscombe, eine ehemalige Vorstandsvorsitzende eines großen Telekommunikationsunternehmens, das 2015 einem Cyberangriff ausgesetzt war, bei dem die Daten von bis zu vier Millionen Kunden offengelegt wurden, und das wegen seiner Nachlässigkeit, grundlegende Sicherheitsmaßnahmen nicht umgesetzt zu haben, mit einer hohen Geldstrafe belegt wurde, saß – berufen durch David Cameron – mittlerweile geadelt im House of Lords. Ausgerechnet diese Baroness Harding of Windscombe wurde jetzt mit der verantwortungsvollen Leitung des NHS-Test- und Rückverfolgungssystems betraut.

Gesundheitsminister Matt Hancock trat zurück, nachdem die *Sun* im Juni 2021 Aufnahmen aus der Überwachungskamera seines Büros veröffentlichte, die ihn dabei zeigten, wie er eine Beamtin des Gesundheitsministeriums ausgiebig küsste. Die Veröffentlichung des Videos setzen Hancock politisch erheblich zu, da die Affäre nicht nur gegen konservative Moralvorstellungen und die Covid-19-Abstandsregeln verstieß, sondern auch Fragen zu möglichen Interessenkonflikten aufwarf. Die betroffene Kollegin hatte zu diesem Zeitpunkt ebenfalls eine hohe Position im Ministerium inne.

Das von Hancock und Harding zu verantwortende Corona-Test- und Rückverfolgungssystem, geriet wegen seiner Ineffizienz und hohen Kosten in Kritik. Das System schaffte es oft nicht, die Ausbreitung des Virus effektiv zu verfolgen und einzudämmen und wurde zu einem Symbol für die Versäumnisse der Regierung im Umgang mit der Pandemie.

Obwohl es sich dabei nicht direkt um einen Corona-Skandal handelte, geriet die Regierung auch wegen ihrer langsamen Reaktion auf die fehlende Sicherheit von Hochhäusern im sozialen Wohnungsbau in die Kritik. In einem verheerenden Brand des Hochhauses Grenfell-Tower im Londoner Stadtteil North Kensington waren im Juni 2017 70 Menschen ums Leben gekommen. Das Feuer hatte sich in Windeseile über die Fassade des 24 Stockwerke hohen Hauses ausgebreitet. Die *Times* hatte recherchiert, dass der verantwortliche Bauunternehmer für weniger als 5.000 Pfund bessere, feuerbeständige Dämmschutzplatten im ganzen Gebäude hätte verbauen können. Im Jahr 2024, sieben Jahre nach dem Unglück, waren die Brandschutzstandards in über 1.250 Gebäuden allein in London noch immer mangelhaft.

Schlechte Dämmung, zugige Wohnungen und chronischer Schimmel werden in Großbritannien gern mit dem berühmten viktorianischen Charme der Gebäude heruntergespielt. Im November 2022 förderte ein Gerichtsverfahren zu Tage, dass ein zweijähriger Junge an einer chronischen Atemwegserkrankung verstorben war, weil er nachweislich über längere Zeit dem Schimmel in der vernachlässigten Sozialwohnung seiner Eltern ausgesetzt gewesen war. Die Eltern hatten sich vergeblich beim Vermieter beschwert, aber aufgrund der allgemeinen Wohnungsnot auch keine andere Bleibe gefunden. »My home is my castle«, diese britische Lebensweisheit klingt vor allem für die nachwachsende Generation nur noch zynisch. Seit den 1980er-Jahren erlaubt das britische Mietrecht unter der »Section 21« den großen Mietkonzernen, ihre Mieter ohne Angaben von Gründen vor die Tür zu setzen. Der soziale Wohnungsbau wurde über Jahre vernachlässigt und viele Sozialwohnungen verkauft oder privatisiert. Seitdem regelt der Markt die Preise und tut dies oft auch über Indexmieten. In den beiden Corona-Wintern bedeutete das für viele Familien zweimal hintereinander eine 8-prozentige Steigerung der monatlichen Miete. Hausbesitzer verließen sich auf ihre »Mortgage«, die monatliche Rate an die Hausbank, und wähnten sich in Sicherheit.

Die Pandemie verschärfte soziale Probleme wie unter einem Brennglas und machte das Versagen des Kabinetts in sozialen Bereichen noch deutlicher. Die Skandale verstärkten das Bild einer Regierung, die völlig die Bodenhaftung verloren hatte und mit wichtigen gesellschaftlichen Problemen völlig unzureichend umging. Daraus resultierte jedoch keine Selbstkritik. Vielmehr – so laute Stimmen vom rechten Rand der Tories – habe Boris Johnson unter dem Druck der Covid-19-Pandemie die Schleusen für eine Vielzahl interventionistischer Maßnahmen geöffnet, die »unkonservativ« seien.

Stabschef Steve Barclay, verkündete nach dem Abklingen der Pandemie schnell, dass die Priorität nun darin bestehe, »einen kleineren Staat wiederherzustellen – sowohl finanziell als auch, indem man sich aus dem Leben der Menschen zurückzieht«. Sowohl Johnson als auch Sunak wurden zu Geldstrafen wegen des Verstoßes gegen die Corona-Regeln verurteilt und damit sollte das Kapitel Corona geschlossen werden.

Sunak signalisierte, dass er sein Amt als Schatzkanzler nicht aufgeben werde, nachdem er eine Geldstrafe für die Teilnahme an einer Versammlung in der Downing Street erhalten hatte. Er entschuldigte sich »vorbehaltlos«: »Ich verstehe, dass die Regeln für Personen in öffentlichen Ämtern streng angewendet werden müssen, um das öffentliche Vertrauen zu erhalten. Ich respektiere die getroffene Entscheidung und habe die Geldstrafe bezahlt.«

Auch Johnson leistete mehrfach Abbitte, aber eine Kette von immer neu auftretenden Skandalen erodierte zunehmend das Bild der Konservativen als das einer zuverlässigen Partei, in deren Hände man ruhigen Gewissens die Geschicke des Landes delegieren könne.

Innenministerin Priti Patel verstieß gegen den geltenden Verhaltenskodex für Minister, indem sie ihre Belegschaft schikanierte. Sie schrie Mitarbeitende an, beschimpfte Kollegen und schuf eine allgemeine

»Atmosphäre der Angst«. Trotz eindeutiger Untersuchungsergebnisse beschloss Premierminister Johnson, nicht gegen sie vorzugehen, was dazu führte, dass der unabhängige Obmann für den Ministerialkodex, Sir Alex Allan, aus Protest zurücktrat.

Bildungsminister Gavin Williamson war – neben seiner Auseinandersetzung mit dem Fußballprofi Marcus Rashford um das Thema Schulverpflegung – mit mehreren Kontroversen konfrontiert. Im Sommer 2020 nutzte sein Ministerium einen Algorithmus zur Berechnung von Schulnoten und Prüfungsergebnissen. Der Algorithmus führte zu massiven Abwertungen der Noten, insbesondere bei Schülern aus benachteiligten Gegenden. Nach großem Druck von Schülern, Eltern und Lehrern entschied sich die Regierung, die durch den Algorithmus generierten Ergebnisse zu annullieren und stattdessen die von den Lehrern vorhergesagten Noten zu verwenden. Wegen unzureichender Bereitstellung von Laptops und Internetzugängen für benachteiligte Schüler sah sich der Minister Fragen hinsichtlich der Reaktionsfähigkeit seines Ministeriums ausgesetzt. Während viele OECD-Länder vor ähnlichen Problemen standen, konnten die Briten jedoch nicht mehr auf das 750-Milliarden-Euro-Paket »Next Generation« der EU zugreifen, das den Mitgliedstaaten erlaubte, die Corona-Auswirkungen abzufedern und zusätzlich in Bildung und Ausbildung zu investieren.

Während des ersten Jahres der Covid-19-Pandemie erlebten Kinder und Lehrer eine Achterbahnfahrt von Wiedereröffnungen und Schließungen. Williamson versuchte, ein Gleichgewicht zwischen der Eindämmung des Virus und der Wiederaufnahme eines normalen Schullebens zu finden. Während er in öffentlichen Statements in Lobeshymnen für die Lehrerschaft ausbrach, tauchten später WhatsApp-Nachrichten zur möglichen Ausstattung der Schulen mit Masken und Desinfektionsmitteln auf. Williamson tauschte sich mit dem bereits zurückgetretenen Gesundheitsminister Hancock aus, und beide ließen ihrem Unmut über die Forderungen der Lehrer nach besserer Ausstattung freien Lauf. »Was für ein Haufen absoluter Arschlöcher die Lehrergewerkschaften sind«, ließ Hancock seinen Kollegen wissen. »Ich weiß«, schrieb Williamson zurück, »dass sie Arbeit wirklich nur hassen« und beendet den Chat mit zwei Emojis mit lachendem Gesicht und einer Zielscheibe.

Ein Aufschrei ging durch das Land, als ans Licht kam, dass Williamson ausgerechnet Vorschriften, die den Schutz von Pflegekindern betreffen, während der Pandemie ohne angemessene Konsultation zuständiger Fachleute »par ordre du Mufti« gelockert hatte. Die Änderungen wurden später von einem Gericht zurückgenommen. Auch Gavin Williamson sah sich jedoch keinen Konsequenzen ausgesetzt.

Wohnungsbauminister Robert Jenrick genehmigte ein Wohnungsbauprojekt, das Richard Desmond, einem Spender der Konservativen Partei, 45 Millionen Pfund einbrachte.

Michael Gove, zum damaligen Zeitpunkt Chef des Kabinettsbüros, wurde für schuldig befunden, einen Auftrag im Wert von 560.000 Pfund an ein Unternehmen vergeben zu haben, das von einigen seiner Freunde und Johnsons Berater, Dominic Cummings, geführt wurde.

Nachdem ein Tory wegen Vergewaltigungsverdachts verhaftet und mehrere Abgeordnete wegen Sexualdelikten verurteilt oder beim Anschauen von Pornografie im Unterhaus erwischt worden waren, berichtete der ehemalige Abgeordnete der Liberaldemokraten, Mark Oaten, im Mai 2022 in einem exklusiven Beitrag in der Sendung »Tonight with Andrew Marr«, es sei ein »Wunder«, dass es nicht noch mehr Skandale gebe. Er habe während seiner Zeit eine Kultur des Trinkens und des Drogenkonsums beobachtet. Der Sprecher des Unterhauses, Sir Lindsay Hoyle, schaltete die Polizei ein, nachdem die *Sunday Times* berichtet hatte, dass mit Spürhunden an elf von zwölf Stellen im Gebäude Kokain nachgewiesen wurde.

Die Wut vieler Menschen richtete sich insbesondere auf Hancock und Johnson. Tausende von Menschen konnten nahestehende Familienangehörige beim Sterben auf den Intensivstationen und Seniorenheimen nicht begleiten, während in der Downing Street Sex, Drugs and Rock'n'Roll auf der Tagesordnung standen.

Auch Rishi Sunak wurde erneut unter die Lupe genommen, weil er die finanziellen Interessen seiner Frau nicht vollständig offen gelegt hatte. Akshata Murty und Sunak – deren Gesamtvermögen 2024 von der *Times* auf 651 Millionen Pfund geschätzt wurde, was ihnen »nur« Platz 245 der reichsten Menschen in Großbritannien einbrachte – versuchten über eine spezielle Wohnsitzregelung in Großbritannien Steuern zu sparen. Der Finanzminister des Landes gewährte seiner Frau einen Nachlass.

Auch Politiker der Labour Party gerieten – wenn auch nur einmal – in den Verdacht, Corona-Abstandsregeln gebrochen zu haben. Die Zeitung *Sun* veröffentlichte Bilder eines Wahlkampfteams, zudem auch Starmer und Rayner gehörten, wie sie mit Curry und Bier eine Besprechung in einem Labour-Büro in Durham verbrachten. Eine erstattete Anzeige wurde von der Polizei fallengelassen, und bei diesem kurzen Aufreger verblieb es bis zum Ende der Pandemie.

Boris Johnson, der bereits bis zum Hals im sogenannten »Party-Gate«-Skandal während des Lockdowns steckte, musste sich jetzt zusätzlich gegen Vermutungen zur Wehr setzen, er habe einen Privatkredit zur Renovierung seiner Wohnung nicht hinreichend transparent gemacht. Seine neue Partnerin, Carrie Symonds, hatte die Wohnung, die zuvor von Theresa May bewohnt worden war, in einem Interview als »Albtraum« mit »Möbeln von der Stange« bezeichnet. Sie engagierte eine bekannte Innenarchitektin und kombinierte – wie später berichtet wurde – »traditionelle britische Eleganz mit gewagten Mustern und Stilen«. Reportagen zufolge umfasste der neue Look der Wohnung in der Downing Street nun persische Teppiche, cremefarbene Wände mit Goldtapeten und goldene Kronleuchter.

Der Stoff, aus dem die Träume sind, würde sich – frei nach Shakespeare – sicherlich gut für das Boulevard eignen. Doch all diese Berichte fielen in eine Zeit, in der sich die bereits beschriebenen sozialen Missstände um ein Vielfaches verschärften. Entgegen der allgemeinen Annahme, traf das Virus eben nicht alle Menschen gleichermaßen. Stattdessen hat es die sozialen Unterschiede für alle sichtbar gemacht. Am dramatischsten zeichnete sich dies an der deutlich höheren Sterberate von Menschen ab, die einer ethnischen Minderheit angehörten. Auch der unterschiedliche Zugang zu »Online-Schooling« – abhängig vom Elternhaus – oder die intensive Debatte über die Notwendigkeit der Fortführung von kostenlosen Schulmahlzeiten deuteten auf eine erste Verschiebung in der öffentlichen Meinung zuungunsten der regierenden Tories.

Die Inflation erreichte im Dezember 2022 mit 14 Prozent ihren Höhepunkt, sie blieb bis Anfang 2023 kurz über der 10-Prozent-Marke. Profiteure dieser Entwicklung waren Energiefirmen und Supermärkte, obwohl diese – durch die als »Kinderkrankheiten« bezeichneten Probleme des Brexits – ihre Regale plötzlich nicht mehr füllen konnten.

Während die Arbeitslosenquote vor der Pandemie mit rund 3,8 Prozent auf einem eher niedrigen Niveau lag, stieg die Quote erwartbar durch Corona deutlich an. Das »Furlough Scheme« – die britische Version des Kurzarbeitergelds – ermöglichte es 9,5 Millionen Arbeitsplätze zu erhalten. Dennoch lebte 2023 jeder fünfte Brite in Armut.

Die »Working Poor«, Menschen, die trotz einer vorhandenen Arbeitsstelle als mittelos eingestuft werden, machten die Hälfte dieser Gruppe aus. Am Ende der Pandemie waren 900.000 weitere Menschen in der Armut gelandet. Nach Angaben der »Joseph-Rowntree-Foundation« verzichteten während des Winters 2022/23 rund 70 Prozent der bedürftigen Familien entweder auf das Heizen oder auf Lebensmittel. »Heat oder eat« – heizen oder essen – wurde zum bildhaften Schlagwort für eine Statistik, die den größten Rückgang des Lebensstandards seit Beginn der Aufzeichnungen 1961 auswies.

Das Gesundheitssystem, eine der wichtigsten Errungenschaften der britischen Gesellschaft nach dem Zweiten Weltkrieg und *das* zentrale Symbol für die Funktionsfähigkeit des britischen Sozialstaats, war am Ende. Schon die Auswirkungen des Brexits waren hier stärker spürbarer als in vielen anderen Sektoren, da offene Stellen nicht ausreichend nachbesetzt werden konnten. Jetzt in der Pandemie taten sich nach zwölf Jahren Sparprogramm und Austerität enorme Lücken in der Gesundheitsversorgung auf. Im März 2023 verzeichnete der NHS einen Rekord von 7,2 Millionen Patienten in England auf seinen Wartelisten. Eine Zahl, die bis ins Jahr 2024 auf 10 Millionen anschwellen sollte.

Eine Untersuchung des britischen »Office of National Statistics« brachte 2023 alarmierende Daten zutage, was das Vertrauensniveau der britischen Bevölkerung in ihre Regierung betraf. Noch am meisten Ansehen genossen der nationale und der regionale öffentliche Dienst: 45 Prozent beziehungsweise 42 Prozent der Befragten gaben an, dass sie diesen Institutionen vertrauten. Ein Drittel (34 Prozent) hatte Zuversicht in die lokalen Behörden, aber nur ein Viertel (27 Prozent) in die britische Regierung. Das Parlament, einschließlich des Unterhauses und des Oberhauses in London, und die politischen Parteien genossen mit 24 Prozent beziehungsweise 12 Prozent das geringste Vertrauen. Die Menschen im Vereinigten Königreich vertrauten also nicht politischen Institutionen wie der Justiz, der Polizei und dem öffentlichen Dienst mehr als den nationalen und dezentralen Regierungen, dem Parlament oder den politischen Parteien.

Der Faktor Integrität von Politikern und Beamten war ein wichtiger Teil der Umfrage, um das Vertrauen der Befragten in ihre Demokratie messen zu können. Die meisten Menschen gaben an, dass die Einhaltung beziehungsweise Nicht-Einhaltung der für alle Menschen geltenden Regeln durch Politiker ausschlaggebend für den Verlust ihres Glaubens an die Fähigkeiten der nationalen Regierung sei.

Knapp die Hälfte der Menschen gab darüber hinaus an, wenig bis gar kein Vertrauen in ihre eigene Fähigkeit zu haben, sich an der Politik zu beteiligen, und zwei Drittel meinten, sie glaubten nicht daran, je ein Mitspracherecht bei den von der Regierung getroffenen Entscheidungen zu besitzen.

Zwei Drittel gaben an, dass die Lebenshaltungskosten zu den drei wichtigsten Problemen des Vereinigten Königreichs gehören, und drei Viertel machten sich Sorgen um die Finanzen ihres eigenen Haushalts und das allgemeine wirtschaftliche Wohlergehen.

Wenn man Vertrauen in die Politik als den Glauben der Bevölkerung definieren kann, dass die politischen Institutionen und ihre Repräsentanten die »Kontrolle« über Ressourcen, Handlungen und Ereignisse im Sinne der Bevölkerung ausüben, dann war der Schlachtruf der Brexit-Befürworter genial: Take back control! Er brachte ein Gefühl zum Ausdruck. Das Gefühl vieler Menschen, man könne immer weniger davon ausgehen könne, dass die Politik im Sinne des Gemeinwohls agiere. Vielmehr wurden persönliche Interessen der »Eliten« in London oder Brüssel vermutet.

In den Augen vieler Wählerinnen und Wähler sollte der Brexit diesen in Schieflage geratenen Gesellschaftsvertrag wieder geraderücken. Die in den Post-Corona-Zeiten erhobenen Daten zeigen jedoch nicht nur, dass dieses Versprechen aus Sicht der Befragten nicht eingelöst worden war, sondern eine dramatische Politikmüdigkeit und -verdrossenheit. Diese Verdrossenheit hatte schon einmal in einer Art politischem Umsturz gemündet: dem Brexit. Wie würde die britische Gesellschaft jetzt reagieren, wo sich die versprochenen Früchte des EU-Austritts nicht einsammeln ließen, sondern stattdessen die größte Lebenshaltungskostenkrise seit dem Zweiten Weltkrieg auftat?

Inzwischen war Großbritannien zu einem der größten Unterstützer der Ukraine avanciert und stellte im Zeitraum 2023/24 bilaterale Hilfe in Höhe von 228 Millionen Pfund und Kreditgarantien in Höhe von 4 Milliarden Pfund über fünf Jahre bereit. Bleibt ein Land resilient gegen demokratiefeindliche Angriffe von innen und außen, wenn sich solche Gräben auftun? Oder könnte man sogar so weit gehen, zu behaupten, dass die populistische und auf kurzfristige Partikularinteressen ausgerichtete Politik der Konservativen das System quasi von innen ausgehöhlt hatte? Wie sollte man einen dringend notwendigen Heilungsprozess einleiten, der die Bürgerinnen und Bürger wieder mit ihrem Staat versöhnen und die Demokratie als das widerstandsfähigere und, vor allem, auch gerechtere System erscheinen ließ?

Der Politikwissenschaftler Andrew Harrop, der die seit 1884 in London bestehende sozialdemokratische »Fabian Society« leitete, brachte bereits 2020 Ideen ins Spiel, worin sich bruchstückhaft erste Fragmente eines späteren Wahlprogramms der Labour Party abzeichneten.

Ziel des öffentlichen Dienstes, so Harrop, müsse es sein, die Menschen mit den Fähigkeiten auszustatten, die sie brauchen, um sich entwickeln zu können und die grundlegenden gemeinsamen Bedürfnisse aller zu erfüllen: »Eine Möglichkeit, dieses Ziel mit Leben zu erfüllen, bestehe darin, die Verantwortung der Regierungen gegenüber ihren Bürgern zu kodifizieren und eine breitere Palette international anerkannter Menschenrechte in das nationale Recht aufzunehmen. Dies würde es den Bürgern und der Zivilgesellschaft ermöglichen, Regierungen zur Verantwortung zu ziehen, wenn sie ihren Verpflichtungen in Bezug auf die Gewährleistung einer guten Gesundheit, Bildung, Wohnung und eines guten Lebensstandards für alle nicht nachkommen«, schlug Harrop vor.

Ein solcher neuer Gesellschaftsvertrag würde auch einen neuen Rahmen für den Dialog zwischen Bürgern und öffentlichen Einrichtungen schaffen und hoffentlich zu einem Mentalitäts- und Kulturwandel bei gewählten Politikern, öffentlichen Managern und Mitarbeitern an vorderster Front führen. Die Konzentration auf langfristige Prioritäten sei wichtig, ebenso wie Investitionen in die Kapitalinfrastruktur des Wohlfahrtsstaates.

In einem Papier des Think-Tanks »High Pay Centre« wiesen die Autoren darauf hin, dass die Regierung Lehren aus der globalen Finanzkrise ziehen müsse – als der Bankensektor mit öffentlichen Geldern gerettet wurde, ohne die gut dokumentierten Probleme des Sektors wie üppige Boni anzugehen. Um eine Wiederholung dieser Fehler zu vermeiden, sei sicherzustellen, dass die für die Bewältigung der Corona-Krise ausgegebenen Gelder an Bedingungen geknüpft werden. Das »High Pay Centre« argumentierte, dass es vernünftig sei, als Gegenleistung für öffentliche Gelder bestimmte soziale und ökologische Verpflichtungen zu erwarten, insbesondere in Bereichen wie Steuern oder Lohn- und Arbeitsbedingungen, die in der Vergangenheit in den Großunternehmen Großbritanniens immer stark umkämpft waren.

Eine weitere Denkfabrik im Vorfeld der Labour Party rief zur Entwicklung eines neuen Sozialvertrags für Pflegerinnen und Pfleger für den Gesundheitsbereich auf. So forderte das »Institute for Public Policy Research« (IPPR) Garantien für deren Sicherheit, Unterbringung, Bezahlung, psychische Gesundheit und Betreuung. Im Bereich Wohnen schlugen die Wissenschaftler energetische Sanierungen als Möglichkeit zur Schaffung von Arbeitsplätzen und Fortschritt hin zu mehr Nachhaltigkeit vor. Gerade die sich verschärfende Krise im

Wohnungswesen hatte zu einer Diskussion um den fehlenden Mieterschutz geführt.

Vor dem Hintergrund, dass Teilhabe in der Zukunft vor allem auf Zugängen zu und Kenntnis im Umgang mit digitalen Instrumenten beruht, diskutierten Wissenschaftler der »Good-Things-Foundation« Wege der digitalen Inklusion. Digitalisierung dürfe nicht nur als Optimierung im Sinne von Kostensenkung mithilfe von Technologie verstanden werden und somit bestehende Ungleichheiten verstärken. Stattdessen solle man den Fokus auf die zwischenmenschlichen Beziehungen lenken, auch und gerade auf lokalem Level, und diese erst im Anschluss daran digital unterstützen.

Inmitten der Pandemie kristallisierten sich also erste Ideen im Vorfeld einer sich allmählich reformierenden Labour-Partei heraus, die sich jedoch immer noch zwischen zwei Spannungspolen bewegte.

Von Links zerrten die Gewerkschaften an ihr – geführt von starken Figuren wie Sharon Graham bei Unite. Graham verließ die Schule mit 16 Jahren und begann als Kellnerin zu arbeiten. Mit 17 Jahren führte sie ihre erste Arbeitsniederlegung an, um die Rechte von Gelegenheitsarbeitern zu verteidigen. Der Streik war erfolgreich und brachte ihren Kollegen gleichen Lohn ein. Ähnlich wie Angela Rayner, der Nummer Zwei bei Labour, hatte sie sich in der Gewerkschaftsbewegung hochgearbeitet. Sie forderte symbolisch für die Bewegung ein, dass Labour sich auch weiterhin als eine Partei der Arbeitnehmerrechte verstehen solle.

Am rechten Rand der Partei warteten die ehemaligen »Blairites«, die Berater und Wegbegleiter des letzten Labour-Premiers Tony Blair, auf ihr Comeback. Allen voran Peter Mandelson, dessen Spitzname »Prinz der Finsternis« ihm immer vorauseilte. Für seine vielen Feinde gilt Mandelson als das böse Mastermind, das hinter den Kulissen die Modernisierung der Labour-Partei in den 1990er-Jahren betrieben habe. Er habe den Labour-Führer Blair quasi hypnotisiert, damit dieser den Sozialismus zugunsten eines vagen »dritten Weges«, den er mit Gerhard Schröder beschritt, aufgibt.

Kaum hatten die Gewerkschaften auf die Notwendigkeit hingewiesen, dass Arbeitnehmerrechte nach dem EU-Austritt unter besonderem Schutz stehen müssten, machte sich Mandelson tatsächlich erneut unbeliebt, indem er davor warnte, wieder mehr Rechte für die Gewerkschaften einzuführen, weil dies zu »Verkrustungen auf dem Arbeitsmarkt führen würden«.

In einem waren sich jedoch alle im progressiven Spektrum einig: Der Staat gehörte modernisiert, und das Land brauchte eine Industriestrategie. Die Krise könne überwunden und ein nachhaltiges, qualitatives Wachstum hergestellt werden, welches Arbeitsplätze schaffen und die gesellschaftliche Spaltung aufheben würde!

Hierfür war aber Geld nötig. Viel Geld. Umverteilung und ein ausgewogener Staatshaushalt müssten dies ermöglichen können. Schließlich war das Königreich ein G7-Land, eines der reichsten Länder der Welt und ein angesehener Akteur auf den internationalen Finanzmärkten.

Kapitel 6
Familienkrach und Klassenkampf

Das britische Seebad Brighton ist seit der Einführung der Eisenbahn im Jahr 1841 beliebt bei Städtern aus London, die es gern in größeren Gruppen für einen Tagesausflug heimsuchen. In knapp einer Stunde ist man raus aus der Hauptstadt und kann sich eine frische Prise Seeluft um die Nase wehen lassen.

Gefördert durch die Schirmherrschaft des späteren Königs Georg IV., der viel Zeit in der Stadt verbrachte und dort 1787 den heute seltsam deplatziert anmutenden Royal Pavillon im Stil eines indischen Mogulpalastes errichten ließ, entwickelte sich Brighton zu einem schicken Badeort. Seit der viktorianischen Ära zieren mondäne Bauten die Stadt am Meer, darunter das Grand Hotel, das Hilton Brighton Metropole, der Palace Pier und die Ruine des West Pier, einer einstmals beeindruckenden Seebrücke.

Brightons Bahnhof spuckt unter seinem doppelt überspannten Glas- und Eisendach an einem schönen Sommertag stündlich Tausende Kleingruppen aus, die sich, mit Picknickkörben bepackt, ihren Weg zum Strand bahnen. Der eine oder die andere hat zu diesem Zeitpunkt offensichtlich schon »vorgeglüht«, wieder andere erwarten sehnsüchtig ihr erstes Bier an der Strandpromenade. Fish and Chips, Spielhallen und Minigolf gehören in englischen Badeorten ebenso zum Erholungsprogramm wie das obligatorische Kinderkarussell.

Darüber hinaus verfügt die Stadt am englischen Kanal über eine gute Infrastruktur, um große Konferenzen abhalten zu können, und so trifft sich die Labour Party hier traditionell alle zwei Jahre zu ihrem Parteitag. Im September 2021, gegen Ende der Pandemie, war es zum ersten Mal wieder so weit. Bis zu 5.000 Menschen, darunter Delegierte, Beobachter, internationale Gäste und Medienvertreter drängten sich in das in den 1970er-Jahren gebaute Konferenzzentrum aus grauem Sichtbeton. Es gab viel zu besprechen. Seit der Niederlage gegen Johnson 2019 hatte es dazu nur virtuell Gelegenheit gegeben. Die Nerven lagen noch immer blank.

Der Wahlabend des 12. Dezember 2019 hatte in einem Desaster geendet. Jeremy Corbyns Wahlkampf führte zum schlechtesten Ergebnis seit 1935. Die Niederlage war umso schmerzhafter, als auch viele rote Wahlkreise in Nordengland und den Midlands an Boris Johnson und die Tories gingen. Drei Jahre nach dem Referendum hatten die Befürworter des Brexits in den strukturell vernachlässigten Gegenden Englands endgültig genug von den Vertröstungen gehabt und ein Signal gesetzt. Johnson sollte das Votum – wie von ihm versprochen – jetzt endlich umsetzen. Man wollte wieder zur Tagesordnung übergehen und die Politiker den Job machen lassen. Drei Jahre Streit, zwei Wechsel im Amt des Premierministers und Endlosdebatten im Parlament hatten ihr Übriges getan.

Jeremy Corbyn, der sich immer mehr von einem Großteil der Fraktion im Parlament entfernt und zunehmend zu einer umstrittenen Figur entwickelt hatte, war es zwar gelungen, seinen Londoner Wahlkreis in Islington ein zehntes Mal zu gewinnen, aber dieses für Labour erschütternde Ergebnis hatte ihn noch in der Wahlnacht gezwungen, vom Vorsitz zurückzutreten. Das Projekt Corbyn, der etwas in die Jahre gekommene und von einer starken Protestkultur gezeichnete Populismus von links, war gescheitert.

Während seiner Amtszeit war es zu erheblichen Kontroversen sowie Antisemitismusvorwürfen gekommen, was nicht nur zu Spannungen innerhalb der Partei, sondern auch zu einem erheblichen Vertrauensverlust bei vielen Wählergruppen geführt hatte. Seine undifferenzierte und oft widersprüchliche Haltung zur EU und zum Brexit führte sowohl bei Anhängern des Verbleibs als auch bei den Brexit-Befürwortern zu Frustration. Corbyn aber blieb verbissen bei seiner Haltung.

Obwohl ein unabhängiger Bericht zum Ergebnis gekommen war, dass die Labour Party unter seiner Führung Antisemitismus nicht angemessen behandelt hatte, reagierte er, indem er die Schwere des Problems in der Partei herunterspielte und behauptete, die Vorwürfe seien von politischen Gegnern und den Medien »dramatisch übertrieben« worden.

Die Situation eskalierte. 55 Jahre nachdem er, der Sohn von Eltern, die sich im Widerstand des spanischen Bürgerkriegs engagiert hatten, noch als Teenager in die Partei eingetreten war, wurde er von seiner Partei aus der Fraktion im Unterhaus ausgeschlossen. Die tiefgreifenden Spannungen zwischen seinen Anhängern und den moderateren Mitgliedern der Partei hatten einen dramatischen Höhepunkt gefunden. Die Mitglieder sollten über eine neue Führung abstimmen.

Es folgte ein Kopf-an-Kopf-Rennen zwischen Keir Starmer und Rebecca Long-Bailey. Keir Starmer, der Brexit-Sprecher, galt als Favorit der Fraktion. Rebecca Long-Bailey, Schattenstaatssekretärin für Wirtschaft, Energie und Industriestrategie, berief sich auf den Segen der Basisbewegung »Momentum«.

Starmer betonte einerseits seine Loyalität zu Corbyn, andererseits forderte er mehr Professionalität, weniger innerparteiliche Konfrontation und ein entschiedeneres Vorgehen gegen Antisemitismus. Er wolle eine Brücke zwischen den verschiedenen Fraktionen der Partei schlagen. Nach den Eskapaden eines Jeremy Corbyn wirkte der ehemalige Generalstaatsanwalt geradezu langweilig. Er brachte alle geforderten Eigenschaften eines zukünftigen Premierministers mit, ein ruhiges und besonnenes Auftreten und langjährige Berufserfahrung an der Spitze der Verwaltung. Nur vom Hocker reißen konnte er niemanden.

Seine Eltern, eine Krankenschwester und ein Werkzeugmacher, hatten ihren Sohn nach Keir Hardy benannt, dem ersten Labour-Parteivorsitzenden, der 1866 bereits als Zehnjähriger in einer Kohlemine in Lanarkshire arbeiten musste. Starmer galt als gemäßigt, als umsorgender Bruder in einer Familie des unteren Mittelstands, die durch viele Schicksalsschläge geprägt worden war. Ein früherer Schulfreund beschrieb ihn so: »Ich bin mir sicher, dass Keir politische Dinge tun muss, wie es Politiker eben tun, aber er ist kein zynischer Mensch. Im Gegensatz zu vielen Leuten in seiner Position hat er Respekt vor den einfachen Leuten. Ich glaube, er trägt einen tief sitzenden Kern an Integrität in sich.«

Sein Biograf Tom Baldwin urteilt ähnlich über Starmer und zitiert ihn dabei selbst. Während Blair 1999 die Kühnheit besessen habe, den Klassenkrieg für beendet zu erklären, habe Starmer immer wieder betont, dass es sein politisches Projekt sei, »Labour wieder in den Dienst der arbeitenden Menschen und der Arbeiterklasse« zu stellen. »Es mag in der jüngsten Vergangenheit Zeiten gegeben haben, in denen Labour Angst hatte, überhaupt die Sprache der ›Klasse‹ zu sprechen – aber nicht meine Labour Party« zitiert Baldwin den langjährigen politischen Freund. Die letzte Labour-Regierung habe »nicht genug getan, um den Snobismus auszurotten, der auf Ausbildungsberufe herabblickt«. Man habe den »Brunnen der Respektlosigkeit« nicht geleert, der dadurch entstanden sei.

»Klasse«, so Starmer, sei nicht »etwas Abgelegenes, das ich in einem Lehrbuch gelesen habe, als ich in Oxford war […]. Es ist Teil meiner gelebten Erfahrung.« Anders als Corbyn, für den Klasse auch immer ein Kampfbegriff war, erhob Starmer ihn zu einem modernen Politikbegriff.

Eine seiner engsten Beraterinnen, die Politikwissenschaftlerin Claire Ainsley, schrieb in ihrem Buch »Die neue Arbeiterklasse« 2018: »Was in den meisten politischen Debatten übersehen wird, ist, dass das, was als ›Arbeiterklasse‹ bezeichnet wird, in Wirklichkeit ein viel kleinerer Teil dessen ist, was es heute bedeutet, zur Arbeiterklasse zu gehören. Kommentatoren sprechen oft von der traditionellen Arbeiterklasse, die ein relativ kleines Segment der Bevölkerung ist, etwa 14 Prozent. Aber die strukturellen Veränderungen der britischen Wirtschaft in den letzten 40 Jahren haben eine neue Arbeiterklasse geschaffen, die multiethnisch ist, aus Menschen besteht, die mit niedrigen bis mittleren Einkommen leben und gerne in Dienstleistungssektoren wie Gastronomie, Sozialfürsorge oder Einzelhandel beschäftigt sind.«

»Viele von ihnen«, so führt Ainsley aus, »werden sich gar nicht in erster Linie über ihre Arbeit definieren. Die neue Arbeiterklasse ist disparater, stärker atomisiert und besitzt mehrere Identitäten, sodass eine kollektive Identität weniger möglich ist. Das Problem für die politischen Parteien besteht darin, dass keine von ihnen die Dynamik moderner sozialer Klassen erfasst hat, geschweige denn verstanden hat, wie die demografischen und gesellschaftlichen Veränderungen in den nächsten Jahren sie vor noch größere wahlpolitische Herausforderungen stellen werden.«

Starmer erschien diese Argumentation überzeugend und ließ sich von Ainsley beraten. Er grenzte sich zunehmend von Corbyn ab. Rebecca Long-Bailey dagegen vermied den Bruch mit Corbyn. Die Gewerkschaft »Unite the Union« unterstützte sie mit Nachdruck. »Sie hat den Verstand und die Brillanz«, so Generalsekretär Len McCluskey, um es mit Boris Johnson aufzunehmen. Long-Bailey blieb voll und ganz auf der Linie der Parteilinken. Am Ende entschieden sich die Mitglieder für den Vernunftkandidaten Starmer, auch wenn seine programmatischen Aussagen noch lange vage blieben.

Nach seinem Wahlsieg als Parteivorsitzender war Starmer gezwungen, aus dem Lockdown von zu Hause aus seine ersten Worte an die Nation zu richten. Ein farbloses und blass bleibendes Video wurde in den BBC Nachrichten ausgestrahlt. Inmitten der fortlaufenden Corona-Krise appellierte er an die Solidarität in der Gesellschaft: »Come together as a nation!« – Lasst uns zusammenstehen! Es gibt Hoffnung für eine bessere Zukunft. Doch zunächst fiel es ihm nicht leicht, zumindest erst einmal die eigenen Reihen zu schließen.

Aufgrund des im politischen System verankerten Mehrheitswahlrechts verfügen die beiden großen Parteien, Labour und die Konservativen, über die große Mehrheit der Mandate im Unterhaus. Ein Kennzeichen dieses Systems ist aber auch die ideologisch breite Ausrichtung der zwei Volksparteien. Zu Labour gehören neben Gewerkschaftsmitgliedern auch Anhänger des demokratischen Sozialismus.

Die Partei hatte daher seit ihrer letzten Regierungsverantwortung erhebliche programmatische Schwankungen durchlaufen. Ein Spektrum zwischen dem »Dritten Weg« eines Tony Blair und dem demokratischen Sozialismus à la Jeremy Corbyn öffnete sich – vieles war möglich, deutete aber auch auf eine Stärke hin. Labour konnte sowohl für die demokratisch-sozialistischen Kräfte als auch für das technokratisch-liberale Lager ein machtpolitischer Übersetzungsriemen sein.

In dieser Stimmung, einer Epoche des Übergangs, strömten im September 2021 Delegierte aus allen Teilen des Königreichs in das Brighton Centre. Die Architektur des Bauwerks im Stil des Brutalismus schien für die Austragung eines letzten Gefechts gut geeignet. Labour stand vor einer Zerreißprobe.

Noch immer zehrten die Fliehkräfte der verschiedenen Lager an der Partei und raubten ihr die Kraft in den dringenden Fragen um die zukünftige Rolle des Staates oder des Umbaus zu einer klimaneutralen Wirtschaft politische Lösungsansätze zu entwickeln. Im Rauschen des von der Küste aufziehenden stürmischen und windigen Wetters drohte die wichtigste Nachricht des Parteitages fast unterzugehen: Labour will den Brexit-Schaden wieder richten. Den Brexit erfolgreich machen – »make Brexit work!« – so lautete die neue Vision.

Pünktlich zur Mitte der Wahlperiode schien sogar eine Trendwende einzusetzen. Die Arbeit der »Opposition ihrer Majestät« hatte die regierenden Tories in der Gunst der Wählerschaft erstmals unter die 40-Prozent-Marke gedrückt. Labour hatte sogar Sympathiewerte hinzugewonnen. Viele Beobachter waren sich einig. Mit Hilfe eines innerparteilichen Reformprozesses würde Keir Starmers zerstrittener Laden noch immer über ein Potential verfügen, das die Partei zu einer »Regierung im Wartestand« erheben könnte. Jetzt würde es darauf ankommen, dieses Potenzial zu heben. Auch wenn das britische Mehrheitswahlrecht nur einen Sieger kennt und die Arbeiterpartei zu einem Sammelbecken von sehr weit linken bis sehr weit rechten Gruppen gemacht hatte: Man war – wie in einer großen Familie – auf Gedeih und Verderb miteinander verbunden. In anderen Ländern hatten sich die verschiedenen Häuser einer Sippe – zum Wohle aller – schon lange voneinander getrennt, aber im Gefüge des britischen Parteiensystems hätte eine solche Spaltung Labour zum Verhängnis werden können. Die Partei war gezwungen, ihre vielen Widersprüche in der Programmatik und den Personen abzubauen. Eine Familienaufstellung könnte helfen.

Der Parteitag begann wie vermutet. Der Kurort Brighton konnte den Schmerz der Corbyn-Getreuen nicht wirklich lindern. Nach dem Parteiausschlussverfahren ihres Idols blieben die Beiträge im Plenum gefangen in ideologischen Grundsatzfragen, Antisemitismusdiskussionen und wenig zielführendem, identitätspolitischem Streit.

Generalsekretär David Evans sah sich sogar Vorwürfen ausgesetzt, er würde eine jakobinische Säuberungskampagne durchziehen. Evans Plan sah eine Änderung der Parteistatuten zur Stärkung der Macht der Fraktion gegenüber der Basis vor. Nie wieder sollten gewählte Abgeordnete nach Hause zurückbeordert werden können, weil ihr Abstimmungsverhalten im Parlament nicht der aktuellen Stimmung im Wahlkreis entsprach. Auch die Wahl eines Vorsitzenden vom Schlage Jeremy Corbyns durch kurzfristige Parteieintritte sollte durch die Satzung zukünftig verhindert werden.

Vor dem Hintergrund der UN-Klimakonferenz COP 26 in Glasgow hatten auch Labours wichtigste Verwandte, die Gewerkschaften, pünktlich zur Konferenz ihre Hausaufgaben erledigt und einen Forderungskatalog an die Regierung Johnson vorgelegt. Nun warteten alle Beobachter gespannt auf die Politikvorschläge der Labour-Parteiführung. Wie würde die Parteiführung auf die Vorschläge der Gewerkschaften reagieren? Wie würde eine Labour-Regierung die dringend notwendige Transition gestalten? Was sind die richtigen Rezepte, um mit den Brexit-Folgen umzugehen? Wie würde die Partei wachsende Ungleichheit nachhaltig bekämpfen, wenn nicht durch Umverteilung?

Ed Miliband, Sprecher für Energiesicherheit, warb im Plenum engagiert für ein grünes Großbritannien durch eine klimaneutrale Umstellung der Wirtschaft. Starmer widersprach ihm jedoch postwendend in der »Andrew-Marr-Show«, einer der wichtigsten Politiksendungen des Wochenendes. Milibands Verstaatlichungsvorschläge der Energieversorger seien nicht das Ziel von Labour. Rachel Reeves, Labours Schatten-Finanzministerin, wiederum trat ihrem Parteiführer überraschend offen in der Frage der möglichen Wiederaufnahme der Personenfreizügigkeit entgegen. Die Kakophonie war perfekt. Andy McDonald, eigentlich als Arbeitsminister vorgesehen, überwarf sich mit der stellvertretenden Vorsitzenden Angela Rayner in der Frage des Mindestlohns. An den Strandkiosken von Brighton schrieen die großen Tageszeitungen »Labour vor dem Bürgerkrieg« – nicht unbedingt eine Schlagzeile, die Regierungsbereitschaft vermittelt.

Keir Starmer hatte zur Vorbereitung des Parteitages mithilfe der »Fabian-Society« ein 35 Seiten langes Pamphlet verfasst, das Labour bis zu den nächsten Parlamentswahlen durch weitere Stürme navigieren sollte. Unter dem Titel »The Road Ahead« – »Der Weg voraus« – beschrieb der neue Vorsitzende seine Vision einer Labour Party, die bereit ist für die Herausforderungen des 21. Jahrhunderts. Doch infolge des Familienkrachs berichtete die Presse kaum darüber.

Als Starmer und Evans die Abstimmung über das Parteistatut in buchstäblich letzter Minute gewannen, schmiss Andy McDonald, der letzte Corbynist in Starmers Schattenkabinett, medienwirksam inszeniert das Handtuch. Die neue Vorsitzende der Gewerkschaft Unite, Sharon Graham, hatte es dagegen vorgezogen, an der Familientherapie in Brighton nicht teilzunehmen. Andere, wie Louise Ellman, eine jüdische Abgeordnete, die Labour aus Protest gekündigt hatte, traten dagegen wieder in die Partei ein.

War die Bindung Starmers zur Parteilinken damit gekappt? Hatte die Familie das Tischtuch zerrissen? Auf dem World Transform Festival, einem Zeltlager außerhalb des Kongresses, feierten die Linken, darunter vor allem sehr viele junge Aktivisten, konsequent am Extratisch weiter. Hier war man zumindest mit sich selbst im Reinen.

Kurz vor dem Ende des Parteitages hatte sich der Sturm in Brighton gelegt. Unter tosendem Applaus versprach Starmer eine Industriestrategie in Kombination mit einem »Green-New-Deal«, wichtige Ausbildungsinitiativen, Investitionen in den Öffentlichen Sektor und einen besseren Zugang zu psychotherapeutischen Maßnahmen für junge Menschen, die unter den Folgen der Pandemie litten. Die Partei erfand sich neu. Johnson und die Tories boten schließlich genügend offene Flanken, die es zu attackieren galt. Die Auswirkungen des Brexits und der Pandemie waren vehement. Sozial schwache Familien fürchteten einen Winter ohne Heizung. Die Regierung drohte mit Kürzungen der Sozialhilfe. Ein neues Phänomen, nämlich dass systemrelevante Gruppen wegen Treibstoffmangel ihren Arbeitsplatz nicht erreichen konnten, wurde von der Regierung als »Kinderkrankheit« des Brexits heruntergespielt. Vor den Türen des nationalen Gesundheitsdienstes NHS warteten noch immer 5,5 Millionen Menschen auf einen Arzttermin.

Ein mit sich zufrieden wirkender Starmer ließ sich am Ende des Parteitages am Strand von Brighton sehen. Die schmerzhaften und zum Teil unversöhnlichen Auseinandersetzungen hatten etwas Reinigendes gehabt. Vor allem durch die Unterstützung der wichtigsten moderaten Gewerkschaftsverbände war es gelungen, die Partei neu aufzustellen. Er habe unter Beweis gestellt, dass er die Partei gegen Widerstände führen könne, so die politischen Kommentatoren. »Was ist wichtiger für Sie, die Einheit ihrer Partei oder der nächste Wahlsieg?«, wurde Starmer von der BBC gefragt. »Winning!« kam es wie aus der Pistole geschossen.

In seiner Parteitagsansprache ließ sich der rote Faden erkennen, der sich bis heute durch das Programm der reformierten Partei zieht, die Verbindung zwischen sozialer Gerechtigkeit und einer effizienteren Wirtschaft: »In der Geschichte dieser Partei ist unser Traum von der ›guten Gesellschaft‹ allzu oft dem Irrglauben erlegen, dass wir keine starke Wirtschaft benötigen, aber man bekommt das eine nicht ohne das andere. Und unter meiner Führung sind wir beidem verpflichtet.« Die Rede, die diese Verbindung von Gerechtigkeit und Wachstum herzustellen versuchte, stammte aus der Feder des Journalisten und Politikberaters Philip Collins, dem letzten Redenschreiber von Tony Blair.

Während die Konservative Partei sich vollends in den populistischen Fängen eines Boris Johnson verheddert hatte, waren die Sozialdemokraten ihnen ab jetzt immer einen Schritt voraus. Labour löste sich vom Personenkult um Corbyn und machte den Weg frei für eine Sachpolitik, die die offensichtlichen, kurzfristigen Partikularinteressen der Tories einer Strategie unterordnete, die auf das Gemeinwohl und die öffentliche Daseinsvorsorge ausgerichtet war.

Eine italienisch-amerikanische Ökonomin, Mariana Mazzucato, Professorin für Innovationsökonomie an der University College London (UCL), begann zu dieser Zeit, zunehmend Einfluss auf die Diskussionen im progressiven Umfeld der Labour Party zu gewinnen. Institutionen wie die Fabian-Society oder das IPPR nahmen Ideen aus ihren Büchern »The Entrepreneurial State« (2013) und »The Value of Everything« (2018) auf und diskutierten ihre Anwendbarkeit auf die Situation in Großbritannien.

Mazzucato argumentierte in ihren Büchern, dass der Staat eine aktive und zentrale Rolle bei der Förderung von Innovation und wirtschaftlichem Wachstum spielen müsse. Sie zeigte am berühmten Beispiel von John F. Kennedys Rede zum amerikanischen Mondlandungsprogramm vom Mai 1961 auf, wie staatliche Investitionen in Forschung und Entwicklung maßgeblich zur Entstehung bahnbrechender Technologien beigetragen hatten – so etwa das Internet, GPS oder verschiedene medizinische Innovationen. Die Welt hätte vielleicht auf Silikonimplantate verzichten können, aber ohne die massiven staatlichen Investitionen des amerikanischen Staates wären MRT-Scanner, miniaturisierte Herzschrittmacher oder Laser zur Behandlung verengter Blutgefäße heute unbekannt.

Mazzucato kritisierte die traditionelle Wirtschaftslehre dafür, dass sie den Wert von Gütern und Dienstleistungen oft nur anhand ihres Preises am Markt bemessen würde. Sie betonte die Notwendigkeit, die Art und Weise, wie wir »Wert« in der Wirtschaft definieren und messen, grundlegend zu überdenken. Ihrer Ansicht nach führt die derzeitige Praxis dazu, dass bestimmte wirtschaftliche Aktivitäten, wie zum Beispiel Finanzdienstleistungen, überbewertet und andere, wie öffentliche Dienstleistungen, unterbewertet werden. Mazzucato wurde schließlich zur einflussreichsten Stimme in der Diskussion um die Ausrichtung der Wirtschaftspolitik einer möglichen zukünftigen Labour-Regierung.

Während in Seminaren und Workshops nach Konzepten gegen die multiple Krise gesucht wurde, kämpfte Starmer darum, sich inmitten der Pandemie im Sattel halten zu können. Sein Bekanntheitsgrad in der allgemeinen Bevölkerung war sehr gering, aber je mehr er sich bemühte, die Partei auch inhaltlich neu auszurichten, desto größer wurde die Neugier der Medien auf ihn.

Starmer hielt sich im Politikrodeo. Neue Nachwuchsführungskräfte sollten das Bild von Labour verändern. Wes Streeting, der selbst Nierenkrebs überstanden hatte, wurde Schattenminister für Gesundheit und sollte fortan authentisch und glaubhaft vermitteln, dass sich eine Labour-Regierung um den kaputtgesparten NHS kümmern würde. Angela Rayner, die von der Gewerkschaftsbasis direkt in ihr Amt als stellvertretende Parteivorsitzende gewählt worden war, klärte ihr kompliziertes Verhältnis zu Starmer und entwickelte eine gute und pragmatische Arbeitsteilung mit dem Vorsitzenden. Rachel Reeves, eine ehemalige Ökonomin bei der Bank of England, wurde von Starmer als seine potenzielle Finanzministerin zunehmend in Szene gesetzt.

Reeves ist bekannt für ihre Überzeugung, dass die Rolle des Staates in der Wirtschaft zu stärken sei. Mit ihrer fundierten wirtschaftlichen Expertise und ihrem Engagement für soziale Gerechtigkeit spielte auch sie eine zentrale Rolle in der Gestaltung der neuen politischen Agenda der Labour-Partei und in der britischen Politik insgesamt.

Mit John Healey, der sich um die Verteidigungspolitik kümmern sollte, nahm ein ehemaliger Minister unter Gordon Brown auf der Oppositionsbank neben Starmer Platz. Healey und sein neuer Kollege David Lammy, der für die Außenpolitik zuständig war, nahmen sich als erstes vor, die gestörten Beziehungen zu den europäischen Hauptstädten wieder zu verbessern. Zahlreiche Reisen führten die beiden nach Brüssel, sowohl zur Kommission und zum EU-Parlament als auch zur NATO. Mit Hilfe der Friedrich-Ebert-Stiftung entstand ein Entwurf für ein zukünftiges bilaterales Abkommen zwischen Deutschland und Großbritannien zur Verbesserung der Zusammenarbeit in der Verteidigungspolitik.

Während die nationale Sicherheitsstrategie der Regierung zu diesem Zeitpunkt die EU mit kaum einem Wort erwähnte, betonte Lammy unablässig, wie wichtig eine strukturierte Zusammenarbeit in der Außen- und Sicherheitspolitik mit Europa sei. Mit Ausbruch des Ukraine-Krieges drang er mit dieser Position auch zunehmend in den britischen Medien durch. Labour trat aus dem Schatten in das Bewusstsein der britischen Öffentlichkeit zurück.

Während des »Prime Minister Questioning«, einer wichtigen Institution im parlamentarischen Kalender, stehen sich Premierminister und Oppositionsführer Auge in Auge direkt gegenüber. Das unterstützende Kabinett, beziehungsweise Schattenkabinett, steht dem jeweiligen Parteivorsitzenden zur Seite. Auf den grünen Bänken der ersten Reihe sahen sich die Tories fortan einer neuen, wie ausgewechselt auftretenden Labour-Fraktion gegenüber: einer Regierung im Wartestand.

Die Zusammenarbeit zwischen dem Büro des Vorsitzenden, der Parteimaschinerie in der Labour-Zentrale sowie den regionalen Büros galt fortan als ausgezeichnet. Obwohl es eigentlich zwei Organisationen sind, die die Labour Party konstituieren, der Verbund aller Labour-Abgeordneten im Parlament (Parliamentary Labour Party) und die »Constituency Labour Parties« (CLPs), also die Gruppe aller Ortsverbände, trat die Partei seit langem wieder geeint auf. Der Wahlerfolg der deutschen Schwesterpartei SPD, die große Geschlossenheit demonstriert hatte und dies ihrer Schwesterpartei unablässig ins Hausaufgabenheft schrieb, machte Mut.

Laut Statuten sind es die Ortsverbände, die die Kandidatinnen und Kandidaten auf allen konstitutionellen Ebenen auswählen sollen. Das Leitungsgremium der Partei, das National Executive Committee (NEC) – bestehend aus Delegierten aller Ortsverbände und Gewerkschaften – verabschiedet das jeweilige Wahlprogramm – nicht der Parteitag. Die Steuerungsfähigkeiten des jeweiligen Parteivorsitzenden sind dadurch immens, und Starmer und sein Generalsekretär Evans gaben diese Kontrolle fortan nicht mehr aus der Hand.

Sie verzichteten größtenteils auf den in der Praxis eingeübten Willensbildungsprozess der Kandidatenauswahl. Hochrangige und amtierende Abgeordnete, Bürgermeister und Kommunalpolitiker, vor allem vom linken Flügel der Partei, mussten ab sofort mit zusätzlichen bürokratischen Hürden rechnen, um ihre Kandidatur abzusichern. Die Erfahrungen mit der »Momentum«-Kampagne ließen Starmer auf der Hut sein. Nicht alle Parteimitglieder unterstützten diesen harten Kurs. Während der »Momentum«-Kampagne 2015 für Corbyn hatte sich die Mitgliederzahl mit 550.000 auf einem absoluten Höhepunkt der letzten 40 Jahre befunden. 2023 hatten nur noch 380.000 Britinnen und Briten ein Labour-Parteibuch. Das Basisdemokratieprojekt von »Momentum« war damit beendet. 2022 würde man sich wieder auf einem Parteitag in Liverpool treffen. Bis dahin sollte sich zeigen, ob Starmers Strategie aufgeht oder nicht.

# Kapitel 7
Culture Wars

Der Wahlkreis North Shropshire ist eine landwirtschaftlich geprägte Grafschaft in den West Midlands und Heimat mehrerer wohlhabender adeliger Familien, von denen viele über ihren Landbesitz ein Vermögen in der Agrarindustrie gemacht haben und weiterhin einen nicht unbedeutenden lokalen Einfluss besitzen. Die Corbets von Moreton Corbet Castle oder die Familie Leveson-Gower, die Herzöge von Sutherland, haben ebenso historische Beziehungen zu Shropshire wie die Familie Lloyd aus Oswestry, die für ihren Besitz der Futterherstellungsfirma »Lloyds Animal Feeds« bekannt ist und mit einem geschätzten Vermögen von 137 Millionen Pfund einen vorderen Platz auf der Liste der reichsten Familien der Region ergattern konnte.

Prestigeträchtige Anwesen und der allgemeine Wohlstand in North Shropshire zeigen sich außerdem in Orten wie Market Drayton – mit seinen hübschen Tudor-Fachwerk-Häusern – und Newport, die für ihren historischen Charme und eine aktive Kulturszene bekannt sind, die weniger vom Staat als häufig von wohlhabenden lokalen Mäzenen unterstützt und gefördert wird.

Traditionen werden gepflegt in North Shropshire. Obwohl die Hetze mit Hunden seit 2004 verboten ist, kommt es immer wieder zu illegalen Treibjagden. Ganze Meuten laufen dabei durch Wohngebiete, randalieren in Bauernhöfen und bringen Autofahrer und Vieh in Not. Bei einem dieser Vorfälle verlor die Jagdgesellschaft »North Shropshire Hunt« die Kontrolle über ihre englischen Foxhounds, die den erschöpften Fuchs inmitten einer Wohnsiedlung bei lebendigem Leibe auseinandernehmen. Die Landlobby war immer wieder erfolgreich damit, ihre Position gegenüber der konservativen Regierung durchzusetzen, die sich erst spät dazu durchringen konnte, die Jagd-Auflagen zu verschärfen.

North Shropshire war eine Bank für die Torys. Zuverlässig wurde für den Brexit gestimmt, und seit 1997 wurde siebenmal derselbe Kandidat, Owen Paterson aus Whitchurch, einem Zentrum der Käseproduktion, ins Unterhaus befördert. Erst ein Korruptionsskandal, in dem es um Nebenjobs von Abgeordneten ging, setze diesem Brauch ein Ende.

Im Oktober 2021 stellte der parlamentarische Beauftragte für die Einhaltung der Standards im Unterhaus fest, dass Paterson gegen die Vorschriften verstoßen habe, weil er »seine privilegierte Stellung wiederholt dazu genutzt [habe], zwei Unternehmen zu begünstigen, für die er als bezahlter Berater tätig war«. In keinem früheren Fall »gab es so viele Verstöße oder ein so eindeutiges Verhaltensmuster, bei dem es nicht gelungen ist, private und öffentliche Interessen zu trennen«.

Das »Commons Select Committee on Standards« empfahl, Paterson für 30 Sitzungstage vom Unterhaus zu suspendieren. Obwohl der Bericht zu dem Schluss kam, dass der Anwalt an Aktivitäten beteiligt war, bei denen er seine Position als Mitglied des Parlaments ausnutzte, um sich für die Interessen von zahlenden Kunden einzusetzen, sah er sich als Opfer: »Das Verfahren, dem ich unterworfen wurde, entspricht keiner natürlichen Gerechtigkeit. Ich bin nicht schuldig, und ein faires Verfahren würde mich entlasten.«

Anstatt mit Paterson kurzen Prozess zu machen, fürchtete Premier Johnson den Unmut seiner Stammwähler. Fast halsbrecherisch nahm er sich vor, die Lobby-Regeln des Parlaments nachträglich zugunsten Patersons zu verändern. Paterson trat schließlich zurück, und eine Nachwahl in der Grafschaft sollte den Vorgang möglichst schnell begraben. Doch das Ergebnis der Abstimmung im Dezember 2021 kam einem Erdrutsch gleich. Mit einem Zugewinn von 37 Prozent demütigten die Liberaldemokraten und ihre Kandidatin Helen Morgan den Militärarzt Neil Shastri-Hurst, der für die Tories ins Rennen gegangen war. Ein Drittel der Stimmen gingen für Johnson verloren. Sogar die Wählerinnen und Wähler von Labour gaben in Befragungen nach dem

Urnengang zu, taktisch gewählt zu haben, um den Tories eine Lektion zu erteilen.

Erst eine Woche war es her, dass der Skandal um Allegra Stratton, einer Pressesprecherin Johnsons, die Gemüter erregt hatte. In einer Probe-Pressekonferenz beantwortete sie amüsiert und ausgelassen Fragen zu einer angeblichen Weihnachtsfeier in der Downing Street während des Lockdowns. Sie schien sich darüber lustig zu machen, dass das Meeting »keine sozialen Distanzierungsmaßnahmen« beachtet hatte. Auch diese Enthüllung erweckte zunehmend den Eindruck, dass die Corona-Regeln nicht für alle galten.

Es war jedoch diese Niederlage in North Shropshire, die den Anfang vom Ende des Boris Johnsons einleitete, nicht die albernen Christmas Partys im Amtssitz von »Nummer 10« und nicht die Einladung seines persönlichen Assistenten an die Belegschaft zu einem fröhlichen Umtrunk inmitten des Lockdowns.

Boris Johnson, der Garant für zuverlässige Wahlsiege, der Macher und der Brexit-Lieferant, wurde plötzlich zum Problem für seine Partei. Gutbürgerliche Stammwähler in gut situierten Gegenden auf dem Land wandten sich angeekelt ab.

Fünfzehn Premierminister in 66 Jahren hatten die Tories seit 1900 gestellt. Mit dem Erfolgsschlager »Brexit« wollte man sich die Macht für viele weitere Jahre sichern. Nun – ausgerechnet nach dem EU-Austritt – lag Labour in den Umfragen um zehn Punkte vorn. Sogar in der Frage nach dem besseren Premierminister setzte sich der noch immer etwas blass wirkende Oppositionsführer Starmer durch. Aber würde dies gleich die ganze Regierung gefährden?

Die Conservative and Unionist Party gilt in der Politikwissenschaft als eine der anpassungsfähigsten Parteien der Welt. Was ist schon ein Boris Johnson im Vergleich zu einer ruhmreichen Geschichte, die bis in das 17. Jahrhundert zurück reicht? Man hatte die Diktatur Cromwells überlebt, die Glorious Revolution überstanden und mit Winston Churchill den Zweiten Weltkrieg gewonnen. Wo ist das Problem? Jemand anderes würde den Stab übernehmen. Die Legislatur endete ohnehin erst 2024.

Und doch markierte die Niederlage in North Shropshire einen Wendepunkt. Sie läutete das Ende der »Clown-Politik« Johnsons und das Scheitern der Popkultur in der britischen Staatskunst ein. Inmitten der fürchterlichsten Krise seit dem Zweiten Weltkrieg war kein Platz für ein Lausbuben-Image à la Johnson. Zwar hatte »BoJo« – wie seine Fans ihn liebevoll nannten – seine Partei von Fossilienkrusten befreit. Er war es gewesen, der die Labour Party programmatisch an die Wand gespielt hatte. Ganze Landstriche ehemaliger Labour-Bastionen waren nur aufgrund seines Auftretens erstmals an die Tories gegangen. Aber nun schien er genau dieses Vertrauen zu verspielen.

Was war aus dem Versprechen geworden, der Verheißung, endlich die Lebensverhältnisse im Norden des Landes nachhaltig anzuheben? Blühende Landschaften waren noch immer nicht einmal im Ansatz zu sehen. Johnsons Regierungserklärungen, die noch von Elisabeth II. vorgetragen wurden, waren zwar durchsetzt vom Schlagwort des »Levelling-up« – des Anhebens der Lebensqualität in den strukturschwachen Gegenden. Die von ihm mantraartig wiederholte Parole war jedoch immer mehr zur Plattitüde verkommen. Von der Ausstattung der Polizei bis zur neuen Nichtraucherstrategie – alles sollte nun der Abschaffung der Ungleichheit dienen.

Ein neuer Gesetzesentwurf für »Qualifikation und Post-Corona-Ausbildung«, der zu einem lebenslangen Lernen anregen sollte, machte die Verschuldung der Zielgruppe zur Voraussetzung. Kein Arbeitsloser hätte je die Kreditfähigkeit vorweisen können, die ein solches Darlehen ihm abverlangt hätte. Der Verteuerung der Immobilienpreise – ein großes Problem für junge Menschen in England, wo eine langfristige Pensionsstrategie traditionell auf den Erwerb von Wohneigentum ausgerichtet ist – sollte mit einem Gesetz für mehr Planungsfreiheiten für Investoren begegnet werden. Das grausame Beispiel des abgebrannten Grenfell Towers, wo über viele Regelungen einfach hinweggesehen werden konnte, schien bereits vergessen.

Über die Bereitstellung von acht neuen Freihäfen wollte Johnson die Wirtschaft ankurbeln. Kritiker befürchteten jedoch eher Geldwäsche und Steuervermeidung im Konzept des »Singapur an der Themse«. Eine dringende Gesetzesvorlage zum Schutz von Arbeitnehmerrechten nach dem Brexit und eine weitere zur Rentenreform wurden von Johnson dagegen bis auf Weiteres vertagt.

Entgegen der Tradition der Tories, die sich immer als Steuersenkungspartei verkauft hatten, ordnete der Premier eine kräftige, sozial unausgewogene Steuererhöhung an. Derweilen stiegen die Inflation und vor allem die Energiepreise in ungeahnte Höhen, während das unter Corona eingeführte Kurzarbeitergeld auslief.

In den Supermärkten des Nordens, aber auch in vielen Einkaufsläden Londons, fehlten plötzlich Obst und Gemüse. Das Sortiment war geschrumpft, und viele Regale waren über Wochen gähnend leer. Die Gefahr von weiteren Lieferengpässen und damit verbundenen Versorgungskrisen in einzelnen Sektoren war weiterhin nicht gebannt. Die Pandemie hatte allen OECD-Länder zugesetzt, aber im Vereinigten Königreich ging das Wachstum verstärkt durch den Brexit um dramatische 9,7 Prozent zurück. Die Boris-Bilanz war dürftig.

Im Windschatten all der Skandale und exzentrischen Auftritte notierten politische Beobachter jedoch noch eine ganz andere Gefahr: den Umbau der britischen Demokratie durch eine in gewissen Zügen fast autokratisch agierende Mehrheitspartei.

Wichtige Institutionen der Demokratie wurden systematisch einem Stresstest ausgesetzt und attackiert: die BBC, die Wahlkommission, der Ethikrat des Parlaments, das Parlament selbst, das Demonstrationsrecht, das Justizsystem als ganzes oder sogar das Oberste Gericht.

Unter dem gegenwärtigen Mehrheitswahlverfahren hat diese Strategie großes Potenzial. Johnsons Partei bemühte sich auch erst gar nicht, daraus ein Geheimnis zu machen. Ihr sehr erfolgreiches Wahlprogramm von 2019 enthielt einen Aktionsplan zur Einrichtung einer »Kommission über die Verfassung, Bürgerrechte und Demokratie« mit dem Mandat, »das Machtgleichgewicht zwischen der parlamentarischen Regierung und den Gerichten wiederherzustellen, die Befugnisse der Justiz zu beschneiden und die der Minister und des Parlaments wiederherzustellen (oder zu stärken)«.

Das neue Gesetz über die »Integrität der Wahlen« erinnerte auffällig an die Versuche der amerikanischen Republikaner zur Wählerunterdrückung. Es gibt kein Meldesystem in Großbritannien, und über 11 Millionen Menschen besitzen keinen der jetzt geforderten Personalausweise oder gar Führerscheine, um sich bei Wahlen ausweisen zu können. Wählerregistrierung war bislang ausreichend. Die entsprechende Wahlkarte kam per Post. Sollte es überraschen, dass die betroffenen Menschen meist arme, benachteiligte Angehörige nicht weißer Bevölkerungsgruppen sind und nicht zur klassischen Wählerschaft der Tories gehören? Entgegen der üblichen Praxis sollten sogar die Kommunalwahlen ab jetzt – so der Plan von Innenministerin Priti Patel – ebenfalls nach dem Mehrheitswahlrecht ablaufen. Auch dies würde die Conservative Party bevorteilen.

Der »Gesetzentwurf über Polizei, Kriminalität, Strafverfolgung und Gerichte« rief Menschenrechtsaktivisten auf den Plan. Sie befürchteten einen Angriff auf fundamentale Bürgerrechte. Die Vorlage schränke das Demonstrationsrecht ein, kriminalisiere Obdachlose und setze nicht sesshafte Bevölkerungsgruppen der staatlichen Willkür aus.

Johnsons neuen Gesetzesentwurf zur Hochschulbildung sahen viele Beobachter als einen Versuch an, eine konservative Agenda an den Universitäten durchzusetzen. Die dort geführten Debatten über Transidentitäten und Postkolonialismus hatten in traditionellen Wählerkreisen eine gewisse Befremdung hervorgerufen.

Konservative Abgeordnete und Minister fielen immer wieder durch ihre ablehnende Haltung zu LGBTQI-Themen auf. Kulturministerin Nadine Dorries kritisierte lautstark eine »übertriebene politische Korrektheit« und wandte sich gegen das Konzept der »geschlechtlichen Selbstidentifizierung«, welches ihrer Meinung nach, die Rechte und die Sicherheit von Frauen untergrub.

Innenministerin Priti Patel und die damalige Ministerin für Frauen und Gleichstellung, Liz Truss, attackierten die Rechte von Transgendermenschen und die vorgeschlagenen Reformen des Gesetzes zur Anerkennung des Geschlechts. Keir Starmer und Anneliese Dodds, Labours Frauenministerin, wurden regelmäßig vor laufenden Kameras genötigt, zu definieren, »was eine Frau« sei und ob eine Frau »eine Gebärmutter haben« müsse. Während Debatten dieser Art auf dem Rücken von Betroffenen ausuferten, nahmen die Straftaten gegen LGBTQI-Personen im Vereinigten Königreich zwischen 2018 und 2023 zu. Daten des Innenministeriums zeigen, dass homophobe Hassverbrechen von 13.003 im Zeitraum 2018/19 auf das Doppelte im Zeitraum 2021/22 angestiegen waren. Ebenso kam es vermehrt zu transphoben Hassverbrechen, die sich von 1.703 auf 4.355 Fälle erhöht hatten.

Besonders umstritten war die Einführung eines gesetzlichen Deliktrechts an den Universitäten, dass es Einzelpersonen ermöglichen sollte, ihre Hochschule oder Studentenvereinigungen wegen vermeintlicher Verstöße gegen die Redefreiheit strafrechtlich zu verfolgen. Kritiker befürchteten, dass die Universitäten mit zahlreichen Klagen konfrontiert würden, was die freie Meinungsäußerung eher unterdrücken als fördern könnte.

Die Tradition der Meinungsfreiheit im Vereinigten Königreich hat eine lange und komplexe Geschichte, die sowohl in rechtlichen Präzedenzfällen als auch in kulturellen Praktiken verwurzelt ist, die sich über Jahrhunderte entwickelt haben. Erneut griff diese Politik nun in diese Grundfesten der britischen Demokratie ein, obwohl sie vermeintlich das genaue Gegenteil erreichen wollte.

Die Bill of Rights (1689), mit ihrer Festlegung bürgerlicher Freiheiten, darunter das Recht auf freie Meinungsäußerung hatte bereits 300 Jahre überstanden. Das Menschenrechtsgesetz von 1998, mit dem die Europäische Menschenrechtskonvention in das britische Recht aufgenommen und über Artikel 10 ausdrücklich das Recht auf freie Meinungsäußerung festgelegt worden war, hatte immerhin schon ein Vierteljahrhundert lang einen Rahmen gesetzt. Sogar das Gesetz gegen Diffamierung und Verleumdung aus dem Jahr 2013 sollte plötzlich nicht mehr ausreichend sein, um ein Gleichgewicht zwischen der Meinungsfreiheit auf der einen und den fortschreitenden gesellschaftlichen Debatten auf der anderen Seite herzustellen.

Bildungsminister Gavin Williamson verteidigte den Higher Education (Freedom of Speech) Act 2023 und erläuterte: »Unsere Universitäten dürfen nicht zu Orten werden, an denen Ideen innerhalb eines engen Konsenses diskutiert werden, wobei diejenigen, die die Mehrheitsmeinung infrage stellen, selbst der Zensur unterliegen.« Er fühlte sich jedoch genötigt hinzuzufügen, dass »dieser Gesetzentwurf keine Plattform für Holocaust-Leugner schaffen wird«. Das Gesetz über die öffentliche Ordnung von 1986, das Gleichstellungsgesetz von 2010, das von der Labour-Partei eingeführt wurde, sowie die Prevent-Pflichten von 2015 – würden keinen Raum schaffen, um Holocaust-Leugner zu tolerieren.

Die starke Tradition der öffentlichen Debatte und der Pressefreiheit in Zeitungen, Rundfunkanstalten und der BBC, aber auch die akademische Freiheit kamen, nichtsdestotrotz, unter Druck: Die Universitäten im Vereinigten Königreich sind seit jeher ein Bollwerk des freien Denkens. Das Gesetz sollte also nun darauf abzielen, diese Traditionen weiter zu stärken, indem sichergestellt würde, dass das akademische Umfeld offen bleibt »für vielfältige und manchmal auch kontroverse Standpunkte«. In der Praxis bewirkte es jedoch das genaue Gegenteil.

Ein neuer Kodex der Cambridge University zielt seither darauf ab, die Rechtsvorschriften der Universität zur Meinungsfreiheit mit dem neuen Freedom of Speech Act in Einklang zu bringen. Der Kodex soll es den Akademikern ermöglichen, »überlieferte Weisheiten zu hinterfragen und zu testen«, einschließlich der Möglichkeit, »kontroverse oder unpopuläre Meinungen im Rahmen des Gesetzes, ohne Angst vor Intoleranz oder Diskriminierung« zu diskutieren.

Seither arbeite die Universität einen Vorfall auf, in dem das Emmanuel College die Arbeitsbeziehung zu dem »Rasserealisten« Professor Nathan Cofnas abgebrochen hatte. Dieser hatte behauptet, dass »die Zahl der schwarzen Professoren in Harvard in einer Leistungsgesellschaft gegen Null gehen würde«. Die daraufhin erfolgte Entlassung von Cofnas wurde von mehreren Cambridge-Akademikern mit Bezug auf das neue Gesetz als Angriff auf die freie Meinungsäußerung kritisiert. Sie forderten die Universität auf, die Entscheidung rückgängig zu machen.

Nicholas Guyatt, Leiter des Studiengangs Geschichte, behauptete, die Philosophische Fakultät könne Cofnas gar nicht entlassen, weil »das Gesetz über die Meinungsfreiheit der Regierung genau darauf ausgerichtet zu sein scheint, diese Farce aufrechtzuerhalten«. Professorin Pippa Rogerson, Leiterin des Caius College, erklärte, sie sei »sehr besorgt« über die Herausforderungen, die sich aus der Wahrung der Redefreiheit und der Erfüllung der durch das Gleichstellungsgesetz auferlegten Pflichten ergäben.

Englands neu ernannter Beauftragter für Meinungsfreiheit an Universitäten, der Philosoph Arif Ahmed, betonte, seine Aufgabe sei es nicht, »Kulturkriege zu führen«, und er habe sich verpflichtet, bei seinen Bemühungen zur Bekämpfung von Bedrohungen der akademischen Freiheit politisch neutral zu sein. Er werde seinen Erfolg oder Misserfolg anhand von Umfragen unter Studierenden und der Zahl der Beschwerden messen, die im Rahmen der vom Office for Students (OfS), der englischen Hochschulaufsichtsbehörde, neu geschaffenen Verfahren eingereicht werden. »Hier geht es nicht um Kulturkriege oder ähnliches«, so Ahmed. »Wir haben kein Interesse an Kulturkriegen. Wir haben kein Interesse an diesem oder jenem speziellen Thema.«

Der Sohn einer pakistanischen Einwandererfamilie gilt als einer der wortgewandtesten und vehementesten Verteidiger des Atheismus in der englischsprachigen Welt und als ein unverblümter Verfechter der Rechte religiöser Konservativer auf freie Meinungsäußerung und Versammlungsfreiheit. Im Oktober 2022 war eine von ihm initiierte Diskussionsveranstaltung mit der umstrittenen Anti-Gender-Aktivistin Helen Joyce auf dem Campus in Cambridge eskaliert. Darüber hinaus hatte er durchgesetzt, dass von der Universität eine Einladung an den Vertreter der Neuen Rechten, Jordan Peterson, ausgesprochen wird, obwohl die Universitätsleitung sich vehement dagegen verwahrt hatte. Petersons Konten waren mehrfach von Twitter und YouTube wegen Hassrede gesperrt worden.

Für seine Verdienste um das Bildungswesen wurde Ahmed zum Mitglied des Order of the British Empire (MBE) ernannt. Zu seinen

Förderinnen gehörte die damalige konservative Ministerin für Frauen und Gleichstellung, Kemi Badenoch, die ihn zum neuen Kommissar in den Vorstand der Gleichstellungs- und Menschenrechtskommission berief.

Auch Badenoch, die wie Ahmed einen Migrationshintergrund vorweist, erläuterte in einem Artikel für die *Times* aus dem Jahr 2022 ihre Rechtsauffassung und kritische Haltung gegenüber Identitätspolitik: »Bei der Identitätspolitik geht es nicht um Toleranz oder individuelle Rechte, sondern um das genaue Gegenteil unserer entscheidenden und dauerhaften britischen Werte.« Die Auseinandersetzung an den Hochschulen über genau diese »Werte« belegten konservative Vertreter seit Langem mit einem – aus ihrer Sicht – Schimpfwort: »woke«.

Anstatt den Begriff jedoch, wie aus dem afroamerikanischen Englisch übersetzt, als eine »Wachsamkeit« für soziale und politische Ungerechtigkeiten und Diskriminierungen zu definieren, machten sie ihn zum Kampfbegriff. »Woke« stünde für übertriebene politische Korrektheit, die die Gesellschaft spalte. Aktivisten wurde vorgeworfen, Geschichte und Kultur nach modernen Maßstäben umschreiben oder beurteilen zu wollen, was Badenoch und die ihren als Angriff auf traditionelle Werte und nationale Identität betrachteten. Insbesondere die kritischen Post-Kolonialismus-Debatten an den Universitäten waren ihnen ein Graus. Kemi Badenoch machte ihren Kampf dagegen zu einem politischen Markenzeichen, sodass sie für das rechte Lager der Tories immer wieder hoch für den Parteivorsitz gehandelt wurde.

Am 7. Juni 2020 war die Statue von Edward Colston, einem bekannten Sklavenhändler aus dem 17. Jahrhundert, während einer Black-Lives-Matter-Demonstration in Bristol gestürzt und in den Hafen geworfen worden. Die anhaltende Diskussion über Rassismus und das koloniale Erbe Großbritanniens führte auch zur Entfernung des Denkmals für Robert Milligan im Londoner Stadtteil Canary Wharf. Der schottische Kaufmann und Sklavenhalter hatte ein Vermögen mit dem Handel von Rum und Zucker aus der Karibik gemacht.

Die Tageszeitung *Guardian* machte im Juli 2020 aus Eigeninitiative in einer längeren Artikelserie ihre eigenen historischen Verbindungen zum Sklavenhandel publik. Hausinterne Untersuchungen hatten ergeben, dass der Gründer der Zeitung, John Edward Taylor, und einige seiner finanziellen Unterstützer im 19. Jahrhundert vom Handel mit Baumwolle aus den amerikanischen Südstaaten profitiert hatten.

Auch das Königshaus war vor investigativem Journalismus nicht mehr sicher. Dokumente aus den königlichen Archiven deckten auf, dass die Krone, insbesondere in den frühen Jahrhunderten des Kolonialismus, finanzielle und politische Verbindungen zum transatlantischen Sklavenhandel hatte. Was Historiker nicht überraschte, fand jedoch ziemlichen Nachhall in der öffentlichen Debatte.

Frühere Monarchen und Mitglieder des britischen Königshauses hatten im 17. und 18. Jahrhundert direkt in Unternehmen wie die »Royal African Company« investiert, die versklavte Afrikaner in die amerikanischen Kolonien überführte. Monarchen wie König Charles II. und König James II. spielten eine wichtige Rolle bei der Gründung der »Royal African Company«, indem sie diese Unternehmen finanziell unterstützten und sie über Privilegien absicherten.

All dies musste Royalisten und traditionell konservative Bevölkerungskreise verunsichern. Welche Familiengeschichte würde wohl als nächstes in das Visier von Journalisten und das Interesse der Öffentlichkeit geraten?

Boris Johnson hatte seine Auffassung zur britischen Kolonialgeschichte bereits in einem seiner frühen Artikel in der britischen Wochenzeitung *The Spectator* dargelegt. »Die Afrikaner« hätten ohne britische Anleitung nicht die richtigen Pflanzen für den Export angebaut. »Wenn die Eingeborenen sich selbst überlassen blieben, würden sie sich nur auf die sofortige Kohlenhydratbefriedigung durch Kochbananen verlassen [...]; die Kolonisten erkannten richtig, dass der Exportmarkt begrenzt war.« Johnson schlug vor, dass eine Möglichkeit, die Wirtschaft afrikanischer Länder anzukurbeln, darin bestünde, dass britische Touristen dort Urlaub machen könnten, und schrieb: »Das beste Schicksal für Afrika wäre, wenn die alten Kolonialmächte oder ihre Bürger noch einmal in seine Richtung kämen, unter der Voraussetzung, dass sie sich dieses Mal nicht schuldig fühlen müssen. [...]

Der Kontinent mag ein Schandfleck sein, aber er ist kein Schandfleck auf unserem Gewissen. [...] Das Problem ist nicht, dass wir einmal das Sagen hatten, sondern dass wir es nicht mehr haben.«

Mit dieser Ansicht stand Johnson nicht allein da. Während sich die Studierenden an den britischen Universitäten mit hoch intellektuellen Post-Colonial Studies auseinandersetzten und Autoren wie der jüdisch-britische Journalist John Kampfner die Bestsellerlisten mit dem Buch »Warum es die Deutschen besser machen« erklomm (in dem er seinem Land eine Vergangenheitsbewältigung nach deutschem Vorbild anriet), blieben viele Tories einer peinlich chauvinistischen und rassistischen Rhetorik verhaftet.

In einer Rede auf der Londoner Konferenz von TheCityUK, einer branchengeführten Organisation, die im Vereinigten Königreich ansässige Finanzdienstleister vertritt, bestritt Kemi Badenoch, die Tochter einer nigerianischen Einwandererfamilie und mittlerweile zur Staatssekretärin für Wirtschaft und Handel befördert, vehement, dass der wirtschaftliche Wohlstand Großbritanniens hauptsächlich auf koloniale Ausbeutung zurückzuführen sei.

Je mehr die Partei »woke« als ein Synonym für linke, progressive oder liberale Bewegungen framte, desto mehr versuchte sie, untergehakt von der rechten Presse des Landes, Labour mit dem Thema aufs Glatteis zu führen. Wie in einem Lehrbuch hatten die Tories – und mit ihnen die britische Demokratie – seit 2010 eine stetige und graduelle Entwicklung hin zum Populismus durchlaufen und dabei die Frage von Identität zu einem Schlüsselthema gemacht. Spätere Generationen von Politikwissenschaftlern werden bei den Beurteilungskriterien dieser These in jeder Kategorie ein Häkchen machen können. Entstehung einer Bewegung (Brexit) als Produkt einer Modernisierungskrise? Check. Eine gestörte soziale Balance im Land? Check. Instrumentalisierung von »Identität« als politisches Mobilisierungsinstrument? Check. Vor dem Hintergrund der eigenen Geschichte als Empire gelang es den Konservativen sogar, das Nationale nicht mehr im klassischen Sinne aufzufassen, sondern als eine Art nationenübergreifende »Commonwealth-Identität«, weswegen es ja auch kein Problem darstellte, einen indisch-stämmigen Finanzminister zu haben, einen schwarzen Außenminister oder eine Innenministerin mit Migrationshintergrund, die gegen Geflüchtete agitiert.

In einem der sehr seltenen Debattenbeiträge zu diesen sogenannten Kulturkriegen in der Zivilgesellschaft kommentierte Keir Starmer: Die Tories schienen »darauf aus zu sein, die Zivilgesellschaft zu sabotieren, um ihre eigene Haut zu retten«. Diesen Einwurf gab er ab, als Tory-Abgeordnete ausgerechnet den National Trust – Großbritanniens größte Wohltätigkeitsorganisation zur Pflege von historischen Gebäuden und Naturlandschaften wie Schlössern, Herrenhäusern und Wäldern – unter dem Vorwurf in Beschuss genommen hatten, eine »politisch korrekte Politik« zu verfolgen. Im Jahr 2020 hatte der Trust eine Liste von 93 Immobilien erstellt, die mit Sklaverei und Kolonialismus in Verbindung stehen, darunter das Herrenhaus Chartwell (später im Besitz von Winston Churchill) und Buckland Abbey (15 Jahre lang der Wohnsitz von Francis Drake). Wohlfahrtsverbände wie der National Trust seien für seine Vision von Großbritanniens Zukunft jedoch von wesentlicher Bedeutung, so Starmer: »Wir werden mit Ihnen an unserer Mission für ein Jahrzehnt der nationalen Erneuerung zusammenarbeiten.« Das klang zwar nicht nach Vergangenheitsbewältigung, aber zumindest nach einem anderen Verständnis von der Funktion der Zivilgesellschaft in einer Demokratie.

Je mehr sich die getreue Presse und rechte Fernsehsender wie *GB News* auch abmühten, Starmer Aussagen zu Transrechten oder »Political Correctness« an den Universitäten abzuringen, desto weniger äußerten er oder andere führende Labour-Vertreter wie die Gleichstellungsbeauftragte Anneliese Dodds sich zu den kultur- und identitätspolitischen Kämpfen. Stattdessen stellte die Partei Sachthemen in den Vordergrund. Die Regionalwahlen im Mai 2022 standen bevor und sollten zu einem ersten wichtigen Test werden – auch und gerade für Boris Johnson.

In der Konservativen Partei wurden nun Sorgen laut. Nach North Shropshire müsste man vielleicht auch auf Uxbridge verzichten, den Wahlkreis von Boris Johnson. Aber dann wäre nur eine Schlacht verloren, nicht der Krieg. Und je länger das Kasperletheater um den Premier andauerte, umso hilfreicher schien es den Kräften innerhalb der Partei, die im Skandalgeschrei in Ruhe weiteragieren und ihren Machterhalt gern langfristig absichern wollten: Suella Braverman, Kemi Badenoch und, vor allem, Liz Truss. Sie arbeiteten an ihrer eigenen Agenda. Am Tag der berühmt-peinlichen »Peppa-Wutz-Rede« des Premiers über seinen Ausflug in einen Kinder-Freizeitpark, der um die Abenteuer eines berühmten Ferkels herum konzipiert ist, ging zur gleichen Zeit die Verabschiedung seines kontrovers diskutierten Gesetzes zur Erhöhung der Kranken- und Pflegeversicherungsbeiträge im Parlament über die Bühne. Vor lauter Fremdschämen der gesamten Nation über ihren Premier ging die Debatte um die höheren Sozialversicherungskosten lautlos in der Presse unter. Ein Schelm, der Böses dabei dachte.

Der Weg für Labour in die Downing Street blieb jedoch weiterhin steinig. Zwar gewann die Opposition bei den Regionalwahlen einige symbolträchtige Wahlkreise, so vor allem in London. Ausgerechnet im Norden aber blieb das Ergebnis noch immer hinter den Erwartungen zurück. Für Großbritannien eher ungewöhnlich gingen die kleinen Parteien wie die Liberaldemokraten, die Grünen, aber auch viele Unabhängige als wirkliche Sieger vom Feld. Als historisch konnte dagegen der Wahlsieg von Sinn Féin, dem politischen Arm der ehemaligen IRA, in Nordirland bezeichnet werden, wo sich die Demografie zugunsten der katholischen Republikaner entwickelt hatte.

Während die Tories in England den Verlust von über 340 Mandaten und damit eine herbe Niederlage eingestehen mussten, stellte sich das Gesamtbild für Labour etwas komplexer dar. Insgesamt 52 Sitze in den kommunalen Gebietskörperschaften konnten hinzugewonnen werden. Darüber hinaus freute sich Labour in London über einen besonderen »Hattrick«: Westminster – seit 40 Jahren von den Tories regiert – hatte sich rot gefärbt. Wandsworth – ebenfalls über Jahrzehnte eine feste Burg der Konservativen – ging an Labour. Und auch der Gemeinderat in Barnet, im Norden Londons, konnte wie Southampton und Cumberland an der Westküste den Tories entrissen werden. In

West Oxfordshire (ehemaliger Wahlkreis David Camerons) und Huntingonshire (ehemals von John Major umworben) konnte zumindest ein Unentschieden erzwungen werden.

Anders jedoch war die Situation in der sogenannten »Roten Mauer«, der für Labour so ungemein wichtigen Region im post-industriellen Norden, die Johnsons Partei 2019 erstmals schleifte. Sieg oder Niederlage in diesem umkämpften Landesteil – das wäre ein Indikator dafür, ob es eine Wechselstimmung im Land für die nächsten General Elections zum Unterhaus gäbe. Seit 2019 stand der Gemeinderat von Bolton in der Nähe von Manchester unter der Führung der Tories, auch wenn diese nur über ein Parteienbündnis abgesichert werden konnte. 30 der 60 Sitze standen zur Disposition, davon gingen jedoch nur zwei an Labour. Stattdessen konnten die Tories sogar zulegen. In Amber Valley bei Nottingham verlor Labour vier Sitze, nur die Grünen verbuchten Zuwachs.

Auch in Wales standen 1.160 Sitze in 22 Stadt- und Bezirksräten zur Disposition. Am Ende musste die Konservative Partei ausgerechnet Monmouthshire, den einzigen von ihr regierten »Council«, wieder abgeben. Labour konnte seine starke Position in Wales ausbauen und gewann 67 Sitze dazu. Ein Vorzeichen für die nächste landesweite Abstimmung? Die Wählerinnen und Wähler im Westen des Landes honorierten das gute Corona-Management des sozialdemokratischen First Ministers Mark Drakeford. Dennoch blieb auch in Wales ein gemischtes Bild zurück. Es blieb bei einer leichten Trendverschiebung: Das erste Mal seit 1955 hatte Labour die meisten Sitze in Wales geholt, während die Tories 86 Sitze verloren. Auch hier jedoch gingen die Grünen (plus acht Sitze) und die Liberal Democrats (plus elf Sitze) gestärkt aus den Wahlen hervor. Selbst die walisische Unabhängigkeitspartei Plaid Cymru, die den Erfolgstrend der kleinen Parteien fortsetzte, brachte vier Councils unter ihre Kontrolle.

In Schottland war die Unabhängigkeitspartei, die Schottische Nationalpartei (SNP), wie erwartet und das elfte Mal in Folge als klare Siegerin vom Platz gegangen. Die Konservative Partei, die sich immer aktiv für den Verbleib Schottlands im Königreich aussprach, musste herbe Verluste hinnehmen. Am Ende verloren 63 konservative Gemeinderätinnen und Gemeinderäte ihren Sitz, und es blieb keine einzige Tory-geführte regionale Regierung zurück. Auch dies ein Omen?

Der Labour-Partei, die den Wunsch nach Unabhängigkeit zwar nachempfinden konnte, aber ablehnte, war es unter ihrem neuen Vorsitzenden in Schottland, Anas Sarwar, gelungen, erstmals nach gut einem Jahrzehnt wieder Zuwächse zu verzeichnen. Es war ihr gelungen, 20 Gemeinderäte hinzuzugewinnen und die Tories als größte Oppositionspartei abzulösen. Besonders knapp ging es dabei in Glasgow zu. Hier fehlte Labour am Ende nur ein Sitz, um einen Gleichstand mit der SNP herbeizuführen, die auf zwei Sitze verzichten musste. Insgesamt gelang es ihr jedoch, das Ruder herumzureißen und die Mehrheiten der Councils zu ihren Gunsten zu verändern. Diese leichte Trendwende führte vermehrt zu Interviewanfragen bei der nervös agierenden SNP. Sieht sie sich nun weniger durch die Tories als durch eine sich befreiende Labour Party in ihren Stimmenvorteilen gefährdet? Eine leichte Ahnung beschlich viele Kommentatoren: Schottland sollte mittelfristig zum Königsmacher in London werden. Die SNP war angezählt.

Am 7. Juli 2022 war der Druck auf Boris Johnson überbordend geworden. Wie gefallene Dominosteine waren mehr als 50 Regierungsmitarbeiter aus Protest zurückgetreten, darunter mehrere Minister. Sogar die erst vor zwei Tagen, nach dem Rücktritt ihres Vorgängers, ernannte neue Bildungsministerin Michelle Donelan gab ihr Amt postwendend zurück. Finanzminister Nadhim Zahawi, der ebenfalls erst zwei Tage zuvor von Johnson ernannt worden war, rief seinen Chef öffentlich zur Amtsniederlegung auf. Wie es sich für eine stark narzisstische Persönlichkeit ziemt, räumte Johnson keine eigenen Fehler ein. Ausgerechnet die Parteikollegen – nicht er – hätten sich exzentrisch gezeigt. Es muss eine Freude für jeden Psychotherapeuten gewesen sein, die Projektionen des gescheiterten Premiers während seiner Abdankungsrede vor der schwarzen Tür von Downing Street zu analysieren. Alle waren schuld, nur er nicht. Johnson schloss sein Redemanuskript mit Zuversicht ab und versprach der britischen Öffentlichkeit: »Eure Interessen werden gewahrt und die Regierung wird weitergeführt. [...] Auch wenn die Dinge jetzt manchmal dunkel erscheinen, wird unsere gemeinsame Zukunft golden sein.«

Bis ins Jahr 2024 sollten die Tories der Opposition keine Chance für Neuwahlen geben. Eine weitere Krisenmanagerin oder ein Krisenmanager, würde – zum dritten Mal nach dem Brexit – aus der Taufe gehoben werden und dem Amt wieder das verleihen, was viele Briten zuletzt schmerzlich vermisst hatten: Würde. »Brexit is done« – Das Spiel war aus. Boris durfte abtreten. Auch in North Shropshire schien die Welt nun wieder in Ordnung zu sein.

Kapitel 8
Die rote Büchse der Pandora

Boris Johnsons Weigerung, den Tatsachen ins Auge zu sehen, war für niemanden eine Überraschung. Viel interessanter hingegen war die Reaktion der Konservativen Partei, die ihn immerhin inthronisiert und lange Zeit für die Umsetzung des Brexits regelrecht verehrt hatte. Die Partei musste sich eine Menge Fragen stellen lassen: Warum ist das Kabinett nicht geschlossen zurückgetreten, als deutlich wurde, dass Johnson den ministeriellen Verhaltenskodex gebrochen hatte? Warum war Kritik nur hinter vorgehaltener Hand möglich und nicht in der Öffentlichkeit? Waren die parteiinternen Kontrollorgane wie das angestaubte »1922-Komitee«, dessen Regeln sich sogar der Premier zu unterwerfen hatte, noch zeitgemäß? Und welche Rolle hatte der öffentlich-rechtliche Rundfunk, insbesondere die BBC, bei der Aufklärung des Fehlverhaltens von Amtsträgern gespielt? War die journalistische Freiheit unter der Regierung Johnson beschnitten worden?

Die für ihre Scharfzüngigkeit bekannte Gastgeberin der täglichen BBC-Nachrichtensendung *Newsnight*, Emily Maitlis, übte in einer viel beachteten Ansprache auf dem »Edinburgh-International-TV-Festival« offen Kritik an den Machthebeln der Downing Street, wo ein Dominic Cummings immer öfter bis in die Wortwahl der BBC-Sprecher durchzugreifen versucht habe. Maitlis, zu diesem Zeitpunkt die einzige Nachrichtensprecherin, die nicht eine der privaten Eliteschulen besucht hatte, wurde zweimal beschuldigt, während ihrer Arbeit für die BBC Voreingenommenheit gegenüber der Regierung von Boris Johnson gezeigt zu haben – das erste Mal, als sie in ihrer Sendung offen über die Lockdown-Regelverletzungen des Regierungsberaters Cummings sprach, und das zweite Mal, als sie einen umstrittenen Post des Journalisten Piers Morgan retweetete, der die Reaktion der Regierung auf die Covid-19-Krise in Frage gestellt hatte. Cummings wandte sich daraufhin direkt an die BBC-Beschwerdestelle, die sofort eingriff und über Generaldirektor Tim Davie klarstellte, dass Mitarbeiter bei der Nutzung sozialer Medien die Richtlinien zur Unparteilichkeit einzuhalten hätten.

Mit Bezug auf die schnelle Reaktion der BBC kommentierte Maitlis: »Stellen Sie sich dies alles im Kontext des BBC-Verwaltungsrats vor, in dem ein weiterer aktiver Vertreter der Konservativen Partei sitzt – ein ehemaliger Spin-Doktor der Downing Street und ehemaliger Berater des BBC-Konkurrenten [und rechts ausgerichteten Senders] GB News –, der sich als Schiedsrichter der BBC-Unparteilichkeit aufspielt.« Sie fuhr fort: »Der *Financial Times* zufolge hat er versucht, die Ernennung von Journalisten zu blockieren, die er als ›schädlich für die Beziehungen zur Regierung‹ ansieht.« Maitlis, die noch nie Angst vor großen Tieren gezeigt hatte und unter anderem für ihr Interview mit dem Duke of York, Prince Andrew, zur Epstein-Missbrauchsaffäre international bekannt wurde, ging noch weiter und kritisierte die Beziehungen der BBC zur britischen Tory-Regierung, indem sie dem Sender vorwarf, alles zu tun, um die Downing Street zu »befrieden«.

Im Juli 2022 hatte Maitlis aus Frust die BBC verlassen. Das Schauspiel um Johnson betrachtete sie jetzt mit entsprechendem Abstand. Dramatische Stunden vergingen in Westminster, bis Johnson endlich vor die Presse trat. Je länger sich der Rücktritt verzögerte, desto klarer wurde: Die Krise in Großbritannien war keine Krise Boris Johnsons. Sie war eine strukturelle Krise der britischen Demokratie, in der deutlich wurde, dass die Brexit-Jahre das System zugunsten von vermeintlich erfolgreichen populistischen Konzepten immer weiter hatten erodieren lassen. Die vielen Vergleiche mit Donald Trump kamen nicht von ungefähr.

Für viele politische Beobachter stellte sich eine entscheidende Frage: Mit welchen Wunden würde das demokratische System nach diesem Ausflug in die populistischen Gefilde zurückgelassen? Würden die Tories wieder zurück in die politische Mitte finden? Welche Impulse hatte die einst stolze Konservative Partei für den Rechtspopulismus in Europa gesetzt? Schadenfreude sei daher nicht angebracht, so die Politikwissenschaftlerin Paula Surridge von der Universität Bristol. Sie argumentierte, dass »die Menschen, die 2019 für die Konservativen gestimmt haben, dies taten, weil sie glaubten, dass es ihren Kommunen besser gehen würde. Ich kann mir vorstellen, dass einige von ihnen das Gefühl haben, für dumm verkauft worden zu sein, und sie werden den gegenwärtigen Moment nicht genießen. Ich glaube nicht, dass das ein guter Moment für die Demokratie ist, wenn diese Leute sich so fühlen.«

In einer der wichtigsten Industrienationen der Welt, inmitten eines Krieges in Europa und während der durch die Pandemie ausgelösten größten sozialen Krisen des Landes, regierte eine Partei, die bis ins Mark gespalten war. Sie hatte sich nicht gescheut, einen Politiker in das verantwortungsvolle höchste Staatsamt nach der Queen zu heben, der offensichtlich nicht »fit for office« – nicht tauglich war. Der gezahlte Preis für den unbedingten Brexit war hoch: die Leitung eines der führenden G7- und NATO-Staaten durch einen Populisten, der eine Mehrheit von 80 Sitzen im Parlament zu verspielen schien. »He was the wrong man for the job«, schallte es nun aus den eigenen Reihen, der falsche Mann für dieses Amt. Den Brexit hatte er geliefert, das war sein Vermächtnis. Aber zu einer sachlich-orientierten Debatte über diese »Leistung« und über die Folgen dieser Politik waren die Tories nicht in der Lage.

Johnson hinterließ ein politisch und sozial zutiefst gespaltenes Land, das weiterhin an der Brexit-Sprengstofflunte hing. Noch immer war die Nordirlandfrage nicht gelöst. Noch immer gerieten Menschen wegen des Themas aneinander. Erstmals schien eine irische Wiedervereinigung nicht mehr ausgeschlossen, da sich die Bevölkerung in Ulster nicht mehr entlang konfessioneller Zugehörigkeiten aufteilen lassen wollte und mittlerweile die Vorteile des europäischen Projekts zu schätzen gelernt hatte. Erst seit dem Brexit war die irische Grenze überhaupt wieder in das Bewusstsein der Öffentlichkeit gerückt. Nie wieder wollte man einen Schlagbaum passieren, um zur Universität oder zum Friedhof von Angehörigen auf der »anderen Seite« zu gelangen.

In Schottland lief derweilen die SNP-Regierung Nicola Sturgeons mit dem Schlachtruf nach Unabhängigkeit von Wahlsieg zu Wahlsieg. Für viele Schotten waren die Tories nur noch ein einziges Feindbild, und sie wünschten sich nichts sehnlicher als die Ablösung von London. Neben der sozialen Krise hatte Johnson den Briten also auch noch eine Verfassungskrise hinterlassen. Das Vereinigte Königreich von Großbritannien und Nordirland schien auseinanderzudriften.

Auch in wirtschaftlicher Hinsicht war Johnsons Bilanz mehr als mager. Von allen G7-Staaten hatte das Post-Brexit-Großbritannien als einziges nach Corona ein Nullwachstum. Die Inflation lag bei 10 Prozent und hatte noch lange nicht ihren Höhepunkt erreicht. Der Ausstieg hatte den dramatischen Fachkräftemangel verschärft, und die stark steigenden Energiepreise drückten den Menschen auf das Portemonnaie. Die britische Statistikbehörde war sicher: Das Bruttoinlandsprodukt würde sich wegen der Regierungspolitik langfristig um rund 4 Prozent verringern. Britische Exporte in die EU waren bereits um 41 Prozent und die Importe um 29 Prozent eingebrochen. Die Einkommensungleichheit hatte sich unmittelbar nach dem Brexit weiter verschlechtert und war mittlerweile eine der höchsten in Europa. Was viele Bürger am meisten irritierte: Statt, wie in der Wahlkampagne der Konservativen versprochen, die Steuern zu senken, wurden sie zum 1. April 2022 sozial sehr unausgewogen erhöht – nämlich über einen höheren Sozialbeitrag für alle Briten. Diese vielen Steuern galten im Land als das größte aller gebrochenen Brexit-Versprechen. Unabhängige Prognosen zeichneten ein düsteres Bild: Bis 2023 würden mehr als 1 Million Erwachsene im Vereinigten Königreich in bitterer Armut leben.

Das politische London ging jedoch zunächst in die Sommerpause. In einem zweiwöchigen Schaulaufen wollten die Konservativen einen

Nachfolger oder eine Nachfolgerin nominieren und auf dem Parteitag Anfang Oktober bestätigen lassen. Durch den Verzicht auf Neuwahlen würde eine verschwindend kleine Gruppe, die 200.000 Mitglieder der Konservativen Partei, darüber entscheiden, wer das Land durch diese schwierigen Zeiten führen sollte. Die Mitglieder der Konservativen Partei sind im Durchschnitt älter als die Mitglieder anderer politischer Parteien in Großbritannien. Die überwiegende Zahl ist männlich, weiß, über 50 Jahre alt und lebt in England, insbesondere in den ländlichen Gebieten und den wohlhabenderen südlichen Regionen. Schottland, Wales und Nordirland haben im Vergleich dazu eine geringere Anzahl von Parteimitgliedern. Die meisten Anhänger stammen aus der oberen Mittelklasse oder noch höheren sozialen Schichten. Menschen aus dem Finanzwesen oder freien Berufen wie Anwälte sind überdurchschnittlich oft in der Mitgliederkartei vertreten.

Der oder die Neue sollte die vielen verschiedenen Flügel der Partei bis zu den nächsten Unterhauswahlen 2024 zusammenführen. Nachdem Johnson von der Bühne abgetreten war, standen die Umfragen allerdings schlecht. Würde jetzt unmittelbar abgestimmt, würde man die Regierungsmehrheit verlieren.

Aber auch der Opposition ging es nicht besser. Warum konnte die Labour-Partei bislang nicht von dem Chaos um Johnson profitieren? Die Stimmung war schlecht. Die Tageszeitung *The Sun* hatte über ein vermeintliches »Beer Gate« berichtet. Sowohl über Keir Starmer als auch über seiner Stellvertreterin Angela Rayner hing das Damoklesschwert einer polizeilichen Anzeige. Die Labour-Führung sollte die Corona-Regeln im April 2021 nach einer Arbeitssitzung in Durham mit Curry und Bier gebrochen haben. Beide hatten, anders als Johnson, daraufhin versichert, sofort von ihren Ämtern zurückzutreten, sollten sie mit Bußgeldern belegt werden. Nicht wenige hielten diesen Kotau für verfrüht. Ihnen drohte, über eine Latte zu stolpern, die sie sich selbst zu hoch gelegt hatten.

Labour genoss den Titel »Her Majesty's Opposition« – also die Opposition ihrer Majestät –, eine Regierung im Wartestand, die, sollte es dazu kommen, jederzeit alle Ministerien umgehend besetzten können müsste. Sollte nun auch diese Regierung im Wartestand nach einem Rücktritt kopf- und führungslos werden, würde sich die Krise des politischen Systems in Großbritannien noch weiter verschärfen. Eine Untersuchung der Polizei erbrachte jedoch keine weiteren Ergebnisse, und die Anzeige wurde fallengelassen.

Dieses »Beer Gate« wäre aber nur der Anlass, nicht die Ursache für ein Scheitern gewesen. Obwohl das ehemalige Corbyn-Lager mit großer Kraftanstrengung auf dem streitumwobenen Parteitag der Labour Party in Brighton vom September 2021 zumindest unter Kontrolle gebracht werden konnte, konnten die parteiinternen Wogen noch immer nicht wirklich geglättet werden. Die Besetzung von Wahllisten mit Kandidaten führte regelmäßig zu schmerzhaften Debatten. Die Partei litt unter »Long-Corbyn«.

Generalsekretär David Evans ließ linke Kandidatinnen und Kandidaten von den landesweiten Listen streichen. Eine zu große Nähe zum ehemaligen Vorsitzenden Jeremy Corbyn war plötzlich ein Hinderungsgrund für eine politische Kariere. Nicht immer waren die Argumente dafür nachvollziehbar, und innerparteiliche Wunden wurden aufgerissen. Noch im Januar 2020 hatte Starmer in einem Fernsehinterview, nach Corbyn befragt, geantwortet, dieser sei »ein Freund«. Starmer wäre demnach nur eine Art besser gekleidete Variante des ehemaligen Vorsitzenden, der für seine USA- und NATO-Kritik bekannt war und Sympathien für die IRA hegte. Die Linke traute dem Neuen, dem ehemaligen Oberstaatsanwalt Sir Keir Starmer, nicht über den Weg.

Nach zwei Jahren waren Starmer und Evans mit der radikalen Neuausrichtung der Labour-Partei fertig. Der Parteiapparat war nun neu justiert. Immer wieder sprach Starmer von der »neuen Labour Party«. Er hatte die Partei zurück in die gesellschaftliche Mitte geführt, von der aus er glaubte, Wahlen gewinnen zu können. Fokusgruppen, die von Evans befragt wurden, beschrieben Starmer jedoch als »langweilig«, »fade« und »schwach«. Parteiintern fiel dagegen der Begriff »rücksichtslos«. Josh Simons, Direktor des einflussreichen Think-Tanks »Labour Together«, sieht das bis heute pragmatisch: »In kürzester Zeit hatte sich Labour von einer arsenhaltigen Wählerschaft zu einer gut geölten Maschine entwickelt. [...] Im Mittelpunkt steht dabei Keirs Fähigkeit, die Ergebnisse durch die Reform von Institutionen zu verbessern.«

Mit der Schwächung des linken Parteiflügels hatte sich auch das Verhältnis zu den Gewerkschaften nachhaltig abgekühlt. Dem Land drohte nach Johnsons Rücktritt ein »Summer of Discontent« – ein Sommer der Unzufriedenheit –, also Monate, die von heftigen Streiks geprägt sein würden und Erinnerungen an die Zeit unter Margaret Thatcher hervorriefen. Die Gewerkschaften beklagten, dass sie selbst bei offensichtlich berechtigten Forderungen nicht auf die Unterstützung der Labour Party setzen könnten. Mitglieder des Labour-Schattenkabinetts mussten sich sogar öffentlich entschuldigen, wenn sie Streikposten besuchten. Wer immer sich nicht daran hielt, verlor seinen Job, und sei es der Lebensgefährte der stellvertretenden Vorsitzenden Angela Rayner, Sam Tarry.

Labour ließ sich darüber hinaus auch nicht in der Brexit-Frage bewegen. In einer viel beachteten Grundsatzrede machte Starmer klar, es gäbe mit Labour »kein Zurück in die EU«. Stattdessen werde man den Brexit – anders als die Tories – »zum Laufen bringen«. »Make Brexit work« erschien Starmer als gute Parole, um die verloren gegangen Wahlkreise in der »Roten Wand« zu bedienen, die 2016 zu mehr als 60 Prozent für den Austritt gestimmt hatten. Der Parteivorsitzende versprach, *Labour* würde »die britische Wirtschaft von den Fesseln des Handelsabkommens« befreien. Die Rückkehr in den Binnenmarkt plane man aber auf gar keinen Fall. Außer einem vagen Fünf-Punkte-Plan blieb unklar, wie das mit den Vorgaben des Handels- und Kooperationsvertrags mit der EU vereinbar wäre. Die britische Wirtschaft zeigte sich nicht überzeugt.

Viele Wählerinnen und Wähler konnten lange kein Programm mit Starmer verbinden. In den Umfragen reichte es nur für eine Minderheitsregierung, vielleicht unterstützt durch die Liberaldemokraten und die schottischen Nationalisten. Letztere jedoch, so viel war sicher, würden einen hohen Preis für eine Koalitionsregierung verlangen: ein neues Unabhängigkeitsreferendum in Schottland.

Doch diese Überlegungen und Szenarien waren ohnehin nur für die Politik-Nerds von Interesse. Die Konservativen nährten sich noch immer vom Speck ihrer satten Parlamentsmehrheit. Weshalb sollten sie an Wahlen interessiert sein? Sie waren nur auf der Suche nach einer neuen Leitung für die Downing Street.

Am 10. Juli 2022 kündigte Außenministerin »Liz« Truss ihre Absicht an, bei den Wahlen zum Parteivorsitz kandidieren und Johnson ablösen zu wollen. Sie versprach, die Steuern zu senken sowie »als Konservative in den Wahlkampf [zu] ziehen und als Konservative [zu] regieren«. Sie würde »sofortige Maßnahmen ergreifen, um den Menschen bei der Bewältigung der Lebenshaltungskosten zu helfen«. Dem *Daily Telegraph* sagte sie, sie werde die von Johnson geplante Erhöhung der Körperschaftssteuer rückgängig machen und auch die Erhöhung der Sozialversicherungssätze aussetzen, finanziert durch eine Verschiebung des Termins, bis zu dem die Staatsverschuldung sinken sollte, als Teil eines »langfristigen Plans zur Verringerung der Größe des Staates und der Steuerlast«.

Truss appellierte an den Instinkt der Parteimitglieder, für die Steuersenkungen als das absolute Dogma der Konservativen galten. Am 5. September 2022 war es soweit. Die 47-jährige Tochter eines Mathematikprofessors, die in Oxford Philosophie, Politik und Wirtschaft studiert hatte, wurde vom Vorsitzenden des »1922-Komitees«, Graham Brady, zur Siegerin des parteiinternen Wettbewerbs erklärt. 43 Prozent der Stimmen waren an ihren härtesten Konkurrenten Rishi Sunak gegangen. Für Truss waren 57 Prozent der Stimmen abgegeben worden. Als neue Vorsitzende war sie damit für das Amt der Premierministerin gesetzt. In ihrer Siegesrede erklärte Truss, dass sie ihr Wahlversprechen einhalten und die Konservativen bei der nächsten Wahl zu einem »großen Sieg« führen werde. Zunächst benötigte sie aber den Regierungsauftrag der Königin.

Queen Elizabeth II. hatte ihren Sommeraufenthalt auf Schloss Balmoral in Schottland in diesem Jahr verlängert. Liz Truss sollte die letzte Premierministerin sein, der die Monarchin die Regierungsverantwortung übertrug. Ein Foto der beiden Namensvetterinnen zeigt eine gebrechliche, aber gut gelaunte Souveränin, die in einem karierten Rock, grauer Strickjacke und mit obligatorischer Handtasche offenherzig auf Truss zugeht, auch wenn sich die 96-Jährige bereits an einem Gehstock festhalten musste. Die Öffentlichkeit zeigte sich gerührt. Zwei Tage später, am 8. September 2022, war Elizabeth II. tot.

Jane Barlow, die anwesende Fotografin, berichtete später: »Ich war dort, um sie bei ihrem Treffen mit der neuen Premierministerin zu fotografieren, aber für mich war das beste Bild dasjenige, auf dem die Königin allein zu sehen ist. Und das hat jetzt offensichtlich mehr an Bedeutung gewonnen.«

Liz Truss würde später in ihren Memoiren offenherzig darüber berichten, welche Ratschläge die Monarchin ihr gab, obwohl diese Gespräche traditionellerweise unter vier Augen bleiben sollen. Die sogenannten »Radcliffe-Regeln« verbieten die Veröffentlichung von Inhalten, die der nationalen Sicherheit, den internationalen Beziehungen des Vereinigten Königreichs oder vertraulichen Regierungsangelegenheiten schaden oder diese beeinträchtigen könnten. Die Veröffentlichung war einfach schlechter Stil. Aber die Einhaltung von Konventionen lag Liz Truss noch nie.

Der Leichnam der Queen wurde nach London überführt und in Westminster Abbey aufgebahrt. Das Land schien untröstlich.

Die neue Regierung hatte sich, gerade zwei Tage im Amt, bereits eine Rüge des Parlamentssprechers Lindsay Hoyle wegen Missachtung der Abgeordneten eingefangen. Truss hatte keine schriftlichen Kopien der Regierungserklärung eingereicht, obwohl einschneidende fiskalpolitische Veränderungen anstanden. »Anstatt dies als Absicht zu werten, würde ich es jetzt einfach mal als schlechtes Management oder Inkompetenz bezeichnen«, urteilte Hoyle trocken. An jedem anderen Tag wären die Vorschläge der Regierung eine bedeutsame Nachricht gewesen. Die Energierechnungen für eine typische Familie würden in den nächsten zwei Jahren auf 2.500 Pfund gedeckelt. Die Orthodoxie des Finanzministeriums würde über den Haufen geworfen. Die

Kreditaufnahme würde in die Höhe schnellen, was man in Kauf nehmen werde. Für Unternehmen sollte es ebenfalls eine entsprechende Energiepreisgarantie für sechs Monate geben. Es handelte sich um die größte fiskalpolitische Intervention einer britischen Regierung in Friedenszeiten und kostete den Staat schätzungsweise 150 Milliarden Pfund – mehr als das Doppelte der Kosten für die Corona-Kurzarbeiterregelung, obwohl die Staatskasse bereits geleert worden war.

Das politische und wirtschaftliche Ausmaß des Ganzen blieb niemandem verborgen. Die entscheidende Frage lautete: Wie sollte das alles bezahlt werden? Truss teilte den Abgeordneten mit, dass ihr neuer Schatzkanzler, Kwasi Kwarteng, diese Frage »im Laufe dieses Monats« klären werde. Zunächst konzentrierte sich die Nation auf den Abschied von der Queen. Die neue Premierministerin stürzte sich auf ihre Law-and-Order-Agenda, sah sie sich selbst doch gern als eine Art »Thatcher 2.0«.

Ihre Amtsvorgängerin aus den 1980er-Jahren kannte Truss von frühesten Kindesbeinen an. Den Schlachtruf ihrer Gegner »Maggie, Maggie, Maggie – raus, raus, raus!« hatte die neue Premierministerin quasi mit der Muttermilch aufgesogen. Ihre progressiv eingestellten Eltern hatten sie regelmäßig zu Protesten gegen die »Eiserne Lady« mitgenommen. Über diese frühen Erlebnisse und auch über das Entsetzen ihrer Eltern, als ihnen die Tochter eröffnete, dass sie in die Konservative Partei eingetreten sei, berichtete Truss oft und gern.

Auf einer Demonstration, zum Beispiel gegen den Klimawandel, würden sich ihre Eltern nach dem Willen der Tochter und jetzigen Premierministerin mindestens eine Ordnungswidrigkeit einfangen, im schlechtesten Fall sogar eine Gefängnisstrafe bis zu zehn Jahren. Denn ihre Partei hatte 2022 ein neues Demonstrationsrecht erlassen, nach dem es der Polizei fortan erlaubt war, »Lärm« von Demonstrierenden mit allen Mitteln einzudämmen, wenn dieser »die öffentliche Ordnung stört«. Im heutigen Großbritannien würde der Mathematikprofessor John Truss die kleine Liz nicht mehr zu Demonstrationen mitnehmen können. Das Klima dafür ist zu rau geworden.

Das neue Polizeigesetz der Tories reihte sich in eine Anzahl sehr umstrittener Maßnahmen ein. Wie in ihrem Wahlprogramm offen angekündigt, ging es ihnen dabei um nichts weniger als um den gesamtgesellschaftlichen Umbau des Königreichs zugunsten des Erhalts einer rechtskonservativen Machtbasis. Das Verhältnis zwischen Parlament, Regierung und Justiz sollte neu justiert und dabei vom Umbau der Medienlandschaft begleitet werden. Ganze Redaktionsteams der BBC wie Emily Maitlis oder Jon Sopel verließen zum Teil geschlossen den Sender, in dem man – ihrer Ansicht nach – keinen unabhängigen Journalismus mehr betreiben könne.

In ihrem Offenbarungseid von Edinburgh berichtete Maitlis aus ihrem Arbeitsalltag, wo »Fakten einfach verloren gingen«, »Verfassungsnormen im Müll« landeten und unbequemen Vorwürfen aufgrund von Anrufen aus der Downing Street nichts entgegengesetzt werde.

Die Preisträgerin des Joachim-Friedrichs-Preises hielt ihre Vorlesung wie eine Kampfansage gegen den wachsenden Populismus im Königreich. Sie zog eine gemeinsame Linie von der Wahl Donald Trumps über Boris Johnson bis hin zu Liz Truss. Während Hunderttausende Familien in Großbritannien sich angesichts der Lebenshaltungs- und Energiekosten vor dem nächsten Winter ängstigten, so Maitlis, habe sich die Tory-Führung in der Frage der Nachfolge Boris Johnsons wochenlang einem »Schönheitswettbewerb« hingegeben, um sich über ihre Ansichten im »woken« Kulturkampf zu streiten und kritische Fragen als »zu links« abzubürsten.

Die Journalistin beließ es aber nicht bei den Umgangsformen von Johnson oder Truss. Demokratische Institutionen wie das Prinzip der »checks and balances«, die Rolle der Gerichte, der Verwaltungen, der Wahlkommission oder der Medien seien zuletzt »verwundbar« geworden. Politiker, so Großbritanniens bekannteste Anchorwoman, würden in einer Weise handeln, »die die Grundlagen der Demokratie beschädigten«.

Hannah White, Direktorin des Institute for Government, begleitete Maitlis Einschätzung mit einer Warnung: »Es geht nicht nur um Wandel. Es sind Menschen an der Macht, die bereit sind, die Grenzen der Verfassung auszutesten, um ihre Ziele zu erreichen.«

Liz Truss aber machte unbeirrt weiter im Programm. Seit dem Erfolg der »Brexiteers« schien die Briten nichts mehr zu schockieren. Die Grenzen dessen, was salonfähig war, hatten sich verschoben. 35 Prozent der Mitglieder der Tories waren noch immer der Ansicht, der Rücktritt Johnsons sei doch gar nicht notwendig gewesen.

Und nun kam Liz Truss, die auch modisch das Erbe von Margaret Thatcher antreten wollte. Als hätte sie direkt in den Kleiderschrank ihres Vorbildes gegriffen, erschien sie im schwarzen Blazer und einer Bowtie-Schluppenbluse mit überdimensionaler weißer Fliege auf dem Parteitag.

Als hätte es die Finanz- und Wirtschaftskrise und die Lehren einer gescheiterten Austeritätspolitik nie gegeben, bediente sich Truss in Thatchers Kochbuch. Die Zutaten? Steuersenkungen, schlanker Staat, Liberalisierung, Abbau von Regularien. Die notwendige Gewürzmischung bestand aus einer kräftigen Prise EU-Bashing. Dabei zeichnete sie im Unterhaus das Bild eines quasisozialistischen Großbritanniens, welches (nach zwölf Jahren Tory-Regierung) von »drückender Bürokratie befreit« gehöre. Die studierte Ökonomin legte einen Sechs-Punkte-Plan vor, der trotz immenser Haushaltschulden durch die Pandemie, eines geschröpften Nationalen Gesundheitsdienstes, der Klimakrise und einer 11-prozentigen Inflation als erste dringende Maßnahme ausgerechnet Steuersenkungen vorsah.

Alle EU-Richtlinien wollte Truss – wider besseren Wissens um die Auflagen des Handels- und Kooperationsabkommens – bis 2023 abbauen. Besonders viel Freude schienen ihr Gedankenspiele zu bereiten, den britischen Arbeitsmarkt weiter zu deregulieren, obgleich ihr Land, was Arbeitnehmerrechte betraf, bereits auf dem letzten Rang aller OECD-Länder lag. Nicht zuletzt, so Truss, die wie Johnson mit einem Bulldozer – nur dieses Mal im richtigen Leben – unterwegs zu sein schien, gehöre auch das Mandat der Bank of England auf den Prüfstand.

Die Sozialverbände machten sich große Sorgen. In mehreren Städten des Landes, so befürchteten sie, könnten im Winter 2022/23 gewalttätige Unruhen ausbrechen. In London, Birmingham, Leeds oder Bristol könnte es infolge der Vernachlässigung sozial schwacher Gegenden sogar zu Plünderungen und massiven Auseinandersetzungen mit der Polizei kommen. Viele Menschen seien schlichtweg verzweifelt. Die Jahresrechnungen für Strom und Gas würden im Oktober auf umgerechnet circa 4.000 Euro und im Januar auf 5.800 Euro steigen. Haushalte mit niedrigem Einkommen brachten bereits jetzt 59 Prozent ihres Budgets allein für diese Kosten auf. Die bislang von der Regierung ergriffenen Maßnahmen stützen sich dagegen auf völlig unzureichenden Berccnungen von nur 1.700 Euro pro Haushalt pro Jahr. Ohne weitere Maßnahmen, so projizierte Torsten Bell vom Think-Tank »Resolution Foundation«, würde das durchschnittliche Haushaltseinkommen im Jahr 2022/23 um 5 Prozent und im Jahr 2023/24 um weitere 6 Prozent fallen. Das Land, so Bell, der wie Truss in Oxford Ökonomie studiert hatte, sei auf dem Weg in zwei Jahrzehnte realer Einkommensverluste. Die Anzahl der Menschen, die in absoluter Armut leben müssten, befürchtete er, werde bis ins Jahr 2024 von 11 auf 14 Millionen steigen. Bei 67 Millionen Einwohnern wäre das jeder Fünfte.

Diese Mischung ergab das perfekte Rezept für einen neuen »Winter of Discontent«, für Streiks, sehr laute Demonstrationen und eine zunehmende politische Polarisierung. Diesem Druck wollte Truss wie einst die »Eiserne Lady« begegnen. Doch bevor der Winter einsetze, wurde sie nach nur 50 Tagen Amtszeit vom ersten Herbststurm selbst hinweggefegt. »Liz, Liz, Liz – out, out, out!« Grund war ihr »Mini-Budget«, ein Euphemismus für einen nicht gegenfinanzierten, von vielen als »kriminell« bezeichneten Staatshaushalt.

Der britische Schatzkanzler trägt traditionell häufig einen roten Koffer, die sogenannte »Budget Box«, mit sich herum. Auch diese Tradition geht auf das 19. Jahrhundert zurück, als der damalige Schatzkanzler William Gladstone 1860 einen roten Koffer mit ins Unterhaus für seine Haushaltsrede mitbrachte. Das Kästchen, das 2010 wegen seiner Zerbrechlichkeit ausgemustert wurde, war aus Holz gefertigt, mit rotem Leder überzogen und mit Seide gefüttert. Rot, seit langem die Farbe der britischen Monarchie, soll die Autorität des Ministers und die Bedeutung der Haushaltskasse unterstreichen. Heutzutage werden die Finanzpläne in der roten Box üblicherweise vor der Downing Street 11 feierlich in die Kamera gehalten, bevor der Minister ins Unterhaus geht. Es ist nur ein Koffer und dennoch ein geschichtsträchtiges Symbol für Kontinuität. Wie vieles, was an Tradition aus dem öffentlichen Leben Großbritanniens nicht mehr wegzudenken ist, ist er Teil des politischen Lebens geworden. Bis heute sind jedoch von Kwasi Kwarteng aus seiner Zeit als Schatzkanzler im Netz keine Fotos mit dieser Box auffindbar.

Am 23. September 2022 war der Finanzminister, wie von Truss am Todestag der Queen versprochen, vor dem Parlament erschienen. Kwarteng war eine weitere interessante Figur in der Riege von Aufsteigern in der Konservativen Partei, die als Kinder von Einwanderern in England geboren wurden und vorzügliche Ausbildungen erhalten hatten. Auch Kwarteng war Absolvent des Eton Colleges und des Trinity Colleges in Cambridge. Wie Johnson hatte er zunächst als Kolumnist für den *Daily Telegraph* und später als Finanzanalyst gearbeitet, bevor er sich als Abgeordneter zur Wahl stellte. Als Mitherausgeber eines Buches, mit dem Namen »Britannia Unchained« (2012) – Britannien ohne Fesseln – das er zusammen mit Liz Truss verfasst hatte, hatte er eine radikale Vision für die Zukunft der britischen Wirtschaft und Gesellschaft skizziert. Die wirtschaftsorthodoxe Schrift plädiert für einen wettbewerbsfähigeren, dynamischeren und marktwirtschaftlicheren Ansatz und argumentiert, dass die britischen Arbeitskräfte im Vergleich zu anderen Ländern weniger fleißig seien. Die Briten hätten eine schlechtere Arbeitsmoral als Arbeitnehmer in Südkorea oder Singapur. Eine Verringerung des regulatorischen Aufwands für Unternehmen, die Reform des Arbeitsrechts, das es Unternehmen erleichtern würde, Mitarbeiter einzustellen und zu entlassen, und die Senkung von Steuern, um Investitionen und Unternehmertum zu fördern, lagen Kwarteng am Herzen. Die Abhängigkeit vieler Menschen von der Sozialhilfe müsse verringert und der Sozialstaat reformiert werden, um Arbeit und Selbstständigkeit zu fördern, anstatt viele in der Unmündigkeit zu belassen. Ein kultureller Wandel hin zu Wertschätzung harter Arbeit, Ehrgeiz und Risikobereitschaft sei nötig. Das Erscheinungsdatum von »Britannia Unchained« ist 2012, nicht 1982. Es kam nur vier Jahre nach dem Scheitern des Neoliberalismus in der Wirtschaft- und Finanzkrise und den ausnahmslos dramatischen Folgen in die Buchläden. Es avancierte zum berühmtesten (oder berüchtigtsten) politischen Sachbuch und wird bis heute mit der besonders umstrittenen Zeile zitiert, dass »die Briten zu den schlimmsten Faulenzern der Welt gehören«.

Innerhalb weniger Stunden sorgte die Ankündigung des »Mini-Budgets«, das ungedeckte Steuersenkungen in Höhe von 45 Milliarden Pfund vorsah, zu einer heftigen negativen Reaktion an den Finanzmärkten. Anleger waren besorgt um die fiskalische Stabilität des Vereinigten Königreichs und die Höhe der Verschuldung. Das britische Pfund fiel gegenüber dem US-Dollar auf den tiefsten Stand seit Jahrzehnten. Zu einem bestimmten Zeitpunkt erreichte es fast Parität mit dem Dollar. Die Renditen für britische Staatsanleihen stiegen sprunghaft an, insbesondere für langfristige Anleihen. Hypothekenfinanzierer zogen über 40 Prozent ihrer Produkte zurück und korrigierten andere nach oben. Der Internationale Währungsfonds warnte, dass die Maßnahmen die Ungleichheit massiv verstärken würden. Schließlich sah sich die Bank of England gezwungen, durch den Ankauf von Staatsanleihen einzugreifen und den Markt zu stabilisieren, ein höchst ungewöhnlicher Schritt.

In einem Interview mit der BBC räumte Minister Kwarteng später ein, dass es nach seinem Haushaltsentwurf »einige Turbulenzen« gegeben habe, dass die Situation jedoch weltweit »sehr brenzlig« gewesen sei. Die Frage, ob er Schatzkanzler bleiben wolle, beantwortete er noch am 13. Oktober damit, dass er »nirgendwo hingehen« würde. Er war einer der glühendsten Unterstützer von Owen Paterson gewesen, dem Abgeordneten, der vom Commons Select Committee on Standards für einen »ungeheuerlichen Fall von bezahlter Lobbyarbeit«

verurteilt worden war. Seine Vorstellungskraft reichte also für einen Rücktritt nicht aus.

Einen Tag später, am 14. Oktober, wurde er – als Bauernopfer – von seiner Chefin entlassen. Auch Truss sagte, sie sei eine »Kämpferin und keine Aufgeberin«. Kurz vor Mittag des 20. Oktober, Truss war seit 45 Tagen im Amt, hielt Sir Graham Brady, Vorsitzender des »1922-Komitees«, ein Treffen mit ihr ab, bei dem sie ihn fragte, ob sie nicht einfach im Amt bleiben könne. Eine gute Stunde später gab Truss ihren Rücktritt bekannt. Ein Veteran der Tories und pragmatischer Politprofi, Jeremy Hunt, übernahm das Amt des Finanzministers. Er sei jetzt »de facto Premierminister«, so Parteikollegen. Wichtige Medien wie der *Guardian* oder die *Financial Times* widersprachen dem nicht. Hunt trat mit dem roten Koffer vor die Downing Street Nummer 11, ließ sich von der Presse ablichten und versuchte, die rote Büchse der Pandora wieder zu verschließen.

Kapitel 9

Broken Britain

Im Sommer des Jahres 2022 war London seit Wochen in den blau-rot-weißen Farben des Union Jack geschmückt. Als erste britische Monarchin der Geschichte feierte Königin Elisabeth II. ein Platinum-Jubiläum: 70 Jahre Dienst auf dem britischen Thron. Viele Kinder freuten sich auf die »Community Beacons«, die Freudenfeuer, die landesweit und im gesamten Commonwealth dem Lauf des Sonnenuntergangs folgend entzündet werden sollten. Paddington Bär trank mit der Königin Tee und fachsimpelte über Orangenmarmeladen-Toast. Die Erwachsenen genossen vier arbeitsfreie Tage und organisierten Nachbarschaftsfeste zu Ehren der Monarchin. Ein paar Antiroyalisten nutzten den Anlass ebenfalls, um auf ihre Position aufmerksam zu machen.

An einem Donnerstag, dem 2. Juni, begann der Staatsakt mit der Parade »Trooping the Colour«. Die Irische Garde, mehr als 1.200 Soldaten unter schwarzen schweren Bärenpelzmützen, Hunderte von Armeemusikern und etwa 240 Pferde veranstalteten ein großes militärisches Spektakel. Zum Highlight der Zeremonie gehörte der Auftritt der königlichen Familie auf dem Balkon des Buckingham Palace. Unter dem Jubel von circa 70.000 Schaulustigen und einem Meer aus Landesfahnen trat eine betagte, aber gut gelaunte Königin im hellblauen Kleid auf die Galerie, um dem beeindruckenden »Flypast« beizuwohnen. Mit dem jüngsten Enkel George plaudernd, bestaunte sie am Himmel die verschiedenen Maschinen der Royal Airforce, die die Landesfarben in die Wolken sprühten sowie die »Roten Pfeile«, das Kunstfliegerteam ihrer Majestät, mit dessen Überflug die Parade ihren

Höhepunkt fand. Brian May von der Rockgruppe »Queen« und Mitglieder der Household Cavalry eröffneten abends mit »We Will Rock You« direkt vor der Haustür der Königin eine laute »Platinum Party at the Palace«.

Für einige Tage war Party statt »Party-Gate«, und es trat in den Hintergrund, dass mit Boris Johnson der erste Premierminister der Geschichte während seiner Amtszeit für einen Gesetzesverstoß bestraft worden war oder dass er sich bereits einer Vertrauensabstimmung über seine Parteiführung hatte stellen müssen, die er mit 211 Ja-Stimmen zu 148 Nein-Stimmen zwar noch gewonnen hatte, die aber eine unerwartet hohe Zahl an rebellischen Abgeordneten offenbarte. Keir Starmer sollte Recht behalten, als er den »Anfang vom Ende« für Johnsons Amtszeit einläutete. Nach dem Ende der Feierlichkeiten ging man wieder zum traurigen politischen Alltagsgeschäft über, und die Königin zog sich auf Schloss Balmoral nach Schottland zurück.

Am frühen Nachmittag des 8. September – Liz Truss, Johnson Nachfolgerin, gab gerade ihre erste Regierungserklärung ab – meldete der Buckingham-Palast, dass die Königin auf Schloss Balmoral in Schottland unter ärztlicher Aufsicht stünde. Der kleine Zettel mit der Nachricht kursierte auf den vorderen grünen Bänken im Unterhaus und hinterließ sorgenvolle Mienen in den Gesichtern der Abgeordneten. Als sich der Bildschirm der BBC Nachrichten um 18:30 Uhr in Schwarz hüllte und Großbritanniens bekanntester – und mittlerweile aufgrund eines Kinderpornografie-Skandals gefeuerter – Moderator Huw Edwards in dunklem Anzug vor die Kamera trat, hatte die Nation Gewissheit: Königin Elizabeth II. sei um 15:10 Uhr im Alter von 96 Jahren und nach 70 Jahren auf dem Thron friedlich gestorben. Nach dem Tod seiner Mutter würde Charles zum König des Vereinigten Königreichs und zum Oberhaupt des Commonwealth of Nations ernannt.

Seit Monaten war das Land in Unruhe gewesen. Lehrer, Ärzte und Lokführer waren aus Protest gegen die harte Sparpolitik der Regierung unentwegt im Streik gewesen. Vom größten Eisenbahnerausstand seit 1989 waren 80 Prozent der Serviceangebote in England, Schottland und Wales betroffen, einschließlich der Londoner U-Bahn. Die Inflation ließ sich nicht bändigen und drückte gnadenlos auf das Portemonnaie. Auch die britische Gesundheitsbehörde meldeten einen nationalen Zwischenfall. In Abwasserproben aus dem Beckton Sewage Treatment Works, in East London, waren Polioviren gefunden worden. Immer neue Skandale führten zu Rücktritten von Abgeordneten wie Christopher Pincher und Neil Parish, die nach Anschuldigungen wegen sexuellen und anderen unangemessenen Verhaltens zurücktreten mussten. Abgeordnete aus dem Dunstkreis Boris Johnsons wie Nadine Dorries fühlten sich benachteiligt und probten den Aufstand.

Die »Barristers«, die Anwälte in England und Wales, hatten mit überwältigender Mehrheit wegen Unterbezahlung für einen unbefristeten, ununterbrochenen Streik gestimmt, was die Bearbeitung Tausender Fälle verzögerte. Post nach Übersee und Europa konnte nicht versandt werden. 115.000 Postangestellte bei der Royal Mail hatten im Lohnstreit die Arbeit niedergelegt. Mit dem Tod der Monarchin verlor das Vereinigte Königreich ein letztes Stück an Sicherheit und Kontinuität. Schätzungen zufolge hatten bis zum Jahr 2022 rund 15 Millionen britische Bürgerinnen und Bürger nie ein anderes Staatsoberhaupt als Königin Elisabeth II. gekannt.

Nach der Bekanntgabe der Todesnachricht setzten die Eisenbahngewerkschaften die für den 15. und 17. September geplanten Streiks sofort aus. Ein für den folgenden Tag geplanter Ausstand der Royal Mail wurde ebenfalls abgesagt. Nach Monaten des Streits, des Tumults und des Chaos griff jetzt allein das Protokoll. Bis ins Detail geplant, gab es keinen Zweifel am Ablauf dessen, was – wie in die DNA der Monarchie eingeschrieben – nun detailgetreu vonstattengehen würde. Bereits am 12. September sprach Karl Charles III. zum ersten Mal als Monarch vor dem Parlament. Er hatte entgegen einiger Vermutungen seinen Namen nicht geändert, obgleich seine beiden Namensvorgänger als glücklose Figuren auf dem Schafott beziehungsweise im Exil geendet waren.

Zwei Tage später wurde der Sarg der Königin im Buckingham Palace auf eine Lafette der Royal Horse Artillery gestellt und mit 60 Pferden der Household Cavalry in einer Prozession zur Westminster Hall gebracht, wo der Leichnam der Queen aufgebahrt werden sollte. Eine rot-gelb-blaue Fahne bedeckte den Sarg. Symbolisch für die Einheit des Königreichs ist der Royal Standard in vier Quadranten unterteilt: mit drei goldenen Löwen auf rotem Feld für England, einem roten Löwen auf goldenem Feld für Schottland und einer goldenen Harfe auf blauem Untergrund für Irland. Die mit Diamanten bestückte Reichskrone überragte den Sarg auf einem violetten Kissen. Schätzungsweise 400.000 Menschen zogen an der toten Königin vorbei, wobei sich die Warteschlangen entlang der Themse kilometerlang hinzogen und es bis zu 30 Stunden dauern konnte, bevor man überhaupt Zutritt zur Halle bekam.

Ebenfalls nach einem minutiös durchredigierten Plan verlief das Staatsbegräbnis am 19. September. Um 6:30 Uhr endete die öffentliche Aufbahrung. Um 8:00 Uhr begann die Trauergemeinde, zu der rund 100 Präsidenten und Regierungschefs aus aller Welt gehörten, sich in der Westminster Abbey zu versammeln. Um 10:30 Uhr wurde der Sarg der Königin in einer Kanonen-Kutsche von der Westminster Hall in die Westminster Abbey gebracht. 142 Matrosen der Royal Navy zogen die Kutsche an Seilen in der als »Sailors Procession« bekannte Tradition, die auf die Beerdigung von Königin Victoria im Jahr 1901 zurückgeht. Von 11:00 bis 12:15 Uhr fand ein Gottesdienst statt, der von einem Milliardenpublikum weltweit verfolgt wurde. Anschließend begab sich der Sarg in einer 2,5 Kilometer langen Prozession zum Wellington Arch, von wo aus er auf Schloss Windsor gebracht wurde, in dessen St.-Georgs-Kapelle schließlich die Beisetzung stattfand. Tausende Bürgerinnen und Bürger hatten sich am Straßenrand versammelt, um Abschied zu nehmen.

Das Land war zum Stillstand gekommen und hatte sich die Zeremonie 190 Millionen Euro kosten lassen. Aber die Ruhe hielt nur wenige Tage an. Danach würde Elizabeths Namensvetterin wieder alle Aufmerksamkeit auf sich lenken.

Nach Kwasi Kwartengs Entlassung hatte die Parteiführung also Jeremy Hunt als neuen Schatzkanzler durchgesetzt. Damit war Truss zwar de jure noch Premierministerin, de facto aber war es Hunt, der nun das Land regierte. Das »Büro für Haushaltsverantwortung« (OBR) – vergleichbar mit den deutschen Wirtschaftsweisen – hatte historisch schlechte Zahlen vorgelegt. Großbritannien drohte ein verlorenes Jahrzehnt. Das durchschnittliche Haushaltseinkommen nach Steuerabzug war auf das Niveau von 2013 zurückgefallen. Hunt nahm nun eine 180-Grad-Wende vor. Vor dem Unterhaus gab er eine Dringlichkeitserklärung ab, in der er ankündigte, dass die Regierung »fast alle steuerlichen Maßnahmen« aus dem »Mini-Budget« zurücknehmen werde. Der von ihm umgestaltete Haushalt werde 32 Milliarden Pfund der 70 Milliarden Pfund einbringen, die zur Schließung der Finanzierungslücke benötigt würden. Woher die restlichen 38 Milliarden stammen sollten, blieb zunächst ungewiss.

Bislang gehörten Steuersenkungen zum Markenkern der Tories. In Zukunft, so schwante politischen Beobachtern, würde die britische Bevölkerung jedoch noch höhere Steuern zahlen müssen, dafür aber weniger Leistungen bekommen. Die »Shrinkflation« war das neue Buzzword in Westminster, also die beängstigende Kombination aus sinkendem Wirtschaftswachstum auf der einen und einer hohen Inflation auf der anderen Seite. Noch gehörte Großbritannien zu den reichsten Ländern der Welt, doch die Kommentatoren waren sich einig: Das ganze Land wird ärmer, und die soziale Ungleichheit noch weiter zunehmen. Während viele Briten das skandinavische Modell mit seiner Sozialpolitik, einem erfolgreichen Bildungsniveau und einer klugen Familien- und Geschlechterpolitik – also letztlich einen starken Staat – bewunderten, träumten sie gleichzeitig von einem amerikanisch niedrigen Steuerniveau. Nun bekamen sie das Gegenteil von beidem: weniger Staat und dafür höhere Kosten. Auf jedem Gehaltszettel würde sich fortan im Kleinen abbilden, welches Desaster die Regierungspolitik der letzten Jahre für die Gesellschaft als Ganzes bedeutet hatte. Für einen vorsorgenden Staat würden zukünftig noch weniger Mittel vorhanden sein. Liz Truss und Kwasi Kwarteng hatten mit ihrem Laborversuch aus dem »Rule Britannia«-Lehrbuch ein ganzes Land zum Versuchskaninchen gemacht.

Viele Experten beklagten die seit Jahren ausbleibenden staatlichen Investitionen. Es fehle jedoch nicht nur an Geld, sondern auch am politischen Willen, die Probleme, insbesondere des Gesundheits- und Bildungssystems, an ihrer Wurzel zu fassen. Nach zwölf Jahren an der Macht und einer weitgehenden Beschäftigung mit sich selbst und dem Brexit sei gar nicht mehr klar, für was die Tories programmatisch eigentlich stehen. Jetzt rächte sich eine Politik, die zwei Faktoren miteinander zu einer toxischen Mischung verbunden hatte: die in den 1980er-Jahren durch Margaret Thatcher verfestigten Strukturen gesellschaftlicher Ungleichheit und das stagnierende Wirtschaftswachstum. Kombinierte man diese zwei Faktoren, bekam man einen giftigen Cocktail, der vor allem für die Haushalte mit mittleren und niedrigen Einkommen nicht mehr verdaulich war. Die sehr schmale, wohlhabende britische Eliteklasse sah sich nun, nach der kurzen Spielkasino-Periode von Liz Truss, einem Prekariat gegenüber, das nach den Jahren der Austerität, nach Corona und nach dem »Schwarzen Freitag« im Oktober 2022 über keinerlei Rücklagen oder zusätzliche Ressourcen mehr verfügte.

Sollte jetzt endlich die Stunde der Labour Party schlagen? Vieles an der Krise um Liz Truss erinnerte an den »Black Wednesday«, den 16. September 1992, als die Bank of England versuchte, mit Milliardenaufkäufen Spekulationen gegen das britische Pfund Sterling zu bremsen. Die Tories erlitten unter John Major einen ungeheuren Prestigeverlust, galten sie doch bis dato als die einzige Partei, die mit Geld umgehen könne. Fünf Jahre später übernahm der junge Tony Blair mit »New Labour« die Regierungsgeschäfte. Die Wähler waren nachtragend. Es hatte den Konservativen nichts mehr genützt, dass ihr letzter Schatzkanzler, Kenneth Clarke, eine brummende Wirtschaft vorweisen konnte. Im krassen Gegensatz dazu prognostizierte das OBR 2022, also zwei Jahre vor den nächsten Wahlen, einen massiven Wachstumseinbruch und sehr tiefe Einschnitte in den Lebensstandard. Hatte die Opposition nun also ein Heimspiel? Die Umfragen im November zeigten erstmals einen eindeutigen Trend: Konservative 25 Prozent – Labour 48 Prozent.

Die Tories zehrten jedoch weiter vom Mandats-Fleisch des Boris Johnson und ihrer satten Parlamentsmehrheit von 80 Stimmen. Vorzeitige Wahlen wurden ausgeschlossen. Stattdessen sollte zügig ein neuer Vorsitzender der Konservativen Partei zum Premierminister gekürt werden. Allein, für einen Mitgliederentscheid blieb dieses Mal keine Zeit.

Nach einer Änderung der Regeln durch das »1922-Komitee« benötigte nun jeder Kandidat oder jede Kandidatin die Unterstützung von mindestens 100 Abgeordneten, um an der Abstimmung teilnehmen zu dürfen, wobei die Frist für die Einreichung der Nominierungen am 24. Oktober um 14:00 Uhr ablaufen sollte. Zwei Tories warfen ihren Hut in den Ring: Penny Mordaunt, Vorsitzende des Unterhauses, und Rishi Sunak, Finanzminister unter Boris Johnson.

Mit Mordaunt ging eine der erfahrensten Politikerinnen der Konservativen ins Rennen. Sie war die erste Frau im Amt der Verteidigungsministerin gewesen, Vorsitzende des Parlaments und Lordpräsidentin des Privy Council, eines formellen Gremiums von Beratern des Souveräns des Vereinigten Königreichs.

Mit Rishi Sunak trat der Elizabeth Truss unterlegene Mitbewerber gegen Mordaunt an. Es wurde allgemein erwartet, dass auch Boris Johnson an der Wahl teilnimmt. Er habe, so hieß es, auch die erforderliche Anzahl von Unterstützern erhalten, aber dennoch beschlossen, nicht zu kandidieren. Ein deutlich hörbarer Seufzer der Erleichterung ging durch Westminster.

Am 24. Oktober 2022 zog sich Mordaunt überraschend und weniger als zwei Minuten vor Ablauf der Nominierungsfrist von der Kandidatur zurück. Sunak hatte sich durchgesetzt. Er wurde der erste britisch-asiatische Premierminister des Vereinigten Königreichs und der jüngste Regierungschef seit über 200 Jahren.

Der zum Zeitpunkt seiner Amtseinführung 42 Jahre alte ehemalige Hedgefonds-Manager wurde 1980 als Sohn ostafrikanisch-indischer Eltern mit Punjabi-Hindu-Abstammung im südenglischen Southampton geboren. Die Stadt, aus deren Hafen einst die Titanic ausgelaufen war und in der große Öl-Konzerne wie »ExxonMobile« und BP zu

Hause sind, hatte im Zweiten Weltkrieg stark unter dem deutschen Bombardement zu leiden gehabt. Sunaks Eltern hatten sich nach ihrer Einwanderung in den 1960er-Jahren dort eine neue und erfolgreiche Existenz aufbauen können. Sein Vater war 1949 noch in der Kolonie Kenia zur Welt gekommen, während seine Mutter im Tanganjika-Territorium (dem heutigen Tansania) das Licht der Welt erblickte. Der Großvater väterlicherseits, Ramdas Sunak, sah sich 1935 gezwungen, aus Gujranwala im heutigen Pakistan in die kenianische Hauptstadt Nairobi auszuwandern, während sein Großvater mütterlicherseits, Raghubir Berry, im Punjab aufwuchs, bevor er schließlich als Ingenieur nach Tansania ging, um sein Glück zu finden. Flucht, Migration und Neuanfang gehören zur DNA der Familie Sunak.

Bereits die zweite Generation der Auswanderer war schließlich zu einigem Wohlstand gelangt. Sunaks Vater war als Arzt im National Health Service tätig, während der Mutter eine eigene Apotheke – die »Sunak Pharmacy Southampton« – gehörte. Der Erfolg seiner Eltern eröffnete dem kleinen Rishi Möglichkeiten, und so konnte der Erstgeborene von drei Kindern das Eliteinternat Winchester College besuchen, dessen Schulgebühren mit knapp 50.000 Euro im Jahr zu den höchsten in England gehören. Damit schien sein Weg vorgezeichnet, denn allein 40 Prozent der Schülerinnen und Schüler eines Jahrgangs dieser Schule gehen traditionell anschließend auf die Universitäten Oxford und Cambridge oder studieren an den herausragenden Ivy-League-Hochschulen der USA.

Erst seit 2022 dürfen auch Mädchen das College besuchen, wo seit 600 Jahren sogar eine eigene Sprache – die »Notions« – gepflegt wird, eine Mischung aus Latein und Altenglisch. Der junge Rishi fand sich unter den Sprösslingen einflussreicher Londoner Geschäftsleute und des englischen Königshauses wieder und studierte anschließend Philosophie sowie Politik und Wirtschaft am Lincoln College in Oxford. Ein Fulbright-Stipendium ermöglichte ihm einen Master of Business Administration an der Stanford University in Kalifornien. Tuchfühlung mit den Konservativen hatte er schon während seiner Zeit in Oxford durch ein Praktikum im Zentralbüro der Partei. Nach seinem Abschluss arbeitete der junge Absolvent für Goldman Sachs und später als Partner bei den Hedgefonds-Unternehmen Children's Investment Fund Management und Theleme Partners. Am Ende dieser Berufstätigkeit in der freien Wirtschaft war Rishi Sunak ein reicher Mann und ließ sich 2015 erstmals ins Unterhaus wählen. Als Hinterbänkler unterstützte er den Zeitgeist und schloss sich der Kampagne für den Brexit an.

Die Glückssträhne des jungen Aufsteigers setze sich bald auch in der Liebe fort. 2009 heiratete Sunak Akshata Murty, die Tochter von N.R. Narayana Murthy, dem Gründer des Technologieunternehmens Infosys. Das Vermögen seiner Ehefrau beträgt geschätzte 880 Millionen Euro. Wie viel Verständnis würde jemand wie Rishi Sunak für die Nöte der Mittelklasse in Großbritannien aufbringen oder gar für Menschen, die mit Sozialhilfe über die Runden kommen müssen?

Ein Vorfall aus dem März 2022, während seiner Amtszeit als Schatzkanzler, kursierte unter der Überschrift »Sunaks Zapfsäulen-Albtraum« durch die sozialen Medien. Der Politiker hatte eine Sainsbury's-Tankstelle in seinem Wahlkreis in Richmond, North Yorkshire, besucht, um für seine Politik der vorübergehenden Kraftstoffsteuersenkung zu werben. Was als Ausdruck von Bürgernähe gemeint war, endete in einem PR-Desaster. Es stellte sich heraus, dass der rote Kleinwagen, den Sunak betankte, gar nicht ihm gehörte, sondern einem Supermarktangestellten. Der Wagen wurde für den Fototermin kurzer Hand ausgeliehen. Sunak hatte außerdem einige Schwierigkeiten dabei, seine kontaktlose Zahlungskarte an der Selbstbedienungskasse zu benutzen. Er kannte sich mit einer solch simplen Alltagstätigkeit im Leben von Durchschnittsbürgern offensichtlich nicht aus. Die Twitter-Gemeinde war sich einig: Sunak habe wahrscheinlich in seinem ganzen Leben noch nie allein ein Auto betankt.

Aber auch die Integrität des neuen Premiers gab Anlass zur Diskussion. Bereits im November 2020 hatte der *Guardian* berichtet, dass Sunak einen erheblichen Teil der finanziellen Interessen seiner Frau und seiner Familie nicht – wie vorgeschrieben – in einem Register angegeben hatte, darunter eine Beteiligung an dem Unternehmen ihres

Vaters in Höhe von insgesamt 1,7 Milliarden Pfund. Anfang 2022 berichteten die Zeitungen, dass Murty den speziellen Steuerstatus einer »Nicht-Domizilierten« (Non-Dom) hatte, was bedeutete, dass sie keinerlei Steuern auf ihr im Ausland verdientes Einkommen in Großbritannien zahlen musste und dadurch schätzungsweise 20 Millionen Pfund an britischen Steuern vermeiden konnte. Am 8. April gab Murty eine Stellungnahme ab, in der sie erklärte, dass sie fortan im Vereinigten Königreich Steuern auf ihr weltweites Einkommen zahlen werde. Sie bedauere, dass das Thema »eine Ablenkung für [ihren] Ehemann« geworden sei. Bis ins Jahr 2021, auch noch 18 Monate nach seiner Ernennung zum Finanzminister, hielt Rishi Sunak darüber hinaus weiterhin den Status eines ständigen Wohnsitzes in den Vereinigten Staaten aufrecht, den er in den 2000er-Jahren erworben hatte und für den er jährliche Steuererklärungen in den USA einreichen musste. Eine Untersuchung sowohl des Steuerstatus seiner Frau als auch seines Wohnsitzes ergab, dass Sunak nicht gegen die Vorschriften für Minister verstoßen hatte. Dennoch blieb ein bitterer Beigeschmack.

Als ehemaliges Kabinettsmitglied von Boris Johnson war auch Sunak in den »Party-Gate«-Skandal verwickelt und hatte im April 2022 einen Bußgeldbescheid von der Polizei für seine Teilnahme an der Geburtstagsfeier seines Chefs am 19. Juni 2020 erhalten. Der »Neuanfang« der Tories war also wenig glaubwürdig. Die Oxbridge-Kaste schien sich unter Aufbringen ihres letzten Aufgebots in der Downing Street festbeißen zu wollen.

In seiner Antrittsrede räumte Sunak ein, dass die vorherige Regierung »einige Fehler gemacht« habe, und versprach, diese zu korrigieren. Er werde auf allen Ebenen mit Integrität, Professionalität und Verantwortlichkeit regieren. Eine »mitfühlende Politik«, harte Arbeit und Hingabe werde das Vertrauen in die Regierung wiederherstellen.

Die Kette der Skandale riss jedoch nicht ab. Sunaks Kabinett wies altbekannte Figuren der Partei auf, darunter Justizminister Dominik Raab. Raab, der bereits auf eine lange Karriere, so auch als Außenminister, zurückblicken konnte, sah sich Mobbingvorwürfen ausgesetzt, die schließlich zu Ermittlungen und seinem Rücktritt führten. Der

Vorwurf, er werfe unter anderem mit Tomaten auf Mitarbeiter, konnte nicht in Gänze entkräftigt werden.

Auch Gavin Williamson, ein ehemaliger Verteidigungs- und Bildungsminister, jetzt Minister ohne Portfolio, konnte sich nicht halten. Der Vorwurf: aggressives Verhalten und Drohgebärden gegenüber Mitarbeitenden. Er trat bereits am 8. November 2022 zurück.

Die Steuererklärungen des Ministers ohne Portfolio, Nadhim Zahawi, erregten im Januar 2023 die Aufmerksamkeit der Öffentlichkeit. Der Premierminister beauftragte Laurie Magnus, einen unabhängigen Berater mit der Untersuchung von Zahawis Bemühungen zur Senkung seiner Steuerlast. Der Bericht, der sieben Verstöße gegen den Ministerialkodex festgestellt hat, wurde am 29. Januar 2023 veröffentlicht und zwang Sunak, Zahawi zu entlassen.

Nicht wieder ins Kabinett berufen wurde Priti Patel. Ihre persönliche Nähe zu Boris Johnson und Truss wurde ihr zum Verhängnis. Patel – wie Sunak, Kind einer ugandisch-indischen Einwandererfamilie – hatte das punktebasierte Einwanderungssystem eingeführt und sich für das wichtigste Projekt der Tories verantwortlich gezeigt: das Asylabkommen mit Ruanda, das die Überfahrt von Migranten über den Ärmelkanal allein durch Abschreckung zu verhindern suchte. Auch Patel war vorgeworfen worden, dass sie im Zusammenhang mit Mobbingvorfällen gegen den Ministerialkodex verstoßen habe. Patels Erbe im Kabinett übernahm Suella Braverman. Ihre persönliche Auseinandersetzung mit Sunak über den sogenannten »Ruanda-Plan« wurde zum Sinnbild einer Politik, die die Tories zwang, auf der populistischen Politikskala immer weiter nach rechts zu rücken, bis sie programmatisch zur Unkenntlichkeit verstümmelt war. Die Conservative Party, die Partei der demokratischen Tradition Großbritanniens und des britischen Rechtsstaats, ließ sich von rechtsradikalen Kräften am Nasenring durch die Arena von Whitehall führen.

Suella Braverman kam – wie Sunak – 1980 als Tochter von Uma und Christie Fernandes in London zur Welt. Auch ihre Mutter und ihr Vater waren indischer Herkunft und in den 1960er-Jahren von Mauritius beziehungsweise Kenia nach Großbritannien ausgewandert. Suella ist nach der Figur der Sue Ellen Ewing aus der amerikanischen Fernsehserie Dallas benannt. Obwohl sich der Handlungsstrang dieser Figur vor allem auf ihren Kampf mit dem Alkohol und die sich stetig verschlechternde Beziehung zu ihrem Ehemann JR auszeichnete, fand Suella Bravermans Mutter Gefallen an der exzentrischen Diva.

Ihre Tochter wird ebenso geliebt und gehasst. Für ihre Fans ist Braverman eine Ikone, die sich traut, die Dinge beim Namen zu nennen. Für alle anderen ist sie eine laute, fürchterliche Frau, die beständig Öl ins Feuer gießt – eine Methode, die Innenministerinnen in der Regel eher vermeiden sollten. Großbritanniens Frau für die innere Sicherheit stellte sich vor laufende Kameras und erklärte, man müsse sich auf eine »Welle«, gar einen »Hurrikan« an Flüchtlingen einstellen. Für Demonstrationen zum Beispiel gegen eine Eskalation der Krise im Nahen Osten hatte sie kein Verständnis. Diese Versammlungen seien nichts als »Hassmärsche«. Den Gipfel der Fassungslosigkeit erlebte das Land jedoch, als ihre Ministerin über die Wohnungsnot sprach und meinte, Obdachlosigkeit sei »auch nur eine andere Form des Lifestyles«. Als Braverman nach Trump'scher Art gegen die britische Polizei hetzte und Hooligans dies als Handlungsanweisung verstanden, um auf die Bobbys loszugehen, hatte sie das Fass zum Überlaufen gebracht. Nicht wenige unterstellten ihr ein bewusstes Kalkül. Die Illoyalität gegenüber dem Premier könnte sie vielleicht als die bessere Alternative ins Spiel bringen?

Seit Wochen hatte Braverman ihren Kabinettschef lautstark und heftig für seine angeblich zu schwache Migrationspolitik angegriffen. Sunak drohte ein Gesichtsverlust. Die »Ruanda-Politik« zielte eigentlich darauf ab, illegale Einwanderung und Menschenhandel zu verhindern, indem Asylanträge im ostafrikanischen Land selbst bearbeitet würden, anstatt im Vereinigten Königreich. Wer einen positiv Bescheid erhält, würde künftig dort neu angesiedelt und nicht mehr im Vereinigten Königreich. Der Plan sollte als Abschreckung für Geflüchtete dienen, die versuchten, den Ärmelkanal in kleinen Booten oder auf anderen gefährlichen Wegen zu überqueren, die von Menschenhändlern organisiert wurden. Menschenrechtsorganisationen und Politiker aus dem eigenen Lager und der Opposition kritisierten den Plan massiv mit dem Argument, dass er die internationalen Asylverpflichtungen des Vereinigten Königreichs untergrabe und geflüchtete Menschen weiteren Risiken aussetzen könnte.

Auch die Kosten des Vorhabens schienen in keinem Verhältnis zu der – im europäischen Vergleich – niedrigen Anzahl von illegalen Migranten zu stehen. 2022 hatten circa 45.000 Menschen in Booten von Frankreich kommend den Kanal überquert. Die internationale Organisation für Migration schätzte das zwischen 2018 und Juli 2024 mindestens 177 Menschen ihr Leben bei der Flucht verloren hatten. London und Paris hingegen waren nach dem Brexit nicht gut aufeinander zu sprechen und fanden daher keinen gemeinsamen politischen Ansatz zur Vermeidung weiterer Tragödien.

Der Brexit-Deal hatte weniger, nicht mehr Migration versprochen. Johnson, Truss und Sunak standen folglich unter dem beständigen Vorwurf des Wortbruches. »Ruanda« wurde zur heiligen Kuh, koste es, was es wolle. Im Rahmen einer »Partnerschaft für Migration und wirtschaftliche Entwicklung« hatte die britische Regierung ihrem Gegenüber in Kigali zunächst 120 Millionen Pfund (150 Millionen Dollar) als Anzahlung zugesagt. Die Ausgaben pro Asylbewerber würden sich unabhängigen Berichten zufolge auf etwa 100.000 Pfund belaufen. Diese Zahl beinhaltete die Mittel für Transport, Unterbringung und Bearbeitung des Asylantrages in Ruanda. Zusätzliche Gelder würden darüber hinaus durch rechtliche und administrative Kosten verschlungen wie die Verteidigung vor Gericht gegen verschiedene Anfechtungsklagen oder für die Verwaltung und Umsetzung der logistischen Aspekte des Plans. Die Gesamtkosten des »Ruanda-Plans« würden bald weit über die ursprünglich geschätzten 120 Millionen Pfund hinausgehen. Bis zu 12 Milliarden Euro hatten die Kritiker des Plans ausgerechnet. Angesichts der leeren Haushaltskassen konnte sich das Königreich den »Ruanda-Plan« eigentlich gar nicht leisten.

Inzwischen war eine Klage der Innenministerin Braverman vor dem Obersten Gericht anhängig. Der Supreme Court solle ein Urteil eines niederen Berufungsgerichts zurücknehmen, dass die »Ruanda-Politik« als rechtswidrig bezeichnet hatte. Doch noch bevor das Gericht zuungunsten der Innenministerin entschieden hatte, setzte Premier Sunak ein Zeichen und wies einer seiner stärksten Konkurrentinnen die Tür.

Braverman blieb sich treu und sendete postwendend einen öffentlichen Brief an den »Verräter« Sunak. Sie habe sein Angebot, als Innenministerin zu fungieren, nur unter »bestimmten Bedingungen« angenommen. Obwohl er »kein persönliches Mandat für das Amt des Premierministers« habe, stichelte sie mit Verweis auf Sunaks Berufung ohne Mitgliederabstimmung, habe sie sich bereit erklärt, ihn zu unterstützen. Sunak habe ihr zugesichert, die Europäische Menschenrechtskonvention und den Britischen »Human Rights Act« von 1998 außer Kraft zu setzen. Man müsse internationales Recht umgehen, wenn es die Abschiebung von Personen nach Ruanda verhindere, so Braverman, die an der Pariser Sorbonne europäisches und französisches Recht studiert hatte, an Sunak: »Ihre Ablehnung dieses Weges war nicht nur ein Verrat an unserer Vereinbarung, sondern auch ein Verrat an Ihrem Versprechen an die Nation, dass Sie ›alles tun würden, was nötig ist‹, um die Boote zu stoppen.« Das Vorhaben »Stop-the-Boats« hatte nun zumindest die Karriere von Suella Braverman zum Halten gebracht.

Sunak hatte sich nach der gescheiterten »Spielbankpolitik« seiner Vorgängerin Liz Truss als kluger Realpolitiker inszenieren wollen, der die Dinge wieder ins Lot bringt. Seine Beliebtheitswerte schienen jedoch wie eingefroren. In einer überaus schwachen Parteitagsrede im Herbst 2023 präsentierte er sich als »Change Candidate« — als der Kandidat des Wandels —, so als hätte er versehentlich von der Oppositionsbank aus gesprochen und nicht als Vorsitzender seiner seit 13 Jahren regierenden Partei. Nichts schien zu helfen: Die Zustimmungswerte der Tories lagen jetzt bereits seit Monaten konstant hinter denen der Opposition. Und nun das: Sue Ellen aus Wembley ließ nicht locker.

Das Gericht entschied gegen die Regierung: »Der Oberste Gerichtshof weist die Berufung des Innenministeriums einstimmig zurück und bestätigt [...], dass die Ruanda-Politik rechtswidrig ist«, so das Urteil vom 15. November 2023. »Der Grund dafür ist, dass Anlass zu der Annahme besteht, dass Asylbewerbern eine reale Gefahr der Misshandlung durch Abschiebung in ihr Herkunftsland droht, wenn sie nach Ruanda abgeschoben werden.«

Die studierte Rechtsanwältin Braverman und viele ihrer Unterstützer – wie der als Staatsminister zurückgetretene Robert Jenrick – wetterten seither von der Außenlinie für den Austritt des Königreichs aus der Europäischen Konvention für Menschenrechte. Sunak dagegen verabschiedete ein »Notfall-Gesetz«, das Ruanda per Federstrich »zu einem sicheren Land« erklärte. Internationale Beziehungen könne man überdenken, also auch die Mitgliedschaft im Europarat.

In der Geschichte der Conservative Party waren immer viele verschiedene ideologische Fraktionen beheimatet wie die Thatcher-Anhänger oder die Traditionalisten. Erst der Brexit unterschied über Jahre zwischen »Befürwortern« und »Gegnern«. Mit Vollzug des EU-Austritts sollte das Drama eigentlich beendet und die Partei wieder geeint sein. Seither wurden jedoch immer neue Brüche offenbar. Der Amtsinhaber von Downing Street Nummer 10 war in zahlreiche Richtungskämpfe verwickelt. Fast verzweifelt verheddert sich Sunak nicht nur in der Frage der »Boots-Flüchtlinge«, sondern auch in der Bedeutung der Klimaziele. Beide Themen wurden jetzt nur noch unter Aspekten des Kulturkampfs diskutiert, nicht mehr als Sachfragen, für die es angemessene Lösungen braucht. Der rechtspopulistische Zweig hielt die Partei ständig in Schach, in Aufruhr und außer Atem. Plötzlich galt es nicht mehr als ausgemacht, dass die Tories nach einer Wahlniederlage zusammenhalten würden. Das Gespenst von Boris Johnson schwebte noch immer über Westminster, und auch Liz Truss und ihrer »Conservative Growth Group« mangelte es trotz des Desasters um den Herbsthaushalt 2022 erstaunlicherweise nicht an Selbstbewusstsein. Während jede andere ehemalige Regierungschefin mit der Bilanz von Liz Truss wahrscheinlich vor Scham in einem Erdloch verschwunden wäre, gab Truss Ratschläge zur Wirtschafts- und Finanzpolitik. Rishi Sunak dagegen hatte keine eigene Hausmacht. Er war nicht von den Parteimitgliedern gewählt und seine Unterhausmehrheit stammte noch von Boris Johnson. Der Premierminister sei »verzweifelt«, so Chris Mason, ein bekannter BBC-Analyst: »Wie verzweifelt muss er sein, wenn die Lösung seiner Probleme David Cameron heißt?«

David Cameron, Großbritanniens glückloser Premier, der das Brexit-Referendum ausgerufen hatte, um das Land zu befrieden und wegen seiner umstrittenen Libyen- und Syrien-Politik in Verruf geraten war – dieser zuletzt kaum mehr in Erscheinung getretene Politiker aus einer anderen Zeit sollte nun ein Comeback als neuer Außenminister feiern. Sein Vorgänger, der auf dem internationalen Parkett hochgeschätzte James Cleverly, wurde als Nachfolger von Suella Braverman dringend im Innenministerium gebraucht. Er sollte wieder für Vertrauen bei der Polizei sorgen, und Cameron sollte als Politprofi angesichts der Kriege in der Ukraine und im Nahen Osten seinem Premier den Rücken freihalten. Zwar verfügte Cameron seit seinem Rücktritt 2010 über kein Mandat mehr, welches nach der britischen Verfassung für die Wahrnehmung eines Ministeramtes Voraussetzung ist, aber auch dieses Problem konnte noch in den frühen Morgenstunden des 13. November 2023 in der Kabinettsumbildung gelöst werden: Cameron wurde kurzer Hand zum »Baron« ernannt und erhielt per Federstrich einen Sitz im House of Lords. Vor den Abgeordneten im Unterhaus würde er weiterhin nicht sprechen können, aber man könne ja die große Westminster Hall jeweils für seine Befragungen herrichten, wenn er das Unterhaus nicht betreten darf.

Die »Erwachsenen« hätten wieder Platz am Kabinettstisch genommen, so Chris Mason von der BBC. Das Experiment der Konservativen Partei mit dem Populismus sei vorbei. Das »Notfall-Gesetz« musste nun im Eilverfahren bis zum 17. November 2023 zunächst durchs Unterhaus, dann ins oft kritische Oberhaus und von dort wieder zurück zu den Abgeordneten in Westminster. Ein Zeitplan, der sich kaum einhalten ließ, angesichts der Tatsache, dass Sunak durch die Missachtung des obersten Gerichts eine Verfassungskrise vom Zaun gebrochen hatte. Würde er bis zum Äußersten gehen, sich dem rechtspopulistischen Lager der Bravermans beugen und aus der Europäischen Konvention für Menschenrechte austreten? Würde er dann konsequenterweise auch die Genfer Flüchtlingskonvention oder gar die Charta der Vereinten Nationen infrage stellen, in der dieselben Menschenrechte verbrieft sind? Dutzende Tories forderten genau dies: sogenannte »Unberührtheitsklauseln«, die es ermöglichen würden, dass die britische Gesetzgebung völkerrechtliche Anforderungen außer Kraft setzt.

Während Sunak zunehmend zur Geisel seiner eigenen, noch weiter nach rechts schwenkenden Partei wurde, holte die Labour Party in Nachwahlen einen Wahlkreis nach dem anderen zurück. Alles, was sie jetzt benötigte, war ein langer Atem, bis Sunak geruhte, gemäß der Verfassung endlich Neuwahlen auszurufen.

Frühestens Ende 2024 wäre mit einer Wahl, einer General Election, zu rechnen, und das Umfeld von Keir Starmer mahnte im Verlauf des Jahres 2023 immer wieder zur Vorsicht. Ja, die Popularität der Labour-Partei sei seit den umgesetzten parteiinternen Reformen wieder gestiegen und ja, man habe das Büro des Oppositionsführers jetzt mit Kampagnen-Experten ausgestattet. Aber es bleibe noch viel Arbeit.

Schottland war nicht mehr rot gefärbt wie zu Zeiten Tony Blairs und Gordon Browns, sondern fest in der Hand von Nicola Sturgeons Unabhängigkeitspartei SNP. Nach dem derzeitigen Mehrheitswahlrecht würde Labour bei der nächsten Wahl 326 der 650 Sitze für sich vereinnahmen müssen, ein Swing, der größer sein müsste als der, der Margaret Thatcher 1979 oder David Cameron im Jahr 2010 geglückt sei. Würde Labour nur 280 Sitze gewinnen, wäre eine Koalition mit der SNP unabdingbar, einer Partei die ihre Daseinsberechtigung vornehmlich mit dem Streben nach Unabhängigkeit von London begründete und diese mit aller Macht durchsetzen will. Wenn man auf die SNP verzichten wollte, so Labours Parteistrategen, würde man mindestens 310 Sitze benötigen. Das heißt, nur in England müssten 10 Sitze von den Tories wieder an Labour gehen, vor allem in der sogenannten »Red Wall«, dem traditionellen Labour-Land, das 2019 an Boris Johnson verloren ging. Mehr noch: Labour benötigte exakt die 145 Sitze, die Tony Blair 1997 den Tories entrissen hatte. Die (noch) regierenden Tories würden aber alles dafür tun, in der verbleibenden

Zeit weiter am Neuzuschnitt der Wahlkreise zu arbeiten, sodass neue Mehrheiten zunehmend schwieriger würden.

Labour war also weiterhin auf der Hut. Jedes Wort wolle man auf die Goldwaage legen, auch und gerade in identitätspolitischen Fragen, zu denen der Brexit zweifelsohne gehörte. Wie der Transport einer chinesischen Ming-Vase fühle sich das an, so ein Abgeordneter, jetzt dürfe man bloß keinen Fehler machen.

Vor allem das nicht unbelastete Verhältnis zu den wieder stärker werdenden Gewerkschaften sollte erneuert und geklärt werden. Nach der Staatskrise im Oktober 2022 und der leeren Haushaltskasse musste sich auch die Opposition strategisch neu aufstellen. Ließ sich die eigene Programmatik vor dem Hintergrund der Haushaltspleite noch glaubhaft umsetzen? Das auf dem Parteitag vorgestellte Modernisierungsprogramm für eine sozial-ökologische Transformation war unter diesen Umständen nur noch sehr schwer finanzierbar. Bedeutete Politik nach dem »Schwarzen Freitag« des Jahres 2022 auch das Ende progressiver Programme? Selbst wenn man es wollte, wäre eine zusätzliche Kreditaufnahme des Staates nicht mehr ohne Weiteres finanzierbar. Womit könnte Labour jetzt noch punkten? Labours Forderung nach einer »Windfall Tax«, einer Besteuerung der Energieunternehmen, die in der Krise profitiert hatten, hatte Jeremy Hunt zu seiner eigenen Idee gemacht und bereits umgesetzt. Die Sozialhilfe, die Renten und der Mindestlohn waren im Rahmen des Möglichen angepasst worden. Der größte Vorteil für Labour wäre wohl, für die Krise nicht verantwortlich gemacht werden zu können.

Der Begriff »Broken Britain« wurde ursprünglich von der Konservativen Partei von 2007 bis 2010 verwendet, um einen angeblich weit verbreiteten Zustand des sozialen Verfalls im Vereinigten Königreich während der Amtszeit der Premierminister Blair und Brown zu beschreiben, was Labour vehement bestritt. Mittlerweile, so Rachel Reeves, die jetzt von Labour vorgesehene Kandidatin für das Amt der Finanzministerin, sei die Situation in der Tat besorgniserregend: »Britain is broken and broke« – Großbritannien ist »kaputt und pleite«.

Kapitel 10
Partner in Crime?

Im Stadtteil Holyrood in Edinburgh, unterhalb des mächtigen vulkanischen Felsens »Arthur's Seat«, befindet sich die offizielle Residenz des britischen Königs in Schottland. Direkt gegenüber stehen sechs frei geformte Gebäudeteile, die in einer Mischung aus scharfen Winkeln und organischen Kurven eine enge Beziehung zum beeindruckenden schottischen Landschaftsbild eingehen – hier befindet sich der Sitz des schottischen Parlaments.

Obwohl es Schottland nicht an Architekten mit internationalem Renommee mangelte, war es ausgerechnet ein Katalane, der Architekt Enric Miralles, der mit dem Bau der Volksvertretung beauftragt wurde. Der nicht unumstrittene Entwurf will seine Besucher auch im Inneren herausfordern. Umfangreiche, komplexe und blattähnliche Strukturen aus Eichenholz, die bis an die Decke reichen, sollen Wachstum symbolisieren, während das so verkleidete und gewölbte Dach des Plenarsaals das natürlich einfallende Licht geschickt nutzt, um Transparenz herzustellen. In der Haupthalle genießen Besucher durch große Fenster den Blick auf die umliegende Gebirgslandschaft. Das Parlament, so die Vorstellung seines Erbauers, solle regelrecht aus der schottischen Erde herauswachsen. Auch Bezüge zum maritimen Erbe des Landes und seiner langen Schiffbaugeschichte sind erkennbar. So ragen die Dächer der sechs Gebäude wie umgedrehte Boote in den Himmel über Edinburgh.

Die Schotten sind zu Recht stolz auf ihr Parlament. Obwohl sie auf eine demokratische Tradition blicken, die bis in das 13. Jahrhundert zurückreicht, können sich ihre Abgeordneten überhaupt erst seit Juli

1999 wieder auf der Landesebene konstituieren, fast 300 Jahre nach dem »Act of Union«, durch den das Königreich Schottland und das Königreich England zum Königreich Großbritannien vereint wurden.

Infolge dieser Vereinigung hatte das Parlament von Schottland aufgehört zu existieren, während das Parlament von England, das in Westminster tagte, im geeinten Parlament von Großbritannien aufging. In der Praxis bedeutete dies auch, dass ausschließlich die Traditionen, Verfahren und Geschäftsordnungen des englischen Parlaments in der gemeinsamen Versammlung beibehalten wurden.

Bis heute sind die Auswirkungen einer unterschiedlichen politischen Kultur deutlich erkennbar. Das britische Unterhaus hat einen rechteckigen Grundriss mit Bänken auf beiden Seiten, die sich gegenüberstehen, was auf den ersten Blick den oft konfrontativen und kontradiktorischen Stil der Debatte in Westminster betont. Die Sitzordnung im Plenarsaal in Holyrood dagegen ist halbkreisförmig angelegt. Die Abgeordneten sind so platziert, dass Konsens und Zusammenarbeit eher gefördert werden. Diese Anordnung soll den Wunsch widerspiegeln, die Gegenrede um der bloßen Gegenrede willen zu vermeiden, eine gängige politische Praxis, die mit dem im gesamten Commonwealth so bezeichneten Westminster-Parlament assoziiert wird, egal ob sich dessen Abgeordnete in London, Ottawa oder Canberra gegenübersitzen.

Anders als bei den Wahlen zum britischen Unterhaus werden die 129 Sitze in Schottland in einer Mischung aus relativer Mehrheitswahl und Regionallisten der Parteien vergeben. Ebenfalls anders als in London soll bei Abstimmungen sichergestellt werden, dass alle Abgeordneten anwesend und informiert sind, wenn Entscheidungen getroffen werden, anstatt – wie in Westminster üblich – Abstimmungen über den ganzen Tag zu verteilen, sodass ein ungnädig und unablässig tönender Gong die Mandatsträger immer wieder unvermittelt aus Gesprächen und Sitzungen herausruft. Auch die Ausschüsse spielen in Holyrood eine wesentlich zentralere Rolle. Sie können sogar Gesetzesinitiativen einbringen, was in London undenkbar wäre, wo dieses Recht – mit Ausnahme einer buchstäblichen Verlosung unter den Abgeordneten zu Beginn einer Legislatur – vornehmlich Kabinettsmitgliedern vorbehalten ist.

Die schottische Demokratie versteht sich als Konsensdemokratie, die versucht, anstelle der Durchsetzung einer reinen Mehrheitsmeinung eine möglichst breite gesellschaftliche Übereinstimmung herzustellen und auch Minderheitsmeinungen einzubinden. Sie grenzt sich damit bewusst gegen die konfrontative politische Kultur Westminsters ab.

Einer solchen Demokratie allgemein förderlich sind ein föderalistischer und dezentralisierter Staatsaufbau. Das Vereinigte Königreich von Großbritannien und Nordirland ist jedoch kein föderaler, sondern ein dezentralisierter Einheitsstaat. Staatliche Souveränität verbleibt somit letztlich immer in London. Staatliche Funktionen wurden – wenn überhaupt – lange nur aus Praktikabilitätsgründen nach unten delegiert. Das Parlament in London ist als der alleinige Souverän vorgesehen, nicht das Volk – weder das englische oder walisische noch das schottische. Insbesondere für die Nordiren hatte dies im Zusammenhang mit dem Brexit dramatische Auswirkungen.

Das Konzept der »Krone-im-Parlament«, wie es seit der Glorreichen Revolution von 1688/89 gilt, und der »Parliaments Act« von 1911 übertrugen die volle Staatsgewalt auf das Unterhaus in London und den jeweiligen Premierminister. Territoriale Einheiten außerhalb Englands haben deshalb auch keine wesentlichen und wirklich unabhängigen Strukturmerkmale eines Staates (Legislative, Exekutive, Judikative), wie es beispielsweise den deutschen Bundesländern eigen ist. Wales, Nordirland und Schottland besitzen kein Recht auf die letzte Entscheidung.

Ein für die jeweilige Nation zuständiger Minister am Kabinettstisch in London – der oder die nicht notwendigerweise auch aus dieser Region stammen muss – darf die Interessen der betroffenen Bevölkerungsteile gegenüber der Regierung vertreten. Während zum Verantwortungsbereich der Ministerin für Wales im Wesentlichen nur gehört, die Verkehrs-, Sprach- und Steuerpolitik zu überwachen, vertritt der Minister für Schottland das Land aus London heraus auch in

Fragen von Migration, Verteidigung und Außenpolitik. Alle drei Minister sind verantwortlich dafür, dass die walisischen, nordirischen und schottischen Rechtsvorschriften mit dem britischen Recht übereinstimmen, wobei der Minister für Nordirland mit den besonderen Herausforderungen des »Karfreitagsabkommens« konfrontiert ist.

Derselben Logik folgend, können die in London beschlossenen Gesetze zur Einrichtung eines dezentralen Parlaments auch genauso gut wieder aufgehoben oder geändert werden. Dieses Vetorecht Londons musste in der Geschichte immer wieder zu Konflikten führen. In der bewusst konfrontativ-populistisch ausgerichteten Regierungszeit von Boris Johnson über Liz Truss bis zu Rishi Sunak konnten die teils berechtigten Forderungen insbesondere der Nachbarn im Norden nach mehr Unabhängigkeit nicht konstruktiv aufgelöst werden. Im Gegenteil: Die als paternalistisch, zum Teil sogar respektlos wahrgenommene Haltung Londons stütze indirekt die immer lauter werdenden Rufe in Edinburgh nach Unabhängigkeit, auch wenn diese vornehmlich nur von einer Partei, der SNP, kamen.

Erst 1997 hatte die damalige Labour-Regierung von Tony Blair das Versprechen umgesetzt, eine Volksbefragung durchzuführen, in Schottland dezentrale Institutionen zu gründen und einen rechtlichen Rahmen zu schaffen, der die Aufteilung der Zuständigkeiten bis ins Detail beschreibt.

Die »Scotland Acts« von 1998 und 2012 regelten die zukünftige Haushalts- und Steuerpolitik. Finanzielle Mittel erhielten die Schotten hauptsächlich durch den sogenannten »Block Grant« – Geld, das durch das Finanzministerium des Vereinigten Königreichs bereitgestellt wird. Diese Vorgabe stellte sicher, dass man in Edinburgh auch über ein Budget verfügt, um die übertragenen Aufgaben erfüllen zu können.

Über einen komplizierten Mechanismus – der »Barnett-Formel« – werden Änderungen in den öffentlichen Ausgaben in England auf die Ausgaben in den dezentralen Verwaltungen umgelegt. Das Parlament in Edinburgh verfügt darüber hinaus über eine gewisse Steuerhoheit und kann den Grundsteuersatz theoretisch um bis zu 3 Pence pro

Pfund nach oben oder unten korrigieren, eine Befugnis, die unter dem Begriff »Tartan Tax« bekannt wurde.

Seit 2012 kann das Parlament in Holyrood auch den schottischen Einkommenssteuersatz selbst festlegen, der auf den bestehenden britischen Einkommenssteuersatz aufgeschlagen oder abgezogen wird, sowie eine Grund- und Abfallsteuer erheben. Diese Steuerhoheit bedeutete damit erstmalig, wenn auch eingeschränkte, Kreditaufnahmerechte.

Politisch brisant ist, dass mit der erweiterten fiskalischen Verantwortung natürlich auch eine gewachsene Rechenschaftspflicht gegenüber den schottischen Wählern einhergeht. Wie viel Verantwortung für gute oder schlechte Politik trägt also London noch, wenn sich politische Versprechen nicht einlösen lassen oder Defizite erkennbar werden? Bildung, Gesundheit, Verkehrsinfrastruktur, Umweltschutz, Sozialer Wohnungsbau, Landwirtschaft, Kultur und Sport – in all diesen Politikbereichen hat die schottische Regierung die alleinige Entscheidungsbefugnis.

Schottland betreibt also eine eigene Haushaltspolitik, während es weiterhin Teil des Vereinigten Königreichs ist. Wie die anderen zwei Nationen, Nordirland und Wales, kann es innerhalb der britischen Verfassung jedoch keinen wirklich gleichberechtigten Status gegenüber England einnehmen, das allein aufgrund seiner Größe und Bevölkerungszahl im Verbund dominiert. Umgekehrt ist auch nicht vorgesehen, ein eigenes Parlament für England einzuberufen. Schottische und walisische Abgeordnete stimmen in Westminster über die Belange Englands mit ab. Das Vorhaben, ein System der rein »englischen Stimmen für englische Gesetze« einzuführen, wurde 2021 zurückgenommen.

Die Interessen der englischen Bevölkerung werden nach diesem Verständnis weiterhin im britischen Unterhaus wahrgenommen, was regelmäßig zu der für deutsche Ohren seltsam anmutenden Situation führt, dass der Premierminister des Vereinigten Königreichs im Unterhaus von einzelnen englischen Abgeordneten zu kommunalen

Problemen in ihrem Wahlkreis, wie zum Beispiel der Schließung eines Schwimmbades, befragt wird.

Seit dem Regierungsantritt der Konservativen unter David Cameroon war das Schlagwort des »Levelling-up«, also die Beschränkung der Macht der Zentralregierung sowie die offensive Begleitung des Strukturwandels, immer wieder propagiert worden. Die Befugnisse Londons sollten zunehmend auf die lokalen Gemeinschaften übertragen und dadurch bürgerschaftliches Engagement gefördert werden. Auch die Mitgliedschaft in der Europäischen Union mit ihren Finanzierungsinstrumenten der Kohäsionspolitik wie dem »Europäischen Fonds für regionale Entwicklung« machte dies notwendig. Auf der Basis der ehemaligen Grafschaften von 1889 wurden daher 1994 Regionen eingesetzt. Sie blieben die höchste Ebene der subnationalen Gliederung in England. Auch die Wahlkreise für die Wahlen zum Europäischen Parlament folgten diesen Grenzen.

Während der EU-Regionalfonds im Vereinigten Königreich über viele Jahre einen wichtigen Beitrag dazu leistete, Unterschiede im Entwicklungsstand der verschiedenen Regionen zu mindern und die Lebensbedingungen in den strukturschwachen Gebieten zu verbessern, war er seit dem Brexit für die Gemeinden nicht mehr verfügbar. Gerade die Kommunen mit dauerhaften natürlichen oder demografischen Nachteilen, insbesondere die Insel-, Grenz- und Bergregionen, leiden darunter sehr. Während die Regionen in der Zeit der EU-Mitgliedschaft noch den Charakter einer umfassenderen Struktur zur Organisation und Verwaltung verschiedener staatlicher Aufgaben hatten, weisen sie mittlerweile – mit Ausnahme von London, wo die »Greater London Authority« fortbesteht – keine formellen Regierungsstrukturen mehr auf.

Ein »Gesetz über lokale Demokratie, wirtschaftliche Entwicklung und Bauwesen« aus dem Jahr 2009 hatte zumindest kombinierte Behörden auf der Grundlage von großen Stadtregionen geschaffen. Solche kombinierten Behörden wie die 2011 eingerichtete »Greater Manchester Combined Authority« ermöglichen es einer Gruppe verschiedener Gemeinderäte, in Fragen des Verkehrs und Wohnungsbaus gemeinsame Entscheidungen zu treffen. Zu Beginn des Jahres 2024 gab es elf solcher kombinierter Behörden in England, von denen zehn einen direkt gewählten Bürgermeister hatten. Mit Ausnahme von Ben Houchen, dem Bürgermeister der »Tees Valley Combined Authority«, sind alle Combined Authorities in England seit 2024 in der Hand der Labour Party. Dazu gehören etablierte Persönlichkeiten wie Andy Burnham in Greater Manchester, Sadiq Khan in London oder Steve Rotherham in Liverpool.

Gerade Boris Johnson pflegte sein Image des Volkstribuns, der sich um die Nöte der Benachteiligten kümmere, und legte das Thema »Levelling-up« immer wieder neu auf. »Denn es ist an der Zeit«, so Johnson in seiner Antrittsrede, »dass wir die Produktivkraft nicht nur von London und dem Südosten entfesseln, sondern in jeder Ecke von England, Schottland, Wales und Nordirland. Unter dem Schlagwort »Built back better: Our Plan for Growth« beschrieb ein »White Paper« der konservativen Regierung im März 2021 die Vision eines besser geeinten Großbritanniens, in dem die »Combined Authorities« eine entscheidende Rolle bei der Umsetzung der Prioritäten der Bürger spielen, das lokale Wirtschaftswachstum ankurbeln und sicherstellen sollten, dass jede Region über die nötigen Befugnisse verfügt, um zu prosperieren. »Wir investieren in den National Home Building Fund (NHBF), mit einer Anfangsfinanzierung von 7,1 Milliarden Pfund [...], einschließlich der Bereitstellung [...] des im Haushalt 2020 angekündigten Brownfield Fund für Mayoral Combined Authorities [...]«, heißt es in dem offiziellen Dokument. Durch »Devolution Deals« in England habe die britische Regierung 7,5 Milliarden Pfund an nicht zweckgebundenen Investitionen über 30 Jahre für die neun der »Authorities« zugesagt, die für lokale Prioritäten ausgegeben werden sollen. Das klingt nach sehr viel Geld. Aus dem »Europäischen Fonds für regionale Entwicklung« (EFRE) war jedoch in einem Zeitraum von nur sechs Jahren ein Gesamtbetrag für England von rund 5,6 Milliarden Euro geflossen, also circa 930 Millionen Euro pro Jahr. Auf 30 Jahre umgerechnet, bringt der »Devolution Deal« den Regionen alle zwölf Monate nur circa 290 Millionen Euro in die Kassen.

Immer wieder unterstrich Johnson die Bedeutung seiner Politik, wirtschaftliche Ungleichheiten zwischen verschiedenen Regionen im Vereinigten Königreich zu verringern und allen Bürgern gleiche Chancen zu bieten, so wie es sein Vorgänger Cameron bereits 2010 versprochen hatte. Immer wieder wurden jedoch auch Fälle bekannt, in denen Labour-Bürgermeister, wie Steve Rotheram, weniger finanzielle Unterstützung von der Zentralregierung erhalten zu haben schienen als ihre konservativen Amtskollegen. Der Vorwurf wurde laut, dass die von den Konservativen geführte Zentralregierung Gebiete mit Tory-Bürgermeistern bei der Zuweisung von Finanzmitteln bevorzugt habe. Das desaströse »Mini-Budget« der Premierministerin Liz Truss vom Herbst 2022 engte den Spielraum der Strukturförderung weiter ein.

Im Januar 2024 schrieb John Harris, Kolumnist im *Guardian*: »Fast jede fünfte Stadtverwaltung in England wird in den nächsten 15 Monaten wahrscheinlich Konkurs anmelden. Zu den jüngsten Gemeinden, die vor dem finanziellen Zusammenbruch warnen, gehören Stoke-on-Trent, Middlesbrough, Somerset, Bradford und Cheshire East. Die kürzlich angekündigte Aufstockung der Mittel um 6,5 Prozent, die die Regierung den Gemeinden zur Verfügung stellt, wird die Gemeinden kaum entlasten. Sowohl in den benachteiligten als auch in den wohlhabenden Teilen des Landes spiegeln die Millionen, die bei den lokalen Diensten gestrichen werden, die fiskalische Grausamkeit von [Camerons Schatzkanzler] George Osbornes Sparmaßnahmen wider. Diesmal gibt es jedoch einen entscheidenden Unterschied. Nach langen Jahren endloser Einsparungen bringen die Kürzungen nun automatisch Grausamkeiten ohne Ende mit sich. Deshalb spricht der neue Labour-Vorsitzende des Stadtrats von Stoke von ›unangenehmen Entscheidungen, die unseren Sinn für das, was richtig und falsch ist, verletzen werden‹.«

Das Schlagwort vom »Levelling-up« klang nur noch hohl und zynisch. Das Programm der Konservativen war nicht mehr glaubwürdig. Hatten sie es jemals ernst gemeint?

Schon während des Wahlkampfs um die Parteiführung im Sommer 2022 tauchte ein Video auf, in dem Rishi Sunak gegenüber Parteimitgliedern in einem Garten in Tunbridge Wells, einer äußerst wohlhabenden Gegend in Kent, seine Vorstellung von Finanzausgleich erklärte. In weißem Hemd und aufgekrempelten Ärmeln stand der Kandidat in sengender Hitze vor seinem eher wohlhabenden Publikum und sprach aus seinem Herzen: »Ich habe damit begonnen, die Finanzierungsformeln zu ändern, um sicherzustellen, dass Gebiete wie diese die Mittel erhalten, die ihnen zustehen. Denn wir haben die Finanzierungsformeln von der Labour-Partei geerbt, die alle Mittel in benachteiligte Stadtgebiete umgeschichtet hat. Das musste rückgängig gemacht werden.«

Luke Raikes von der sozialdemokratischen »Fabian Society« beklagte 2022, dass die britische Regionalpolitik erschreckend kurzfristig ausgerichtet sei. »Allein in den letzten zehn Jahren hatten wir Dutzende verschiedener zentralisierter Fördertöpfe und politische Programme, darunter der Regional Growth Fund (RGF) und City Deals unter der Koalition [mit den Liberaldemokraten], dann das Northern Powerhouse, 2017 die Industriestrategie und jetzt ›Levelling-up‹. Im Gegensatz zu anderen Ländern haben wir keine konsistente langfristige Wirtschaftsstrategie, Industriestrategie oder einen Raumordnungsplan – wir haben nur kurzfristige, sehr leichtfüßige Versionen, die sich alle paar Jahre ändern, entweder durch neue Gesetze oder nach Lust und Laune von Ministern und Beamten. Es gibt keine Leitphilosophie, keine parteiübergreifende Übereinkunft – geschweige denn ein verfassungsrechtliches Ziel zur ›Gleichwertigkeit der Lebensbedingungen‹ (wie in Deutschland). Es gibt nur sehr wenige dauerhafte und unabhängige Institutionen oder Finanzierungsmechanismen. Dieses Hin-und-Her ist an sich schon ein großes Hindernis für die Wiederherstellung des Gleichgewichts. Es ist störend, erschöpft die Kapazitäten der Beamten und hemmt die Planung und die Investitionen – auf den öffentlichen, privaten sowie freiwilligen, kommunalen und sozialwirtschaftlichen Sektoren.«

Die Situation war bereits vor dem EU-Austritt schwierig gewesen. Nun untersuchten Wissenschaftler des »Centre on Constitutional Change« in Edinburgh die nach dem Brexit verabschiedete Gesetzgebung, einschließlich des noch unter Johnson verabschiedeten sogenannten »United Kingdom Internal Market Act« (UKIMA) von 2020. Sie erforschten, wie diese neuen Regelungen die Befugnisse der dezentralen Regierungen in Schottland und Wales beeinflussten. Die neuen Rechtsvorschriften waren nötig geworden, da das Königreich nicht mehr unmittelbar dem EU-Recht unterlag.

Die Autoren um Nicola McEwen argumentieren, »dass die Gesetzgebung zwar auf vertraute Instrumente der Binnenmarktverwaltung zurückgreift, dies aber in einer Art und Weise tut, die den Besonderheiten des Vereinigten Königreichs nicht gerecht wird, in dem ein Gebiet, England, in Bezug auf den Markt so viel größer ist als der Rest. Das Gesetz hat restriktive – und potenziell schädliche – Folgen für die Regulierungsfähigkeit der dezentralen Gesetzgebungen, die neben dem englischen Elefanten existieren, indem es sowohl die Reichweite der dezentralen Gesetzgebung einschränkt als auch den Druck erhöht, sich den von der britischen Regierung für England festgelegten Regulierungsnormen anzupassen. Der UKIMA ist eine von mehreren fortgesetzten Provokationen für die dezentralisierte Macht, von denen die meisten gegen den beträchtlichen Widerstand der dezentralisierten Institutionen eingeführt wurden, und stellt eine große Herausforderung für den Fortbestand einer zunehmend fragilen Union dar.«

Gab es also aus Sicht einer schottischen Bürgerin oder eines Bürgers gerade nach dem Brexit damit nicht genügend Argumente, die für eine Lossagung von der Union sprachen? Auch Stolz spielte eine Rolle, und niemand konnte dieses »Gefühl« besser beschreiben als die Schottische Nationalpartei unter ihren Ministerpräsidenten Alex Salmond und seiner Nachfolgerin Nicola Sturgeon. Nicola Sturgeon vermittelte nach dem Brexit erfolgreich und über viele Jahre hinweg den Eindruck, die Unabhängigkeit sei quasi schottischer Volkswille, ohne jedoch zu erwähnen, dass die Zustimmung zu diesem Projekt immer wieder großen Schwankungen unterlag.

Schon seit der Entdeckung von Öl in der Nordsee in den 1970er-Jahren nutzte die SNP eine Kampagne »It's Scotland's oil« und argumentierte, dass die Öleinnahmen Schottland nicht in dem Maße zugutekämen, wie sie sollten. Eine Volksabstimmung sollte her, um die Gemüter zu beruhigen. Der Labour-Premierminister Harold Wilson wagte als erstes ein Referendum am 1. März 1979, in dem sich eine knappe Mehrheit von 51,6 Prozent zu 48,4 Prozent für ein eigenes schottisches Parlament aussprach. Anders als das Brexit-Referendum verlangte Wilsons Gesetz jedoch auch, dass mindestens 40 Prozent der gesamten Wählerschaft für den Vorschlag stimmten. Bei einer Wahlbeteiligung von nur 63,6 Prozent entfielen damit nur 32,9 Prozent der Stimmen aller Wahlberechtigten auf die Gruppe der Befürworter, und das Thema Unabhängigkeit hatte sich damit vorerst erledigt. Stattdessen sollte nun ein Mehr an Dezentralisierung helfen. Der Labour-Minister und spätere NATO-Generalsekretär George Robertson fasste die Hoffnung seiner Partei in drastische Worte: »Devolution will kill nationalism stone dead« – die Dezentralisierung werde dem Nationalismus den Todesstoß versetzen. Er sollte sich jedoch irren.

Meinungsforscher des Umfrageinstituts IPSOS beobachten die Stimmung zu dieser Frage seit mehr als 35 Jahren und berichten: »Die ersten Jahre der dezentralisierten Verwaltung deuteten darauf hin, dass die nationalistische Stimmung, wenn auch nicht völlig erloschen, so doch im Abnehmen begriffen war.« Für den Zeitraum Anfang der 2000er-Jahre halten sie fest: »Fünf Jahre lang [...] lag die Unterstützung für ein unabhängiges Schottland in keiner einzigen Umfrage über 30 Prozent. Selbst nach der Wahl einer SNP-Minderheitsregierung im Jahr 2007 ging die Unterstützung für die Unabhängigkeit zurück und sank in unserer Umfrage vom November 2009 sogar auf 20 Prozent.« Hatte Robertson doch Recht? »Vielleicht dachten die Schotten, dass eine nationalistische Regierung ihre Ansichten ausreichend gut vertreten würde, ohne dass eine Trennung vom Rest des Vereinigten Königreichs notwendig wäre«, so die Umfrageprofis.

Im Jahr 2011 gelang es der SNP in den Wahlen zum schottischen Parlament, eine absolute Mehrheit zu erreichen. Das Wahlkampfversprechen der Abhaltung eines Referendums noch in der nächsten Legislaturperiode hatte dazu geführt, dass das Thema auf der politischen Agenda wieder weit nach oben gerückt war. Die politische Dominanz der SNP und ihres Vorsitzenden Alex Salmond erzeugten eine Debatte, bei der sich die SNP bewusst und erfolgreich in Kontrast zu der Tory-geführten Regierung in Westminster und ihrer strengen Sparpolitik setzten konnte. Zur selben Zeit befanden sich alle unionistischen Parteien in Schottland, auch Labour, in einer Übergangsphase, da sie seit den Wahlen 2011 jeweils einen neuen Vorsitzenden gewählt und vergeblich versucht hatten, eine differenzierte und eindeutige Position in der Verfassungsfrage einzunehmen. Für lange Zeit schien es so, als könne sich auf unionistischer Seite keine klare Führungspersönlichkeit durchsetzen, die in der Lage wäre, es mit Salmond, Sturgeon und der SNP aufzunehmen. Die SNP errang einen Wahlerfolg nach dem anderen, und erreichte, dass London erneut ein Referendum ansetzen würde.

Am 18. September 2014 war es soweit, und in Schottland fand eine weitere Abstimmung über die mögliche Unabhängigkeit statt. Ähnlich wie beim Brexit-Referendum lautete die Frage zugespitzt »Soll Schottland ein unabhängiges Land sein?«, was die Wähler mit »Ja« oder »Nein« beantworten konnten. Anders als von der »Yes Scotland«-Kampagne erwartet, setzte sich jedoch das »Nein«-Lager der von Labour dominierten »Better Together«-Initiative mit genau 2.001.926 Stimmen (55,3 Prozent) gegenüber 1.617.989 Stimmen (44,7 Prozent) durch. Erneut war die Wahlbeteiligung ein wichtiges Kriterium für die Gültigkeit. Mit 84,6 Prozent war sie dieses Mal jedoch die höchste, die bei einer Wahl oder einem Referendum im Vereinigten Königreich seit 1910 jemals verzeichnet worden war.

Die SNP akzeptierte das Ergebnis, jedoch nur bis zum Brexit-Referendum 2016. Salmond war inzwischen aus der Partei ausgetreten, um sich gegen Vorwürfe der Vergewaltigung und sexuellen Nötigung zu wehren, die er bestritt und für die er nach einem Prozess 2020 in allen Vorwürfen freigesprochen wurde. Seine Stellvertreterin Nicola Sturgeon hatte inzwischen das Zepter in die Hand genommen und das Thema Unabhängigkeit als Lebenselixier ihrer Partei erkannt. Was den Tories der Brexit war, wurde für die SNP das Referendum. Sturgeon hatte große Ambitionen: »Das Vereinigte Königreich braucht eine starke Opposition, und die Labour Party zeigt keine Anzeichen dafür, dass sie dazu in der Lage ist. Die SNP füllt diese Lücke und wird sich auch weiterhin darum bemühen, dies zu tun«, so betonte sie.

62 Prozent der Schotten hatten für den Verbleib in der EU gestimmt und waren nun gegen ihren Willen, so Sturgeon treffend, keine EU-Bürger mehr. Folgt man IPSOS, hatte sich der Grad der Unterstützung für die Unabhängigkeit nicht unmittelbar geändert. Aufgrund der erfolgreichen Kampagnenführung Sturgeons entstand dennoch langsam ein Diskurszusammenhang zwischen der Einstellung zur Unabhängigkeit und dem Wunsch nach dem Verbleib in der EU. Im Juni 2022 nahm Sturgeon einen erneuten Anlauf in Sachen Unabhängigkeit, obwohl die Verfassung der Union vorschreibt, dass die Regierung in Westminster einem solchen Ansinnen zustimmen muss und Boris Johnson dies wiederholt und vehement ausgeschlossen hatte. Wenn ein Referendum an sich nicht durchführbar sei, so Sturgeon schließlich fast trotzig, dann werde der Ausgang der nächsten Regionalwahlen und das Ergebnis der SNP als entsprechendes demokratisches Mandat für die Unabhängigkeit zur Kenntnis zu nehmen sein.

Inzwischen hatte Sturgeon jedoch in Anas Sarwar, dem neuen Vorsitzenden von Labour Scotland, einen würdigen Gegner gefunden. Sarwar, Jahrgang 1983 und Kind pakistanischer Eltern, hatte die Strategie der SNP seit seinem ersten Einzug ins schottische Parlament 2011 stetig verfolgt. Mehrfach war er gegen SNP-Kandidaten unterlegen und verlor seinen Parlamentssitz wieder, bis er begann, die aus seiner Sicht populistisch agierende Regierungspartei in Sachfragen zu attackieren. Er konterte mit einem Gegenentwurf zum Projekt der Unabhängigkeit und schöpfte dabei aus seinem Erfahrungskatalog als Koordinator der »Better Together«-Kampagne von 2014.

Die Scottish Labour Party formulierte fortan in mehreren Papieren aus den Jahren 2021 und 2022 ihre Position zur schottischen Unabhängigkeit. In ihrem Programmentwurf »The Road to Recovery« (Der Weg zur Erholung), welcher unter dem Eindruck der Pandemie entstanden war, betonte die Partei, sich auf den wirtschaftlichen Wiederaufbau nach Corona konzentrieren zu wollen, statt auf ein weiteres, kaum umsetzbares Unabhängigkeitsreferendum. 2022 forderte Anas Sarwar in einem offensiv vorgetragenen Maßnahmenkatalog unter dem Schlagwort »Rebuilding Scotland« eine Stärkung der dezentralen Regierungsführung und legte im Detail vor, wie dies erreicht werden könnte und welche positiven Effekte trotz Brexits möglich wären, falls die schottische Regierung nicht ihre ganze Energie darauf verwenden würde, die britische Verfassung eigenmächtig ändern zu wollen. Beide Dokumente reflektieren die kontinuierliche Ablehnung der Unabhängigkeit und den Fokus auf wirtschaftliche und soziale Erholung innerhalb des Vereinigten Königreichs. Während Labour sich aus der Opposition in Edinburgh um die Lösung dringender Sachfragen nach der Pandemie bemühte, brachte Sturgeon die Frage des Referendums vor das Oberste Gericht des Landes in London.

Am 23. November 2022 entschieden die Richter des UK Supreme Court, das Erwartbare: Das schottische Parlament sei nicht befugt, ein solches Referendum ohne Zustimmung der Zentralregierung abzuhalten. Verfassungsrechtliche Angelegenheiten, einschließlich der Union zwischen Schottland und England, fielen in die Zuständigkeit des britischen Parlaments in Westminster und könnten daher nicht einseitig von Schottland entschieden werden.

Führende Vertreter der SNP kritisierten die Entscheidung des Gerichtshofs scharf. Vor dem Hintergrund des erheblichen Rückschlags äußerte Nicola Sturgeon Enttäuschung und Frustration. Das Urteil untergrabe den demokratischen Willen der schottischen Bevölkerung, die im Rahmen der vielfachen Wahlprozesse und der Stimmabgabe für die SNP den Wunsch nach einem weiteren Referendum geäußert hätten. Man wolle daher den Schwung und die öffentliche Unterstützung für das Anliegen aufrechterhalten.

Die Wogen schienen zunächst geglättet. Dagegen war das Chaos in London zwischenzeitlich perfekt. Das politische London war seit dem Rücktritt von Liz Truss mit sich selbst beschäftigt, als am 15. Februar 2023 eine Nachricht aus Edinburgh wie eine Bombe einschlug. Völlig unerwartet und ohne erkennbaren Grund kündigte Nicola Sturgeon ihren Rücktritt als schottische Regierungschefin und Vorsitzende der Schottischen Nationalpartei an. Mit der bisher längsten Amtszeit eines Regierungschefs und als erste Frau an der Spitze einer schottischen Regierung galt Sturgeon als eine der etabliertesten und erfolgreichsten Politikerinnen des Vereinigten Königreichs. Zog sie nun die persönliche Konsequenz aus dem Scheitern der Unabhängigkeitsfrage? Die Entscheidung des Gerichts war doch keine Überraschung gewesen. Der Antrag doch Teil ihrer politischen Strategie? Was war also ihr Motiv?

In einer Pressekonferenz sprach die Regionalpräsidentin von persönlichen Gründen und dem hohen Druck, den die Rolle mit sich bringe. Sie sei sich unsicher, ob sie noch die richtige Person sei, um den Kurs ihrer Partei weiter zu bestimmen. Die Entscheidung habe mit aktuellen Konflikten innerhalb der Partei nichts zu tun.

In der Tat waren die Stimmen der Zweifler immer lauter geworden. Selbst wenn Schottland die Unabhängigkeit erlangen würde und selbst wenn sich die EU zu einer (Wieder-)aufnahme Schottlands in den Verbund bereit erklären würde, entstünden dadurch nicht ähnliche Probleme wie auf der irischen Insel? Würde eine EU-Außengrenze entlang des Hadrian-Walls die Lösung wirtschaftlicher Probleme wirklich voranbringen? Als Neumitglied würde Schottland den Euro einführen müssen, ein Umstand, der weitere negative Folgen für den Handel auf der britischen Insel hatte. Die schottische Haushaltskasse war nach der Finanz- und Wirtschaftskrise und der Pandemie ebenso leer wie die vieler europäischer Staaten. Wer würde die Kosten dieses politischen Projekts übernehmen? Die EU?

Knapp sechs Wochen nach Sturgeons Rücktritt schienen dramatische Entwicklungen in Schottland endlich Licht ins Dunkel um die Motive ihrer Entscheidung zu bringen. Unter dem Namen »Operation Branchform« wurde der langjährige Geschäftsführer der SNP und Ehemann Nicola Sturgoens, Peter Murrell, am 5. April 2023 von der Polizei verhaftet. Zum Schock ihrer Nachbarn im gutbürgerlichen und wohlhabenden Glasgower Vorort Queensferry, tauchte die Spurensicherung am Haus des »Power Couple« der schottischen Politik auf und erregte durch den Aufbau eines blauen Forensik-Zeltes und mehrerer Sichtschutzwände im Vorgarten erhebliche Aufmerksamkeit. Polizeiautos und Pressewagen verursachten entsprechende Hektik in der sonst so ruhigen Wohngegend. Über mehrere Tage krempelte die Polizei unter großem Medieninteresse offensichtlich jeden Stein im Anwesen der Familie Murrell-Sturgeon um. Was war der Grund? Welche Leichen lagen im Keller der SNP?

Während der Wahl des Parteivorsitzes hatte die schottische Öffentlichkeit die Partei gedrängt, die tatsächliche Zahl ihrer Mitglieder bekannt zu geben. Bis zum Februar 2023 war diese tatsächlich um 30.000 Personen auf 72.186 geschrumpft. Angeblich wegen des Streits um akkurate Zahlen hatte es Peter Murrell seiner Ehefrau gleichgetan und war am 18. März 2023 – vor einem ihm drohenden Misstrauensvotum – von seinem Amt als SNP-Geschäftsführer zurückgetreten. Tatsächlich hatte er sich seit Wochen drängenden Fragen von Mitgliedern über das angebliche Verschwinden von 600.000 Pfund an Spendengeldern ausgesetzt gesehen. Die Zeitung *The Scotsman* hatte bereits 2021 berichtet, dass die schottische Polizei gebeten worden war, Untersuchungen einzuleiten.

Auch die Opposition in Holyrood verlangte Aufklärung wegen eines zinslosen Darlehens in Höhe von 107.620 Pfund, das Murrell der SNP im Juni 2021 privat gewährt, aber der Wahlkommission erst mehr als ein Jahr nach Ablauf der Frist mitgeteilt hatte. Man habe, so die Partei, das Darlehen nicht gemeldet, da man »nicht der Meinung war«, dass die Angelegenheit meldepflichtig sei. Das Darlehen diente der Bewältigung erheblicher Liquiditätsprobleme der Partei.

Murrell hatte über 20 Jahre seines Lebens der Arbeit in der SNP gewidmet. Nun stand er, der Ehemann der ehemals wichtigsten Politikerin Schottlands, unter der Anklage, Gelder veruntreut zu haben, die allein für eine Werbekampagne für ein weiteres Unabhängigkeitsreferendums gesammelt worden waren.

Im Rahmen der dramatisch verlaufenden Ermittlungen verhaftete die Polizei am 11. Juni 2023 auch die ehemalige First Minister of Scotland. Sturgeon wurde – wie ihr Mann – ohne Anklage freigelassen, da weitere Ermittlungen notwendig wurden. Der seit 2024 vorliegende

»Strafverfolgungsbericht Peter Murrell« bestätigt, dass weiterhin gegen eine »53-jährige Frau« ermittelt werde. In den 3.000 Tagen, die das Polittraumpaar Schottlands zusammenarbeitete, gewannen die beiden jede Wahl in Schottland. Ihr Hauptziel, die Unabhängigkeit Schottlands zu erreichen, konnten sie jedoch nicht verwirklichen. Nachdem die Polizei ihre Untersuchungen in Queensferry beendet hatte, veröffentlichten die Sonntagszeitungen das Bild eines großen, luxuriösen Premium-Wohnmobils im vermeintlichen Wert von 130.000 Euro. Die Ermittler hatten es vor dem Haus der 92-jährigen Mutter Peter Murrells im Norden von Edinburgh beschlagnahmt.

Die Scottish Labour Party setzte derweil weiter darauf, dass die Menschen in Schottland dringend nach konkreten Lösungen ihrer wirtschaftlichen und sozialen Probleme suchten und nicht nach der Umsetzung eines nationalistischen Projekts. Anas Sarwars Kalkül ging auf. Die Konzentration der Labour-Partei auf schottische Themen trug dazu bei, ihre Sichtbarkeit und Attraktivität zu steigern.

Bereits im Mai 2022 hatte sich bei den schottischen Kommunalwahlen eine Trendwende abgezeichnet. Labour konnte erhebliche Zuwächse an Sitzen verzeichnen. Insbesondere im Stadtrat der Industriestadt Glasgow, die vor dem SNP-Siegeszug traditionell eine Hochburg der Sozialdemokratie gewesen war, konnte Labour wieder deutlich zulegen. Der Stimmungsumschwung spiegelte sich auch im eher ländlichen West Dunbartonshire und innerhalb des zentralen Gürtels zwischen Glasgow und Edinburgh in North Lanarkshire wider. Labour konnte nicht nur in den Stadträten, sondern in der gesamten Region seinen Einfluss ausbauen. Die Ergebnisse signalisierten eine mögliche Verschiebung in der politischen Landschaft. Wollte Labour jemals zurück in die Downing Street, so erschien diese Trendwende in Schottland als eine erste positiv verlaufende Stichprobe. Mehr noch, sie war ein lauter Warnschuss für die Konservativen, dass das Thema »Brexit« nicht mehr zog und sich die Wahrnehmung der wichtigsten Themen in der Bevölkerung offensichtlich verschoben hatte.

Insbesondere in Nordirland hatten die Menschen im Zusammenhang mit dem Brexit vor einer Reihe von Herausforderungen gestanden. Aber auch in Schottland und Wales hat der Brexit Kollateralschäden mit sich gebracht. Die dezentralen Regierungen sind seither gefordert, politische Maßnahmen von Grund auf zu entwickeln und umsetzen. Nicht nur der Mangel an Kapazitäten hat dies bisweilen erschwert, sondern auch eine fehlende Schwerpunktsetzung bei der SNP und bei den Tories. Darüber hinaus hatte sich das durch den Brexit verursachte Misstrauen zwischen den verschiedenen Regierungsebenen noch immer nicht gelegt.

Alex Walker, Referent für Forschung und Kommunikation bei der Denkfabrik »Another Europe is Possible« (UK in einem sich wandelnden Europa), schreibt dazu: »In den dezentralisierten Bereichen, die früher unter das EU-Recht fielen, gibt es ›gemeinsame Rahmen‹, in denen Beamte aus dem gesamten Vereinigten Königreich über diese und informellere Kanäle in technischen Fragen zusammenarbeiten. Doch die neuen Foren, die Anfang 2022 [von Boris Johnson] für den regelmäßigen Austausch zwischen den Ministern eingerichtet wurden, scheinen ihr Potenzial als Verhandlungs- und Dialogforen für strittige Bereiche noch nicht auszuschöpfen [...].«

Es mangelte nicht an guten Vorschlägen zur Verbesserung der offenen Fragen der Dezentralisierung. Das »Centre for Cities«, ein Labour-nahes Institut, schlug folgende Maßnahmen vor: Schaffung eines einzigen Fördertopfes für die lokale Wirtschaftsentwicklung, Zuweisung der Mittel in Fünfjahresrunden (um die Sicherheit der Finanzierung zu erhöhen und die Fluktuation der Zuschüsse zu verringern) sowie Zuweisung der Mittel ohne Wettbewerb auf der Grundlage einer nationalen Strategie, die die Entscheidung über die Verwendung der Mittel den lokalen Behörden überträgt. Die Regierung solle anerkennen, dass der größte Nutzen für das nationale Wachstum und die Angleichung der Lebensverhältnisse durch die Konzentration auf die leistungsschwachen Großstädte des Vereinigten Königreichs erzielt werden könne. »Für jeden Ort, der Fördermittel erhält, sollte die oberste Ebene der Kommunalverwaltung als ›federführende Behörde‹ benannt werden, die für die Ausarbeitung von Investitionsplänen zuständig und für deren Umsetzung verantwortlich ist«, so Stuart

Bridget vom »Centre for Cities«. »Anders als 2019«, so pflichtete Alex Walker von »Another Europe« bei, »wird die nächste Wahl keine Brexit-Wahl sein – und auch die Dezentralisierung wird in der nationalen Debatte wahrscheinlich nicht im Vordergrund stehen. Aber wer auch immer die Wahl gewinnt, wird dennoch entscheiden müssen, wie er sich in diesem Terrain bewegen will, in dem so vieles noch nicht geklärt ist.« Großartige Architektur wäre also nicht nur am Parlamentssitz in Schottland erforderlich, sondern auch im Zusammenspiel zwischen London, Cardiff, Edinburgh und Belfast.

Kapitel 11
Die grüne Revolution

Seit dem Amtsantritt Rishi Sunaks im Oktober 2022 war eine atmosphärische Verbesserung in den Beziehungen zur EU erkennbar, und das war bitter nötig. Auch beim engsten EU-Nachbarn auf der grünen Insel, der Republik Irland, war man verstimmt. Denn kurz vor Ende der Brexit-Übergangsfrist am 31. Dezember 2020 konnte mit dem »Trade and Cooperation Agreement« (TCA) zwar ein Freihandelsvertrag vereinbart und damit ein No-Deal Szenario abgewendet werden. Aber der Vertrag blieb ein schwaches Abkommen. Wichtige Aspekte wie der Zugang zum Markt für Dienstleistungen, die Regelung von Datenschutzfragen oder zukünftige Möglichkeiten einer strukturierten außen- und verteidigungspolitischen Kooperation fehlten komplett. Grundlegende Fragen im britisch-europäischen Verhältnis blieben ungeklärt und mussten ab jetzt mühsam weiterverhandelt werden.

Als ein besonders heikler Punkt stellte sich die Frage der nordirisch-irischen Grenze heraus. Während der Brexit-Verhandlungen stand die britische Regierung vor dem Dilemma, entweder im EU-Binnenmarkt zu verbleiben, und damit keine harte Grenze zwischen Nordirland und der Republik Irland zu etablieren (was ohnehin im »Karfreitagsabkommen« von 1998 ausgeschlossen wurde), oder eine De-Facto-Grenze in der Irischen See, also zwischen Nordirland und dem Rest des Vereinigten Königreichs zu akzeptieren. Boris Johnson entschied sich für die letztere Variante, sodass Nordirland faktisch weiter Teil des europäischen Binnenmarkts blieb. Eine harte Grenze mit Kontrollen zwischen der Republik Irland und Nordirland und ein erneuter Ausbruch des gewalttätigen Konflikts über eine Wiedervereinigung der Insel sollte um jeden Preis verhindert werden. Dies bedeutete aber auch, dass alle Waren, die fortan von Großbritannien nach Nordirland geliefert würden, den Regeln des europäischen Binnenmarktes entsprechen mussten und Zollgrenzkontrollen in der Irischen See unausweichlich waren.

Die nordirischen Unionisten der Democratic Unionist Party (DUP) fühlten sich verraten und verkauft. Die Regelung würde dazu führen, dass sich Nordirland weiter vom Königreich entfremde, so ihre Sorge. Um nicht in der eigenen Wählergunst zu sinken, sprengte die DUP im Februar 2022 zunächst die Regionalregierung in Belfast und stellte nach ihrer Wahlniederlage klar, dass sie, entgegen den Bestimmungen des »Karfreitagsabkommens«, ausdrücklich in keine neue Regierung mit der republikanischen Sinn Féin eintreten werde. Damit war die Blockade perfekt und eine gesamte Teilregion des Vereinigten Königreichs unregierbar.

Johnson behalf sich damit, Übergangsfristen mehrfach einseitig zu verlängern. Die Einführung von Grenzkontrollen wurde auf unbestimmte Zeit verschoben. Der Streit mit Brüssel war unausweichlich und behinderte sogar Impfstofflieferungen während der Pandemie. Noch im Juli 2021 bestand Johnson auf Nachverhandlungen des Protokolls, sodass man von Kontrollen absehen würde und britische Waren bei der Lieferung in die EU von Zollanmeldungen befreit wären. Ein Vorschlag, der die Grenzen des Binnenmarktes quasi aufgelöst hätte.

Das bereits nachhaltig gestörte Vertrauensverhältnis zur Kommission in Brüssel nahm mit der Ausarbeitung der »Northern Ireland Protocol Bill« im Mai 2022 durch die damalige Außenministerin Liz Truss weiteren Schaden. Das Gesetz sollte es Ministerinnen und Ministern unter Inkaufnahme des Bruchs internationalen Rechts zukünftig ermöglichen, einseitig Teile des Nordirland-Protokolls außer Kraft zu setzen. Nicht nur die EU, sondern auch die irische Regierung lehnten eine Überarbeitung des Protokolls ab. Über eine Vereinfachung der Zollkontrollen könne man hingegen sprechen.

Johnson blieb sich treu und forderte, dass die Jurisdiktion des Europäischen Gerichts über Nordirland zu beenden sei. Brüssel argumentierte dagegen, dass das höchste Gericht der EU zuständig bleiben müsse, solange Nordirland weiter Teil des EU-Binnenmarktes für Waren sei. In der Quadratur des Kreises war das Kabinett unter Liz Truss bemüht, den Ton zwischen der EU und London versöhnlicher und konstruktiver zu gestalten. Nordirland-Staatssekretär Steve Baker, ein Hardcore-Brexiteer, entschuldigte sich sogar für sein Verhalten während des Brexit-Streits: »Ich möchte in aller Bescheidenheit akzeptieren und zugeben, dass ich und andere sich nicht immer so verhalten haben, dass Irland und die Europäische Union uns vertrauen«, so Baker reumütig vor dem Parteitag, »und ich muss akzeptieren, dass sie legitime Interessen haben [...] und das tut mir leid, denn die Beziehungen zu Irland sind nicht da, wo sie sein sollten, und wir werden sehr hart daran arbeiten müssen, sie zu verbessern«. Inhaltlich änderte sich jedoch wenig an der Position der britischen Seite bis die Europäische Kommission ein Vertragsverletzungsverfahren gegen das Vereinigte Königreich einleitete.

Immer wieder drohte London mit der Anwendung von Artikel 16 des Nordirland-Protokolls, der vorsah, dass die Bestimmungen des Vertrages im Falle »ernster wirtschaftlicher, sozialer oder ökologischer Schwierigkeiten« außer Kraft gesetzt werden können. Der Streit war eskaliert und machte deutlich, wie verletzlich das Austrittsabkommen war. Auch Liz Truss hatte keinerlei Anzeichen der Deeskalation erkennen lassen. Die Brexit-Kampagne samt ihres vermeintlichen Potentials, über eine Dämonisierung Brüssels die Meinungen zu den eigenen Gunsten mobilisieren zu können, lief de facto weiter. Als Truss im Vorfeld ihrer Wahl zur Parteivorsitzenden gefragt wurde, ob sie Emmanuel Macron als Freund oder Feind sehe, antwortete sie: »Die Jury hat sich noch nicht entschieden«, was nicht nur den französischen Präsidenten erboste, sondern auch für massive Kritik innerhalb Großbritanniens sorgte.

Erst die Teilnahme von Liz Truss am Gipfeltreffen der Europäischen Politischen Gemeinschaft (EPG) im Oktober 2022 in Prag und ihr Angebot, das nächste Treffen im Juli 2024 im Vereinigten Königreicht veranstalten zu wollen, konnte als zartes Pflänzchen einer Annäherung interpretiert werden. Nur 14 Tage später war Liz Truss jedoch schon nicht mehr im Amt und die Regierungs- und Lebenshaltungskostenkrise in Nordirland noch nicht beseitig. Die Verwaltung in Belfast stand nahezu still, denn die Beamten hatten von London nur ein Drittel ihres normalen Haushaltsbudgets zugewiesen bekommen. Die Situation war mehr als prekär, und Rishi Sunak als neuer Amtsinhaber war bemüht, einen schnellen Ausweg aus der Blockadesituation in Stormont zu finden, wo die unionistische DUP sich weiterhin weigerte anzuerkennen, dass mit Michelle O'Neill erstmals in der Geschichte Ulsters eine Abgeordnete von Sinn Féin, dem ehemaligen politischen Arm der IRA, zur Regionalpräsidentin gewählt werden sollte.

Im Frühjahr 2023 gelang Sunak der Abschluss des sogenannten Windsor-Frameworks mit Brüssel. Das Abkommen soll die Funktionsweise des Nordirland-Protokolls anpassen, um den politischen Bedenken der Ulster-Unionisten Rechnung zu tragen. Für Waren, die aus Großbritannien nach Nordirland gelangen, gilt weiterhin eine Handelsgrenze in der Irischen See. Einige Aspekte der Umsetzung wurden jedoch erleichtert. So erhält die britische Regierung – nicht das Parlament in Stormont – mehr Kontrolle über die in Nordirland geltenden Mehrwertsteuersätze und legt fest, dass in den Verkehr gebrachte Arzneimittel vom Vereinigten Königreich und nicht von der EU kontrolliert werden. Der sogenannte »Stormont Break«, ein Veto-Recht, gibt dem nordirischen Parlament die Möglichkeit, gegen aktualisierte und geänderte EU-Rechtsvorschriften, die vor allem Waren betreffen, Einwände zu erheben, sie auszusetzen und sie möglicherweise nicht anzuwenden. Das Abkommen wurde gemäß Artikel 14 und Artikel 15 des Protokolls geschlossen und bedurfte daher keiner formellen Zustimmung des Parlaments in London.

Stattdessen hatte Sunak die Kommissionspräsidentin Ursula von der Leyen auf Schloss Windsor eingeladen. Die Anwesenheit des Königs sollte dem Abkommen Bedeutung verleihen, und von der Leyen spielte mit. »Lieber Rishi«, begann sie ihr Abschluss-Statement am Ende des Verhandlungsprozesses vor der Presse in Berkshire und verwies in ihrer in versöhnlichem Ton gehaltenen Rede auf den anstehenden 25. Jahrestag des Karfreitagsabkommens: »Der neue Windsor-Rahmen soll den Menschen in Nordirland zugutekommen, und er unterstützt alle Gemeinschaften, die den Frieden auf der irischen Insel feiern. Aus diesem Grund glaube ich, dass wir jetzt ein neues Kapitel in unserer Partnerschaft aufschlagen können. Eine stärkere Beziehung zwischen der EU und dem Vereinigten Königreich, die als enge Partner Schulter an Schulter stehen, jetzt und in der Zukunft.«

Politiker der Unionisten erklärten im Anschluss zwar, dass das Agreement zwar eine Verbesserung gegenüber der ursprünglichen Umsetzung des Protokolls darstelle, waren jedoch weiterhin »besorgt«. Erst im Januar 2024 lenkte der DUP-Vorsitzende Jeffrey Donaldson ein, seine Partei zurück in die Machtteilungsmechanismen in Stormont führen zu wollen und damit den Weg für das Ende einer zweijährigen Suspendierung der nordirischen Versammlung zu ebenen. London hatte im Gegenzug zusätzliche 3,3 Milliarden Pfund für eine wiederbelebte konfessionsübergreifende Regierung versprochen.

Sunak konnte einen Erfolg vermelden, der sich innenpolitisch jedoch nicht verbuchen ließ, und so erlitt seine Partei im Mai 2024 den nächsten Dämpfer. Bei den Local Elections in England und Wales fuhren die Tories herbe Verluste ein. Labour gewann mit einem Plus von 186 neuen Kommunalabgeordneten die Kontrolle über insgesamt acht *Councils* (Gemeinde- und Stadträte). Über 470 ehemalige Tory-Kommunalpolitiker verloren ihr Mandat, und damit die Mehrheit in insgesamt zehn kommunalen Gebietskörperschaften. Der Trend aus Schottland setze sich nun also in England und Wales fort und wurde durch den Erfolg Labours bei zehn der elf Metro-Bürgermeisterwahlen gekrönt. In der Hauptstadt gelang es Sadiq Khan als erstem muslimischem Bürgermeister von Greater London trotz einer islamophoben Kampagne gegen ihn, sein Amt zum dritten Mal in Folge zu verteidigen. In Gebieten mit einem hohen muslimischen Bevölkerungsanteil musste Labour jedoch auch Niederlagen verkraften. Seit Ausbruch des Gaza-Krieges im Oktober 2023 hatten einige Wähler die anfänglich ausschließlich proisraelische Haltung Starmers zurückgewiesen. Auch kleinere Parteien wie die Grünen, die Liberaldemokraten und vor allem die rechtspopulistische Partei Reform UK erzielten auffällige Zugewinne.

Infolge der Niederlage, die die Regierungspartei erlitten hatte, wuchsen die Spekulationen über den möglichen Wahltermin für die landesweiten General Elections in den Londoner Himmel. Nach Ablauf der fünfjährigen Legislatur im Dezember 2024 müsste die Abstimmung zum Unterhaus spätestens 25 Tage später stattgefunden haben. Die Wahlen würden wahrscheinlich »in der zweiten Jahreshälfte stattfinden«, so ließ Sunak durchblicken, und das Land richtete sich auf einen Termin Mitte November ein. Die Sommerferien konnten geplant werden. Vorher würde Sunak mit an Sicherheit grenzender Wahrscheinlichkeit bessere Wirtschaftsdaten abwarten und sich über Berichte freuen wollen, die die ersten Flieger mit abgeschobenen Asylbewerbern nach Ruanda vermelden. Alles andere würde keinen Sinn ergeben. Labour lag beständig in den Umfragen mit 20 Prozentpunkten vor. Sunak würde sicherlich kein Himmelfahrtskommando riskieren, so die einhellige Meinung.

Doch bereits am 22. Mai braute sich in der Gerüchteküche Westminsters über mehrere Stunden etwas zusammen. Wie ein begossener Pudel stand der Premierminister schließlich noch am selben Nachmittag im strömenden Regen vor seinem Amtssitz, als gäbe es in ganz London keinen Regenschirm. Während er vor der versammelten Presse in der Downing Street eine Erklärung abgab, kam er gegen den Lärm und die Musik von Demonstranten kaum an, die sich in der Nähe versammelt hatten. »Things can only get better!«, der Song der erfolgreichen Wahlkampagne von Tony Blair aus dem Jahr 1997, schallte aus großen Boxen von Whitehall herüber. Während Sunak völlig durchnässt einer verblüfften und ungläubig staunenden Menge von Journalisten den 4. Juli als Wahltermin mitteilte, hatte sich nur einige Meter weiter entfernt ein Pulk von Protestlern versammelt. Dieser unglückliche Auftakt war sinnbildlich für eine Wahlkampagne der Tories, die sich, gespickt mit taktischen Fehlern und einem parteiinternen Wettskandal, als ein einziges Desaster herausstellen sollte.

Sunaks Entscheidung war ein riskanter Schritt. Die Ankündigung schien eine spontane, durch selten gewordene, gute Wirtschaftsnachrichten ausgelöste Entscheidung gewesen zu sein. Starke Rückgänge bei den Gas- und Strompreisen trugen dazu bei, dass die jährliche Inflationsrate deutlich auf 2,3 Prozent zurückging. Diese Nachricht ließ viele auf eine Zinssenkung der Bank of England hoffen. Ihre Entscheidung würde am 20. Juni bekannt gegeben – also nur wenige Tage vor der Wahl. Eine weitere Hoffnung Sunaks schien zu sein, die große Zahl der durch den »Spielkasino-Haushalt« von Liz Truss gebeutelten Hausbesitzer mit einem neuen Leitzins besänftigen zu können. Die Krise sei jetzt überwunden. Großbritanniens Wirtschaftswachstum würde zurzeit dasjenige von Frankreich, Deutschland und den USA übersteigen. Die Briten und Britinnen hätten nun die Wahl: »Go back to square one and no plan« – wieder bei null anfangen (mit Labour) oder kopflos weiter so mit den Tories – so das Framing.

Einem Faktencheck hielt diese Erzählung nicht lange stand. Das Bruttoinlandsprodukt lag im ersten Quartal zwar um 1,7 Prozent höher als vor der Pandemie. Im Vergleich dazu war das Wachstum in der Eurozone jedoch um 3,4 Prozent stärker, und die Wirtschaftskraft der USA – und nicht die Großbritanniens – verzeichnete in diesem Zeitraum mit 8,7 Prozent den größten Zuwachs unter den G7-Ländern. Einmal mehr nahm es Sunak mit der Wahrheit nicht so genau. Ein Muster, dass sich nun im Wahlkampf wiederholte und ihm nach einer TV-Debatte von der Presse gar den Vorwurf einbrachte, gelogen zu haben, als er Fake-Berechnungen über angeblich geplante Steuererhöhungen der Opposition vortrug. Angesichts dessen, dass sich die wirtschaftlichen Rahmenbedingungen vor dem Herbst also nicht wesentlich verbessern würden und sich die Zweifel an der tatsächlichen Umsetzung seines »Ruanda-Abschiebeprogramms« mehrten, schien es ihm wohl ratsam, die Notbremse zu ziehen. Kommentatoren hatten zu bedenken geben, dass der angebliche »Abschiebe-Tiger« in Ruanda

Mitte Juli wie ein Bettvorleger landen würde, wenn die ersten noch immer möglichen Individualklagen von Betroffenen eingingen.

Doch was wollte Labour? Sunaks Pressekonferenz schien improvisiert. Morgan McSweeney, Keir Starmers strategischer Leiter, hatte bereits seit Monaten vor dieser Situation gewarnt. Er und das Schattenkabinett waren gut vorbereitet. In einer Presseerklärung trat Starmer bereits ganz staatsmännisch auf und versprach »Change«, Wandel. Fast einstimmig wurde am 13. Juni ein sogenanntes Manifest dieses Titels von der Partei verabschiedet. Während die Programme der vergangenen Jahre unter Corbyn durch den Vorschlag einer starken Kreditaufnahme gekennzeichnet waren und einen Schwerpunkt auf Investitionen im öffentlichen Sektor legten, konzentrierte sich die neue Agenda Starmers in erster Linie auf eine grüne Industriestrategie.

Mit der Verpflichtung zu strikten Fiskal-Regeln und minimalen Steuererhöhungen sollte die Wirtschaft vor allem dadurch angekurbelt werden, dass das Risiko privater Investitionen in die Infrastruktur durch den Staat abgesichert wird. In Anbetracht der selbst auferlegten fiskalischen Zurückhaltung setzte die Partei in den Bereichen Arbeitsmarkt, Gesundheit und Bildung eher auf Effizienzsteigerungen denn auf direkte staatliche Investitionen. Trotzdem, so das Manifest, sollten die drastischen Kürzungen im öffentlichen Sektor der letzten 15 Jahre langfristig ausgeglichen werden, »sobald wieder ein Wirtschaftswachstum absehbar« ist.

Das Wahlprogramm stützte sich auf fünf sogenannte »Missionen« in den Bereichen saubere Energie, Justiz und Verbrechensbekämpfung, Bildung, Nationaler Gesundheitsdienst und – am wichtigsten – Förderung des Wirtschaftswachstums.

Ein nationaler Wohlstandsfonds in Höhe von 8,6 Milliarden Euro soll Investitionen in strategische Projekte wie die Modernisierung von Häfen, Gigafactories und die Stahlindustrie lenken.

Ein weiteres Projekt mit dem Namen »Great British Energy« sieht die Gründung eines staatlichen Energieunternehmens mit einem Kapital von 9,8 Milliarden Euro vor, das die Energieerzeugung und den

Verbrauch regulieren soll, ohne das gesamte System zu verstaatlichen. Labour hoffte, in einer Art grüner Revolution 650.000 Arbeitsplätze zu schaffen. Ergänzend dazu sollen Verkehrs- und Infrastrukturprojekte sowie der Bau von 1,5 Millionen Wohnungen regionale Ungleichgewichte ausgleichen. Der Erfolg dieser Investitionsprojekte hinge jedoch davon ab, so Starmer, dass private Investoren den Wert dieser öffentlichen Mittel tatsächlich – wie erhofft – vervierfachen würden.

Ein »New Deal for Working People« soll die Gewerkschaften von den Beschränkungen befreien, die ihnen von den seit 2010 aufeinanderfolgenden konservativen Regierungen auferlegt wurden. Unfaire Beschäftigungspraktiken wie Null-Stunden-Verträge sollen verboten, der Mechanismus zur Berechnung des Mindestlohns geändert und für alle Altersgruppen angeglichen werden.

Der Fachkräftemangel im Bildungswesen soll durch die seit langem fällige Besteuerung der privaten Eliteschulen finanziert werden. Der angeschlagene Sozialpflegesektor werde durch einen sektoralen Tarifvertrag Verbesserungen der Arbeitsbedingungen erfahren. Labour versprach, »die Beziehungen zum Pflege-Personal neu zu gestalten« und orientierte sich dabei bewusst an der Respekt-Agenda der SPD. In unzähligen Videokonferenzen und vielen Besuchen von Parteistrategen sowie Schattenministern in Berlin und den neuen Bundesländern hatte man sich zahlreiche Anregungen aus Deutschland geholt. Gerechtere Arbeitsbedingungen sollten die negativen Arbeitsmarkt- und Produktivitätsentwicklungen der letzten 20 Jahre ausgleichen.

Auch international deutete vieles auf eine Neuordnung der auswärtigen Beziehungen des Königreichs hin. Die Labour-Partei strebt ein Abkommen über die gegenseitige Anerkennung von Berufsqualifikationen, ein Veterinärabkommen und einen Sicherheitspakt mit der EU an, der vor allem auf engeren Beziehungen zu Deutschland aufbauen würde. Entgegen den Vorwürfe aus dem gegnerischen Lager wolle man jedoch ausdrücklich nicht zurück in die Zollunion und den Binnenmarkt. Das Manifest enthielt auch keinen Vorschlag zur Verbesserung der Mobilität. Man vermied das Thema wie der Teufel das

Weihwasser. Steigende Umfragewerte für Nigel Farage und Reform UK machten Labour offensichtlich Sorgen.

Bemerkenswert war, dass das Manifest ausgerechnet mit einem Bekenntnis zur nationalen Sicherheit begann, worin Labour ihr Engagement für die NATO und das 2,5-Prozent-Ziel der NATO bekräftigte. Ebenfalls gleich zu Beginn des Papiers schlug Labour Alternativen zur Ruanda-Politik der Konservativen vor: Ein neues Grenzsicherungskommando solle Schleuserbanden bekämpfen. Das Wahlprogramm las sich in diesem Punkt nicht sonderlich progressiv. Abschottung war auch Labours Fokus. Ansätze zur Schaffung legaler Zuwanderungswege blieben unerwähnt. Möglichen Angriffslinien von rechts wollte man in jedem Fall zuvorkommen, und die erneute Erfolgswelle der Partei Reform UK schien dem Wahlkampfteam Recht zu geben.

Nicht nur das Programm sollte eine Alternative deutlich machen, sondern auch das Personal. Mit Keir Starmer und seiner Stellvertreterin Angela Rayner bewarb sich eine andere Klientel um Regierungsverantwortung als die, an die die Menschen seit 14 Jahren gewöhnt waren. Wie sehr sich jedoch die beiden Spitzenkandidaten in ihrer Fähigkeit zu Empathie und emotionaler Intelligenz unterschieden, wurde bereits in einem der ersten Streitgespräche vor ausgewähltem Publikum im Fernsehsender *itv News* deutlich.

Die Moderatorin bat eine Frau mittleren Alters aus Huddersfield, einer Kleinstadt nördlich von Manchester, um ihre Frage an Rishi Sunak und Keir Starmer. Paula, voll berufstätig und Mutter zweier erwachsener Kinder, berichtete über ihre derzeitige Situation: »Ich habe immer gearbeitet, seit ich 15 Jahre alt war. Im Moment habe ich einen Vollzeitjob, aber das Geld reicht nicht bis zum Monatsende. Ich arbeite nur noch, um überhaupt zu leben. Meine Lebenshaltungskosten haben sich verdoppelt. Ich bin im Verzug bei der Bezahlung von Rechnungen. Ich koche mein Essen am Wochenende vor und nur noch nachts, damit ich den Ofen nicht anschalten muss, wenn die Strompreise hoch sind. All meine Ersparnisse sind weg, und ich mache mir große Sorgen um meine Zukunft. Ich glaube nicht, dass Sie beiden überhaupt verstehen, was das für Menschen wie mich bedeutet.«

Sunak durfte zuerst antworten und begann: »Ich weiß wie sehr die letzten Jahre die Finanzen vieler Familien, vieler Leute in unserem Land belastet haben. Meine Priorität war es immer, alles zu tun, um sie zu unterstützen.« Sunak verwies auf das Kurzarbeitergeld während der Pandemie und auf seine Zeit als Finanzminister sowie seinen »klaren Plan, die Inflation wieder auf ein normales Maß zu bringen«. Die Wirtschaft wachse nun wieder, und die Löhne würden steigen. »Wir werden auch Ihre Steuern senken, auch wenn Sie jetzt nur den Anfang dieser Politik spüren.« Nach dieser abstrakten VWL-Vorlesung fuhr der Noch-Premier fort: »Die Wahl besteht nun darin, meinen klaren Plan zu wählen, Ihre Steuern zu senken, oder darin, das Risiko einzugehen, dass die Labour Party 2.000 Pfund an Steuern auf ihren Haushalt aufschlagen wird.« Im Faktencheck der BBC sollte Sunak später für diese an den Haaren herbeigezogene Aussage über die angeblichen Steuererhöhungspläne seiner Gegner harsch kritisiert werden.

»Paula, es tut mir wirklich leid zu hören, in welcher Lage Sie sich befinden«, sprach Starmer die Zuschauerin an. »Es muss jeden Tag sehr schwierig sein. Es gibt Millionen von Zuschauern, die sich in einer ähnlichen Situation befinden. Die Krise der Lebenshaltungskosten belastet sie mit ständiger Besorgnis. Ich behaupte nicht, dass die Ukraine und Covid die Lage nicht noch verschlimmert haben, aber diese Regierung hat die Kontrolle verloren. [...] Paula, ich weiß nicht, was das mit Ihnen macht, wenn Sie den Premierminister so sprechen hören, dass [...] alles in Ordnung sei. [...] Er lebt offensichtlich in einer anderen Welt. [...] Hier steht ein Premierminister vor Ihnen, der die Steuern 26-mal erhöht hat [...]«.

Moderatorin Julie Etchingham insistierte jedoch: »How do you actually connect with Paula?« — Können sich die Kandidaten wirklich in ihre Lage versetzen? Er werde weiterhin dafür einstehen, die Steuern niedrig zu halten, so Sunak kurz und bündig. Starmer sprach die Fragestellerin aus dem Publikum erneut direkt an: »Mein Vater hat in einer Fabrik gearbeitet. Er war Werkzeugmacher. Meine Mutter war Krankenschwester, und wir hatten nicht viel Geld, als ich klein war. Wir hatten diese Situation oft, dass wir unsere Rechnungen nicht bezahlen konnten. Ich weiß, wie sich das anfühlt. Unser Telefon wurde abgestellt, und ich kenne die Angst, die es erzeugt, wenn der Briefträger mit einer Rechnung kommt und man nicht weiß, ob man sie bezahlen kann.«

Angesichts dessen, dass der nationale Gesundheitsdienst am Boden läge, so Moderatorin Echingham, würden Starmer und Sunak auch private Anbieter aufsuchen, wenn ein Familienmitglied dringende Hilfe benötigte? »Ja«, gab Sunak zu. Starmer antwortete: »Meine Frau arbeitet im NHS [...], meine Schwester ebenso. Der NHS ist Teil meiner DNA. Nein.« Anders als sein Gegenüber versuchte Starmer in der gesamten Kampagne immer wieder seine relativ bescheidene Herkunft zu thematisieren. Sunaks Verweis, er habe in der Kindheit sehr darunter gelitten, auf einen privaten TV-Sender verzichten zu müssen, rief dagegen belustigte Kommentare hervor.

Labours prominenteste Vertreterin der traditionellen Arbeiterklasse Englands ist Angela Rayner, Keir Starmers Stellvertreterin. Die Vorstellung, Rayner könne zukünftig das Amt der stellvertretenden Premierministerin innehaben, verursachte derartige Angst in der etablierten rechten Presse, dass sich die 44-jährige, rothaarige, ehemalige Gewerkschaftsfunktionärin einer heftigen frauenfeindlichen Schmutzkampagne ausgesetzt sah.

Rayner wurde 1980 im Großraum Manchester geboren und ist als Tochter einer alleinerziehenden Mutter, die weder lesen noch schreiben konnte, in sozial schwachen Verhältnissen aufgewachsen. Mit 16 verließ sie aufgrund einer Schwangerschaft ohne Abschluss die Schule und kämpfte sich seither in einer beispiellosen Karriere nach oben. Ein Teilzeitstudium am Stockport College, inklusive des Erlernens der britischen Gebärdensprache, brachte ihr ein Berufszertifikat für die Seniorenpflege und eine Arbeit als Pflegekraft der Stadtverwaltung von Stockworth ein. Rayner trat daraufhin in die Gewerkschaft UNISON ein. Vor dem Hintergrund ihrer unmittelbaren Erfahrung mit Niedriglöhnen, langen Arbeitszeiten und Null-Stunden-Verträgen wirkte sie authentisch und stieg zur ranghöchsten gewählten UNISON-Vertreterin im Nordwesten Englands auf. 2015 kandidierte sie in

Ashton-under-Lyne, östlich von Manchester, und holte als erste weibliche Abgeordnete in der 180-jährigen Geschichte des Wahlkreises ein Mandat für Labour. Es folgten Berufungen als Schattenministerin für Erziehung (2016), Schattenministerin für Frauen und Gleichberechtigung (2019) und die Wahl zur stellvertretenden Parteivorsitzenden (2020).

Rayners Verhältnis zu Keir Starmer war nicht immer unbelastet. Im September 2023 konnte sie im Rahmen einer Umbildung des Schattenkabinetts, die, so Starmer, darauf abzielte, vor der nächsten Wahl die »stärkst möglichen Spieler auf das Spielfeld« zu bringen, ihre Position jedoch erneut unterstreichen. Im Wahlkampf war sie bemüht, vor allem Wechselwähler mit einem neuen Sozialvertrag anzusprechen, der dem in Großbritannien gängigen »Hire and Fire« oder den Null-Stunden-Verträgen ein Ende setzen sollte. Im Gegensatz zu vielen Linken in der Partei gilt sie nicht als dogmatisch, aber klar in ihren Positionen. »Als ich ein Kind mit kostenlosem Schulessen war«, so berichtete sie, »hätten mich Prinzipien nicht ernährt. Es war das Programm für die kostenlose Schulspeisung, das Labour eingeführt hat.« Die einzige Möglichkeit, diese Projekte zu verwirklichen, sei ein Sieg an der Wahlurne, was bedeute, dass das »oberste Prinzip« für sie »die Umsetzung« sei.

Rayner, die kein Blatt vor den Mund nimmt und nach eigener Aussage so spricht, wie ihr »der Schnabel gewachsen« ist, hat vermehrt Vergewaltigungs- und Todesdrohungen erhalten und berichtete, dass sie in ihrem Haus einen Panikschalter installieren ließ. Ein Artikel der *Mail On Sunday* behauptete, Tory-Abgeordnete hätten ihr – frei nach einer anzüglichen Filmszene der Schauspielerin Sharon Stone – einen »Basic Instinct«-Trick vorgeworfen. So habe sie Boris Johnson ablenken wollen, indem sie ihre Beine während seiner Rede in einer bestimmten Weise übereinandergeschlagen habe.

Der Wahlkampf hatte einige schmutzige Momente. Zu den Höhepunkten gehörte eine deutliche Zunahme von irreführenden Informationen der verschiedenen Parteien. Soziale Medienplattformen wurden mit manipulierten Bildern überschwemmt und trugen zu einer vergifteten Atmosphäre bei. Auch persönliche Angriffe waren ein häufiges Merkmal der Kampagne. Führende Politiker und Kandidaten verschiedener Parteien lieferten sich öffentliche Wortgefechte, in denen sie die Integrität und das Privatleben des jeweils anderen infrage stellten. Dazu gehörten auch abfällige Bemerkungen und Beleidigungen, die von sachlichen politischen Diskussionen ablenkten. Es gab Berichte über Einschüchterungen, Online-Beschimpfungen und physische Konfrontationen auf Wahlkampfveranstaltungen, die ein zunehmend polarisiertes, feindseliges Klima in Großbritanniens Öffentlichkeit widerspiegelten. Vierzehn Jahre Populismus hatten ihre Spuren hinterlassen.

Manche Wahlkampfrhetorik war besonders ätzend, wobei alle Parteien und Kandidaten auf Angsttaktiken setzten, um die Wähler zu beeinflussen. Dazu gehörten auch übertriebene Behauptungen über die Folgen der von den Gegnern vorgeschlagenen Maßnahmen, die oft weitere Feindseligkeit in der Wählerschaft schürten.

Der Kandidat der Labour-Partei in Clacton, dem Wahlkreis im Osten Englands, wo Nigel Farage sich um einen Parlamentssitz bewarb, berichtete, er habe um die Sicherheit der Menschen in seinem Umfeld gefürchtet. Der 27-jährige Jovan Owusu-Nepaul, der bereits viele Wochen nominiert war, bevor Farage seine Meinung änderte und sich entschied, doch noch zu kandidieren, beschuldigte den Anführer von Reform UK, eine Kampagne »direkt aus dem Trump-Drehbuch« zu führen.

Die Erinnerung an die nicht miteinander verbundenen Morde an der Labour-Abgeordneten Jo Cox (2016) und dem konservativen Abgeordneten David Amess (2021) durch Extremisten war noch sehr frisch. Die »Jo-Cox-Foundation« verurteilte daher zwei Angriffe auf den rechtsextremen Vorsitzenden von Reform UK – auch wenn es sich »nur« um Angriffe mit einem Milchshake beziehungsweise Plastikbecher Bier handelte.

Insbesondere weibliche Kandidatinnen wurden immer wieder Ziel physischer Gewalt. Vor allem die Auseinandersetzung um die »richtige« Politik mit Blick auf den Krieg in Gaza spielten dabei eine Rolle.

Am Morgen nach der Wahl, am 5. Juli 2024 hielten die Labour-Kandidatinnen Shabana Mahmoud und Jess Phillips aufgewühlte Reden, in denen sie auf die Beschimpfungen eingingen, die sie während der Kampagne ertragen mussten. In Großbritannien beruht der Wahlkampf mehrheitlich auf »Canvassing«, also auf dem Von-Tür-zu-Tür-Gehen, um für das eigene Programm zu werben. In einem Interview mit dem *Guardian* berichtete Phillips, die eigentlich für ihre Gelassenheit und ihren Humor bekannt ist, den sie mehrfach in einer der bekanntesten Comedy-Serien des Landes »Have I Got News for You« unter Beweis stellte, über einige ihrer Gegner aus dem pro-palästinensischen Camp: »Wenn wir für das Canvassing geworben hätten, wären sie aufgetaucht und hätten die Leute, mit denen wir gesprochen haben, gefilmt und uns als völkermordende Babymörder beschimpft […] Die Leute hinter den Türen wollen nicht gefilmt werden, also haben sie dich davon abgehalten, mit den Leuten zu sprechen, die du vertrittst. Ich konnte nicht zu Versammlungen gehen, weil sie Leute schickten, die mich anschrien, damit sie es filmen konnten.«

Shabana Mahmoud berichtete von maskierten Männern, die eine Gemeindeversammlung gestört und die Anwesenden »verängstigt« hätten. Phillips, eine Freundin der ermordeten Jo Cox, hatte sich am Wahltag von deren Familie begleiten lassen wollen, lehnte dies aber ab: »Ich hätte auf keinen Fall zulassen können, dass sie diese Aggressivität und Gewalt in unserer Demokratie sehen.«

Am Abend des 4. Juli hatte Großbritannien gewählt. Die BBC blendete einen Countdown in ihrer Nachrichtensendung ein. Um Punkt 22:00 Uhr würde es die erste Prognose geben. In ihrer Anmoderation wies die Journalistin Laura Kuenssberg auf ein paar beeindruckende Fakten hin: »Das letzte Mal, als wir diese Sendung abhielten, war Boris Johnson Premierminister, Jeremy Corbyn führte die Labour Party an, wir waren noch in der Europäischen Union, und noch niemand hatte je von einem Corona-Virus gehört.« Der Glockenschlag von Big Ben gehört traditionell zur Choreografie der Sendung, und unter seinen Klängen erschien exakt zur vollen Stunde das Ergebnis der »Exit

Polls« mit Zahlen, die sich bis in die frühen Morgenstunden immer mehr verfestigten.

Die Labour-Partei unter Keir Starmer hatte eine überwältigende Mehrheit von 412 der 650 Sitze erzielt. Die konservativen Tories unter Rishi Sunak sahen sich dagegen mit 121 Parlamentssitzen und dem schlechtesten Ergebnis seit 1906 konfrontiert. Sie würden ab sofort auf die Oppositionsbank wechseln. Sunak machte deutlich, dass er – nach einer Übergangszeit – auch sein Amt als Parteivorsitzender niederlegen werde.

Drittstärkste Kraft wurden die Liberaldemokraten mit 72 Abgeordneten. Besonders harte Verluste erlitt die Schottische Nationalpartei. Sie stellte nur noch 9 von vormals 38 Abgeordneten. An ihrer Statt hatte Labour wieder große Geländegewinne in Schottland erzielt. Das Projekt des Unabhängigkeitsreferendums war ad acta gelegt.

Die Taktik des bekannten »Brexetiers« Nigel Farage, erst spät in den Wahlkampf einzugreifen, hatte sich ausgezahlt. Der Stimmenanteil seiner Partei Reform UK ging sowohl auf Kosten der Konservativen als auch von Labour. Ganze fünf Sitze konnten die Rechtsausleger aus dem Stand erzielen und landeten damit auf Platz 5.

Die übrigen Sitze verteilen sich auf die für ihre Verhältnisse sehr erfolgreichen Grünen die nordirischen Parteien und die walisische Nationalpartei. Viele unabhängige Kandidatinnen und Kandidaten, die mit Labours Positionen zum Krieg in Gaza nicht einverstanden waren, konnten sechs Direktmandate erzielen, die unter »normalen« Umständen mit Sicherheit der Labour-Partei zugefallen wären.

Ein Wehrmutstropfen für Starmer und die britische Demokratie blieb: Die Wahlbeteiligung lag bei 60 Prozent und war damit die zweitniedrigste bei einer Parlamentswahl seit 1885.

Insgesamt acht Minister aus dem Kabinett Sunak, Schwergewichte der Konservativen Partei, schafften es nicht mehr ins Parlament. Darunter befand sich auch die Hoffnungsträgerin Penny Mordaunt, die sich viele Konservative als moderate zukünftige Parteivorsitzende vorgestellt hatten. In einem peinlichen Moment ließ die ehemalige Premierministerin Liz Truss ihre versammelten Gegenkandidaten minutenlang auf der Bühne in ihrem Wahlkreis warten, bevor sie sich herabließ, der Verkündigung ihrer Niederlage beizuwohnen.

Suella Braverman vom rechten Rand der Tories war eine der wenigen Vertreterinnen des rechtspopulistischen Lagers, die ihr Mandat absichern konnten. Die Zusammensetzung der verbliebenen Rumpffraktion der Tories, in der auch moderate Kräfte wie Jeremy Hunt, Tom Tugendhat oder James Cleverly vertreten waren, deutet darauf hin, dass ein von vielen diskutierter Zusammenschluss mit der rechtspopulistischen Reform UK mittelfristig wohl eher ausgeschlossen ist. Auch ein Robert Jenrick und Kemi Badenoch bekamen ihren Sitz zurück. Ihre rechtspopulistischen Grundüberzeugungen würden sie aber wohl eher nutzen wollen, um sich im Rennen um den zukünftigen Parteivorsitz ins Spiel zu bringen.

Der Zuwachs bei Reform UK und den Grünen bestätigte den Trend zugunsten von Kleinparteien. Trotz des britischen Mehrheitswahlrechts konnten sie deutliche Gewinne erzielen. Interessanterweise hatten beide großen Parteien – Tories und Labour – zusammengerechnet mit 57,4 Prozent seit 1918 nicht mehr so wenige Stimmen bekommen. Auch das taktische Abstimmen vieler Wählerinnen und Wähler deutete darauf hin, dass sich im Mehrheitswahlsystem langfristige Verschiebungen ergeben, die Labour jedoch erst bei einer folgenden Wahl – dann als Regierungspartei – schwächen könnten.

Keir Starmer hatte seit Wochen die Übernahme der Downing Street bis ins Detail geplant. Bereits am folgenden Tag wurde er von König Charles III. mit der Regierungsbildung beauftragt. Das bisherige Schattenkabinett wurde fast nahtlos als neue Regierung eingesetzt. Nur zwei Mitglieder hatten den Sprung nicht geschafft. Mit Rachel Reeves bekam das Land die erste Finanzministerin und, mit Angela Rayner, eine Gewerkschaftsvertreterin als stellvertretende Premierministerin.

Ausgerechnet zwei irischstämmige Politiker, Morgan McSweeney, »Mastermind« und Architekt der Labour-Reform, der 1977 in Cork im Süden der grünen Insel geboren wurde, und der erfahrene Kampagnendirektor Pat McFadden, der 1965 geboren wurde und bereits Regierungserfahrung unter Gordon Brown sammeln konnte, zeichneten maßgeblich für den Sieg ihrer Partei verantwortlich.

Entgegen der Vermutung, die »Blairites« aus den 1990er-Jahren wie Peter Mandelson seien nun zurück auf der Brücke, steht McSweeney tatsächlich für eine neue Generation, eine neue Ära bei Labour, die einen basisorientierten Ansatz betont. *POLITICO* beschrieb McSweenys Abrechnung mit den Blair-Jahren wie folgt: »Alle, die ihn kennen, wissen, dass McSweeney der Ansicht ist, Blair habe sich in den Jahren nach seinem Ausscheiden aus dem Amt nur noch weiter von der Lebenswirklichkeit der Menschen entfernt. Anstatt zu versuchen, den Lebensstandard der einfachen armen Leute in Orten wie [dem sozia schwachen Londoner Stadtteil] Barking zu verbessern, scheint der radikale Zentrismus, den [Blair] jetzt vorschlägt, auf der Idee zu beruhen, dass fortschrittliche Parteien besser dran wären, wenn sie einfach eine neue Koalition von Wählern zusammenstellen würden, die nicht so arm sind. [Frei nach dem Motto:] ›Vergessen Sie die Mieter von Sozialwohnungen, die für den [Brexit] gestimmt haben, und wenden Sie sich an die Vermieter, die für den Verbleib gestimmt haben‹.«

»Als Direktor von Labour Together«, so *POLITICO*, riet McSweeney seinem Chef Starmer, »dass der einzige Weg, die Parteimitglieder und die breite Wählerschaft für sich zu gewinnen, darin bestehe, Blairs Analyse abzulehnen und über New Labour hinauszugehen. Dies war politisch notwendig, wenn Labour eine Chance haben sollte, wieder zu gewinnen.« »Aber«, so zitiert *POLITICO* Starmers Chefstrategen, »es spiegelte einfach die Realität wieder. Schon vor der Finanzkrise konnten die einfachen Leute für sich keine Vorteile im Wachstum der nationalen Wirtschaft erkennen. So war das Bruttosozialprodukt auch schon vor 2008 in Barking im Aufwind.«

McSweeney wusste, wovon er sprach. Ein *Times*-Artikel aus dem August 2024 erzählt die Geschichte des Londoner Stadtteils Barking und wie der spätere Labour-Kampagnenchef als junger Aktivist im Jahr 2010 Teil der dortigen Initiative »Hope not Hate« gewesen war. Diese hatte es erfolgreich vermocht, den damals ziemlich heruntergekommenen Ort der faschistischen British National Party zu entreißen, die kurz davorstand, ihr erstes Mandat im britischen Unterhaus zu erlangen. Die Sorgen der Einwohner über den Mangel an Sozialwohnungen bei gleichzeitigem Zuzug von immer mehr Migranten hatten der rechtsextremen Partei 2006 bereits zwölf der dreizehn Sitze im Stadtrat von Barking und Dagenham eingebracht. Ihr Anführer Nick Griffin behauptete, die Regierung habe afrikanische Einwanderer für den Zuzug in die Region bezahlt. Am Ende wurde Griffin zusammen mit allen BNP-Ratsmitgliedern von Labour überzeugend besiegt. Auch wenn »Hope not Hate« von der Firma »Blue State Digital«, den Strategen hinter Barack Obamas Online-Kampagnen, unterstützt worden war, bestand ein Großteil der Arbeit doch darin, buchstäblich Klinken zu putzen. Nick Lowles, Direktor von »Hope not Hate«, berichtete der *Times*, dass die Organisation seit 2005 vor Ort gewesen sei und in nur vier Monaten insgesamt 355.000 Zeitungen, Flugblätter und Briefe verteilt habe. »An einem Tag haben 541 Leute 92.000 Zeitungen verteilt. Wir hätten noch mehr verteilen können, aber uns ging das Material aus.«

Deborah Mattinson, spätere Direktorin für strategische Fragen unter Keir Starmer, unterhielt sich mit Fokusgruppen aus Barking und kam zu dem Schluss, dass der Rückgang der Wahlbeteiligung nicht auf Apathie, sondern auf Wut zurückzuführen sei, und diese Wut habe sich in die Unterstützung für die extreme Rechte verwandelt. Mattinsons Antwort darauf war eine »hyperlokale Kampagne«, bei der es nicht um nationale Themen, sondern um den Aufbau von gemeinschaftlichem Zusammenhalt und Vertrauen mit und unter den Anwohnern ging. Während dieser Ansatz städtischer Sozialarbeit mit Streetworkern gleichkommt, war es für den damals 33-jährigen McSweeney eine Aufgabe gewesen, gemeinsam mit der Stadtverwaltung Kommunikationsstrategien für die 17 Bezirke der Gemeinde zu entwickeln. Eine dieser Maßnahmen war das »Schandfleckprogramm«, mit dem die Bewohner wieder verpflichtet wurden, ihren Vorgarten sauber zu halten. Bei Nichtbeachtung schritt die Gemeinde ein, um die Verschmutzung zu beseitigen und stellte die Kosten später in Rechnung. »Es hat hervorragend funktioniert, um das Gefühl gemeinsamer Anstrengungen zu vermitteln«, sagte der spätere Labour-Unterhausabgeordnete für Barking, Jon Cruddas. Seiner Meinung nach habe diese Initiative auch dazu beigetragen, »das Gemeinschaftsgefühl und den Bürgerstolz in dieser heiklen Phase wiederherzustellen«. Die *Times* zitiert eine weitere Labour-Quelle mit den Worten: »Was McSweeney und Starmer über die extreme Rechte sagen würden, ist, dass es viele Dinge braucht, um sie zu schlagen. ›Es gibt keine magische Geheimsauce.‹ Das würden Populisten sagen. Ein Antipopulist würde sagen: ›Eigentlich ist es sehr kompliziert, und es erfordert Kompromisse, und dann kann man sie vielleicht Stück für Stück zurückdrängen‹.«

Die Radikalität des »McSweeney-Starmer-Projekts« bestünde auch darin, so sagten andere Beobachter, dass es im Grunde versuche, Blair zu widerlegen, dabei aber viele der Instrumente einzusetzte, die Blair aufs Feinste beherrschte.

Adrian McMenamin, Jo Gibbons und Faz Hakim erinnerten in einem Artikel für *Labour-List* im März 2024 an die erfolgreiche Mobilisierung der eigenen Partei im Jahr 1997, die auch 2024 helfen sollte:

»Es ist kein Trost in der Politik, Zweiter zu werden oder sich vorzumachen, dass man die Auseinandersetzung gewonnen hat, wenn man nur mit sich selbst gestritten hat. [...] Wir [haben] die Erkenntnis mitgenommen, dass das nächste Mal zu gewinnen eine existenzielle Angelegenheit ist: Die Wähler geben Parteien auf, die sich weigern, sich zu ändern, um zu gewinnen. [...] Alles, was wir taten, war darauf ausgerichtet, mit ihnen zu sprechen und ihnen zu zeigen, dass der Wandel real und tiefgreifend ist.

Disziplin, Disziplin, Disziplin – vom Schattenkabinett an der Spitze bis zu den Gemeinderatsmitgliedern an der Basis – ist wichtig. 1997 hat die überwiegende Mehrheit der Parteimitglieder verstanden, dass wir die Erwachsenen im Raum sein müssen und dass wir zwar nicht in jeder Frage übereinstimmen müssen, aber die Politik, für die wir uns entschieden haben, unterstützen.

Schlaflose Nächte voller Sorgen sind keine Seltenheit. Aber Kampagnen gehören auch zu den schönsten Momenten, die man je erleben wird. Eine gute Kampagne bringt Hunderte von Menschen im

Zentrum und Hunderttausende im ganzen Land zusammen, die versuchen, die Dinge zum Besseren zu wenden. Diese Zielstrebigkeit ist etwas Kostbares und das, was einen dazu bringt, aus dem Halbschlaf aufzustehen [...] bereit und willens, sich den Herausforderungen zu stellen. Keiner von uns würde seine Erfahrungen aus dieser Zeit gegen etwas anderes eintauschen. Aber dieses großartige Gefühl der Kameradschaft ist nicht zufällig entstanden. Es wurde jeden Tag gelebt und erarbeitet, weil wir wirklich glaubten, dass Großbritannien etwas Besseres verdient hatte.«

Was die Programmatik betraf, grenzte Starmer sich – dem Rat seines Strategischen Leiters McSweeney folgend – 2023 auf der Konferenz »Future of Britain« deutlich gegen Blair ab, der immerhin mit ihm zusammen auf einer Bühne saß. Der politischen Argumentation seines Vorgängers erteilte Starmer eine subtile Rüge: »Das Projekt«, erklärte er, als er von seinen eigenen Plänen sprach, »besteht darin, Labour wieder in den Dienst der arbeitenden Menschen zu stellen, um wieder das natürliche Vehikel für ihre Hoffnungen und ihre Bestrebungen zu werden.« Labour, die tot geglaubte Partei, die an ihren toxischen inneren Auseinandersetzungen zu ersticken drohte, war zurück.

Mit Blick auf eine lange Tradition des britischen Bergbaus, als man noch Vogelkäfige mit in die Stollen nahm, damit die Tiere die Bergleute rechtzeitig vor einer Kohlenmonoxid-Vergiftung warnten, resümierte *POLITICO* in einem Artikel über McSweeney, der mit 17 nach London kam, um auf dem Bau zu arbeiten: »Barking ist der Kanarienvogel in der Kohlemine der britischen Politik – und es brauchte erst einen Mann aus Cork in Irland, um ihn zu finden.«

Kapitel 12
Low Budget Honeymoon

Als sich am Nachmittag des 5. Juli 2024 die schweren schwarzen Eisentore zum Eingang der Downing Street für die Limousine des neuen Premierministers öffneten, waren nur sechs Wochen seit der verregneten Ankündigung der Neuwahlen von Rishi Sunak vergangen. Dieses Mal hatten sich in Whitehall auf der gegenüberliegenden Straßenseite bei strahlendem Wetter Hunderte von fahnenschwingenden, jubelnden und applaudierenden Menschen eingefunden. Nur eine halbe Hundertschaft von Polizisten war nötig, um die Freude im Zaum zu halten und die Kolonne des neuen Regierungschefs abzusichern. Gerade war Keir Starmer aus dem Buckingham Palace zurückgekehrt, wo ihn König Charles III. mit der Regierungsbildung beauftragt hatte.

Der Jubel setzte sich direkt vor dem Hauseingang der Downing Street 10 fort, wo Sir Keir, wie ihn respektvolle Anhänger nennen, und seine Frau Victoria von Mitarbeitenden, Freunden und Familienmitgliedern geradezu überschwänglich begrüßt wurden. Sehr bewusst hatten die Starmer-Fans neben dem obligatorischen Union Jack auch Papierfähnchen aus Wales und Schottland dabei. Nach vielen Umarmungen und Glückwünschen richtete sich Starmer erstmals in neuer Funktion an die britische Öffentlichkeit und widmete seine ersten Worte ausgerechnet an seinen politischen Gegner: »Ich möchte dem scheidenden Premierminister, Rishi Sunak, danken. Seine Leistung als erster britisch-asiatischer Premierminister unseres Landes, die zusätzlichen Anstrengungen, die er dafür auf sich genommen hat, sollte von niemandem unterschätzt werden. Wir zollen dem heute unseren Tribut. Und wir erkennen auch die Hingabe und die harte Arbeit an, die er in seine Führung eingebracht hat. Aber jetzt hat sich unser Land entschieden: für den Wandel – für »Change«.

Das Land habe sich für eine Rückkehr zu einer Politik ausgesprochen, die in erster Linie der Öffentlichkeit dienen solle, um die Kluft zwischen der Leistung, die Bürger erbringen, und dem Service, den sie dafür von den Politikern erhalten, zu schließen. Starmer fuhr fort, dass »dieser Mangel an Vertrauen nur durch Taten, nicht durch Worte« geheilt werden könne. Viele Britinnen und Briten hatten das Vertrauen in die Problemlösungskapazitäten ihres Staates schon lange verloren und die geringe Wahlbeteiligung schien der Beweis für eine tiefer liegende Krise der Demokratie an sich zu sein. »Aber«, so der neue Premier, »wir können heute einen Anfang machen mit der einfachen Erkenntnis, dass der Dienst an der Öffentlichkeit ein Privileg ist und dass Ihre Regierung jede einzelne Person in diesem Land mit Respekt behandeln sollte.« Mit Blick auf die verheerenden zurückliegenden Jahre versprach Starmer: »Politik kann eine Kraft für das Gute sein – das werden wir zeigen. Und genau so werden wir regieren. Erst das Land, dann die Partei.«

Nach dem obligatorischen Foto des neuen First Couple der britischen Politik vor der schwarz glänzenden Eingangstür des Amtssitzes, verschwand ein glücklich wirkender Starmer mit seiner ebenso strahlenden Frau in ihrem neuen Zuhause. Die Verhandlungen mit den beiden Kindern über die Neuanschaffung eines deutschen Schäferhundes – als Gegenleistung für den notwendig gewordenen Umzug – konnten die Eltern auf eine Katze herunterbrechen. Den Titel der »Hauskatze des Premierministers des Vereinigten Königreiches« steht eigentlich dem »Chief Mouser to the Cabinet Office« (dem obersten Mäusejäger des Kabinetts) zu, einer Katze mit Beamtenrecht, der seit 1929 ein eigenes Budget von 100 Pfund im Jahr für Futter zusteht und deren Amt zur Zeit von »Right Honourable Larry« ausgeführt wird.

Die Starmers waren immer bemüht, ihre zwei Teenager aus der Öffentlichkeit herauszuhalten. »Das Einzige, was mich nachts wachhält«, hatte Starmer der BBC berichtet, »sind unsere Kinder, denn sie sind 13 und 15 Jahre alt. [...] Wir nennen ihre Namen nicht in der Öffentlichkeit. Wir machen keine Fotos mit ihnen, und sie gehen in die örtliche Schule. Ich versuche verzweifelt, sie auf diese Weise zu schützen.« Die Tatsache, dass man im Hause Starmer am Freitagabend aufgrund der jüdischen Herkunft Victoria Starmers den Shabbat feierte, führte dennoch zu antisemitischen Kommentaren. Auch ertrugen es gewisse Blätter nicht, dass sich der Sohn während des heißen Wahlkampfes für seine GCSE-Prüfung, eine Art Mittlerer Reife, in das Penthouse eines sehr reichen Freundes seiner Eltern zurückzog. Filz schon beim Nachwuchs?

Auch sonst würden die ersten 100 Tage kein *Honeymoon* für Labour werden. Im Gegenteil. Starmers Büroleiterin Sue Gray hatte schon seit Wochen vor der Amtsübernahme damit begonnen, eine schwarze Liste mit Aufgaben zu füllen, die Labour sofort nach dem Wahlsieg in den Schoß fallen könnten: ein Streik der jungen Ärzte, insolvente Gemeinden oder überfüllte Gefängnisse, die die Regierung zwingen könnten, Straftäter früher als geplant auf freien Fuß zu setzen.

Hinzu kamen anhaltende Klagen über den nicht funktionsfähigen NHS. Der neue Gesundheitsminister Wes Streeting sollte daher wohlwollend auf die streikenden Ärzte zugehen und bereits an »Tag Eins« in Verhandlungen mit ihnen eintreten. Nach einem ersten Treffen berichteten diese, dass die Gespräche mit dem neuen Minister »positiv« waren, und Streeting gab sich »optimistisch«, zeitnah eine Einigung erzielen zu können, die den Konflikt beenden würde. Seit März 2023 hatte es elf Streikrunden in 16 Monaten gegeben, bei denen rund 1,5 Millionen Termine im ohnehin gebeutelten NHS abgesagt worden waren. Aufseiten der Gewerkschaft hieß es: »Wir sind nicht mit der Erwartung zu diesem Treffen gekommen, dass wir heute eine Lösung für unseren Konflikt finden. Wir haben gehofft, dass wir angehört werden und dass man uns zuhört, und das ist geschehen.«

Allein diese Art des Respekts in der Verhandlungsführung schien bereits einen qualitativen Unterschied zur Vorgängerregierung zu machen. In einer Rede auf der Konferenz des »Tony Blair Instituts«

zur Zukunft Großbritanniens kurz vor den Verhandlungen erläuterte Streeting, der selbst ein Krebsleiden in jungen Jahren mit Hilfe des NHS überstanden hatte, dass er unbedingt nach einem Kompromiss suchen werde. Er sei »wirklich verärgert« über einige der geschilderten Probleme, einschließlich der Rotationspraktika, bei denen Ärzte in der Ausbildung kurzfristig und mit wenig Auswahlmöglichkeiten über das ganze Land verteilt würden, ohne zu wissen, wo sie eine Wohnung finden sollten.

Wo ein (politischer) Wille, da ein Weg. Bereits Ende September war ein Ende der Streiks der Assistenzärzte in Sicht. Die Gewerkschaft empfahl ihren Mitgliedern, das Angebot der Regierung anzunehmen. Die erste nennenswerte Gehaltserhöhung seit Jahren markierte eine Neuausrichtung der Beziehungen und der gemeinsamen Aufgabe, dem kaputten NHS wieder auf die Beine zu helfen. Aus Respekt sollten die »Ärzte«, die ein vollständiges Medizinstudium abgeschlossen hatten, auch ab sofort als solche bezeichnet und ihre Fachkompetenz anerkannt werden. Das Ende eines seit 15 Monaten andauernden, verheerenden Streiks war beschlossen. Gehaltserhöhungen zwischen 3,71 Prozent und 5,05 Prozent, im Durchschnitt 4,05 Prozent, rückwirkend ab April 2023, schienen beiden Seiten angemessen. Auch die seit Langem fehlende Umsetzung der Empfehlungen des Überprüfungsgremiums zur Vergütung der Zahnärzte für den Zeitraum 2024 bis 2025 wurde akzeptiert. Beide Erhöhungen zusammengenommen bedeuteten, dass das Grundgehalt eines Arztes, der seine Grundausbildung im NHS beginnt, auf 36.600 Pfund steigen würde, verglichen mit etwa 32.400 Pfund vor diesem Angebot. Im Vergleich dazu beliefen sich die Kosten für den Steuerzahler wegen der streikbedingten 1,5 Millionen abgesagten Terminen seit April 2023 auf insgesamt fast 1,7 Milliarden Pfund. Das Ende der verbissen geführten ideologischen Arbeitskämpfe der letzten Regierung sollte also nicht nur die Staatskasse erleichtern, sondern auch sofort spürbare Erleichterungen für die Versicherten mit sich bringen.

Unbedingt sofort wollte Starmer auch die neue Grenzschutzstaffel der Küstenwache ins Leben rufen, die vor allem die Menschenschmuggler im englischen Kanal bekämpfen soll. Der »Ruanda-Plan« zur Überführung von Geflüchteten nach Kigali würde ab sofort Geschichte sein. Die »Bibby Stockholm« ein berüchtigter Kahn, der als Unterkunft für Asylbewerber genutzt wurde, sollte zügig geschlossen werden. Das dreistöckige, ausgemusterte Schiff vor der Küste von Dorset bietet Platz für bis zu 500 Männer im Alter zwischen 18 und 65 Jahren und menschenunwürdige Unterbringungsbedingungen, die bereits zu einem Selbstmord geführt haben. Ihre Schließung ist Teil der erwarteten Einsparungen bei den Asylkosten in Höhe von 7,7 Milliarden Pfund in den nächsten zehn Jahren. Bis ins Jahr 2025 wird die »Bibby Stockholm« jedoch weiterhin Migranten beherbergen müssen.

Auch die Verbesserung der Beziehungen zur EU versprach neue Lösungen in der Migrationsfrage, zum Beispiel über das Instrument eines Rückführabkommens, das Starmer mit Frankreich aushandeln wollte. Doch der 29. Juli 2024 – das politische London hatte in der Mehrzahl gerade den unbedingt notwendigen Erholungsurlaub angetreten – veränderte sich die Wahrnehmung dieses Themas durch Rechtsradikale und Faschisten im Vereinigten Königreich dramatisch.

In Southport, Merseyside, wurden drei Kinder im Alter von sechs bis neun Jahren bei einem Amoklauf mit einem Messer auf grausame Art und Weise getötet und zehn weitere Personen – darunter acht Kinder – schwer verletzt. Axel Rudakubana, ein 17-jähriger britischer Staatsbürger, dessen Eltern aus Ruanda stammen und der in Cardiff (Wales) geboren und aufgewachsen war, wurde am Tatort, einem Tanzstudio für Kinder, festgenommen und wegen dreifachen Mordes und zehnfachen versuchten Mordes angeklagt. Einen Tag später stießen rechtsextreme Demonstranten in Southport mit der Polizei zusammen und beschädigten eine Moschee. Im Internet waren Falschinformationen über die angebliche Identität des Angreifers verbreitet worden. Auch in den folgenden Tagen kam es landesweit zu gewalttätigen Protesten und Plünderungen.

In Großbritannien gibt es ein Problem mit Messerkriminalität. Opfer sind jedoch nicht selten Jugendliche aus gesellschaftlichen Minderheiten, so zuletzt im April 2024, als ein 14-jähriger schwarzer Junge Opfer eines Angriffs wurde. Die Debatte über die Ursachen und mögliche Maßnahmen war bereits in vollem Gange, auch das Thema »Migration« wurde nicht selten als vermeintlicher Erklärungsansatz herangezogen, aber niemals hatte die gesellschaftliche Sorge über diese Entwicklung zu gewaltsamen Ausschreitungen etwa solchen Ausmaßes geführt. Die letzten Straßenkämpfe dieser Art im Jahr 2011 waren ausgebrochen, als die Polizei gewaltsam gegen einen schwarzen jungen Mann vorgegangen war.

Terrorexperten analysierten die Berichterstattung in den sozialen Medien und erkannten schnell ein klares Muster der Einflussnahme, die Menschen bewusst auffordern wollte, physische Gewalt auszuüben. Aufrufe zu Mord und Brandstiftung wurden über den Nachrichtendienst *Telegram* und *Facebook* geteilt. Eine obskure Internetplattform hatte den Täter als angeblichen muslimischen Asylbewerber »identifiziert«. Er sei – so *Channel3 Now* – erst vor einem Jahr mit einem der kleinen Boote illegal über den Ärmelkanal gekommen. Russische Staatsmedien und Tausende mit ihnen verbundene Accounts und KI-Trolle verbreiteten die Fake News. Auch Personen, die »Cambridge Analytica« nahestehen, der Organisation, die von Johnsons Berater Dominic Cummings in der Brexit-Kampagne eingesetzt wurde, waren offensichtlich involviert. Der mit der ehemaligen Hooligan-Organisation »English Defence League« verbundene Influencer Tommy Robinson und weitere seiner Anhänger riefen zu Protesten vor Moscheen auf, wo Pseudo-Journalisten als angebliche »Live-Berichterstatter« über die »polizeiliche Unterdrückung friedlicher Demonstranten«, die sich »Sorgen über die Ermordung weißer Kinder« machten, hetzten. Nigel Farage und seine Reform UK heizten die Stimmung weiter an und richteten den Protest schließlich gegen den neuen Premier, der angeblich alle »besorgten Bürger« in die rechtsextreme Ecke geschoben habe.

Die Auswertung der Ereignisse machte deutlich, dass paramilitärische Gruppen ähnlich der Taktik der »British Union of Fascists« in den 1930er-Jahren in der Lage gewesen waren, in kürzester Zeit Massen zu mobilisieren und Gewaltbereitschaft, Alkohol- und Drogenmissbrauch bei jungen Männern für ihre Zwecke zu instrumentalisieren. Aus den Ad-hoc-Schlägergruppen von früher waren nun jedoch international vernetzte und finanziell gut ausgestattete Akteure geworden. Ohne präventive Polizeiarbeit, soziale Programme zur Deradikalisierung sowie eine konsequente Strafverfolgung würde der Staat keine Chance gegen diese Gruppen haben.

Starmer brach seinen Urlaub ab, griff umgehend konsequent durch, versprach, dass die Randalierer »die volle Härte des Gesetzes zu spüren bekommen werden«, und richtete eine »ständige Armee« spezialisierter Polizeibeamter ein, die die Gewalt schließlich beenden konnten. Von den 378 Festgenommenen und Wortführern wurden die ersten drei bereits am 7. August verurteilt. Weitere Gerichtsverfahren folgten am 8. August, unter anderem gegen einen 28-Jährigen, der in einem Facebook-Posting gefordert hatte, ein von der Regierung für die Unterbringung von Asylbewerbern genutztes Hotel zu »zertrümmern«. Am 16. August wurden zwei Männer, die zu einem Mob gehörten, der am 3. August in Hull ein Auto mit drei rumänischen Männern angegriffen hatte, zu Haftstrafen von sechs beziehungsweise vier Jahren und acht Monaten verurteilt. 11- und 12-jährige Jungen waren ebenso unter den Verurteilten wie eine 41-jährige Tagesmutter aus Northamptonshire, die dazu aufgerufen hatte, Hotels, in denen Asylbewerber untergebracht sind, »anzuzünden«. Der Nachrichtendienst »X« erklärte anschließend, dieser Post habe nicht gegen seine Regeln verstoßen. Tausende Menschen in England und Nordirland waren anderer Meinung und gingen gegen die rechte Gewalt in Belfast, Cardiff, Glasgow oder Newcastle auf die Straße. Auch in London demonstrierten Tausende Menschen friedlich vor dem Parteisitz der einwanderungsfeindlichen Reform UK.

Der ehemalige Generalstaatsanwalt Starmer hatte durchgegriffen und erhielt interessierte Nachfragen aus Deutschland. Wie hatte er so schnell reagieren können? KI-gesteuerte Gesichtserkennung hatte eine Rolle gespielt, sicherlich auch seine Erfahrung als Generalstaatsanwalt. Der »Online Safety Act« vom Mai 2021 zielten darauf ab, ein sichereres Online-Umfeld zu schaffen und gleichzeitig die Notwendigkeit der freien Meinungsäußerung zu berücksichtigen. Jetzt wurde er als unzureichend kritisiert und gefordert, die Medienaufsichtsbehörde »Ofcom« solle ermächtigt werden, schneller Geldstrafen gegen soziale Medienplattformen zu verhängen, die nicht gegen Desinformation vorgehen. Starmer wies darauf hin, dass soziale Netzwerke keine rechtsfreien Zonen seien: »Das ist eine Mahnung an alle, dass man sich schuldig macht, egal ob man direkt oder indirekt beteiligt ist, und dass man vor Gericht gestellt wird.«

Die Strafverfolgung war jedoch weniger das Problem. Kurzfristig gab es zu wenig Gefängnisplätze, sodass an die 5.500 Gefangene bis Ende Oktober 2024 frühzeitig entlassen werden mussten. Langfristig gab es kein Geld für soziale Präventionsarbeit, und für eine effektive Verbrechensbekämpfung fehlten der britischen Polizei noch immer bis zu 3,2 Milliarden Pfund.

Der enge fiskalische Spielraum würde sich also als die größte Herausforderung des neuen Kabinetts darstellen. Innerhalb der nächsten fünf Jahre würden die Menschen bereits spürbare Veränderungen in ihrem Alltag, insbesondere in der Gesundheitsversorgung, erkennen wollen. Die wichtigste Lektion, die McSweeney aus Barking mitgenommen haben wird, ist es zu beweisen, dass der Staat für alle zuständig ist, auch wenn kein Geld da ist. Das ist eine noch größere Aufgabe, als die BNP in Barking zu besiegen.

Angesichts leerer Kassen und einer auf nachhaltiges Wachstum ausgerichteten Wirtschaftspolitik, die erst mittelfristig höhere Steuereinnahmen verspricht, müsste der neue Premier also sehr bald zumindest symbolische Erfolge vorweisen. Aber könnte es das so dringend notwendige stärkere Wirtschaftswachstum ohne eine erneute verbesserte Anbindung an den Kontinent überhaupt geben? Klar war, dass Starmer jede Annäherung an die EU gegen die lautstarken Stimmen von Reform UK und die weitgehend rechts ausgerichtete britische Presse durchsetzen müsste.

Politische Beobachter waren sich daher einig: Angesichts der veränderten geopolitischen Lage werde es darum auch auf die EU ankommen, die Chance eines verbesserten Verhältnisses zum Königreich nicht durch starre Haltungen in Sachen Drittstaatenregelungen zu verspielen. Dabei müsse es zukünftig um eine intelligente strategische Partnerschaft und gar nicht mal um eine Re-Integration gehen. In Zeiten von Putin, Trump und Marine Le Pen müsse doch gerade Deutschland seinen Phantom-Schmerz wegen des Brexits jetzt überwinden und eine aktive Rolle im Verhältnis zur Insel entwickeln.

Auf diese Hoffnung setzte auch der neue Außenminister David Lammy und reiste bereits am 8. Juli zu Gesprächen mit seiner Amtskollegin Annalena Baerbock nach Berlin. Der NATO-Gipfel am 9. Juli in Washington und der der Europäischen Politischen Gemeinschaft (EPC) am 18. Juli in Großbritannien boten Keir Starmer eine erste Gelegenheit, sich auf internationalem Parkett vorzustellen. Die Vorzeichen standen weiterhin gut.

Nur wenige Tage später, am 24. Juli 2024, unterzeichneten Verteidigungsminister John Healey und sein Amtskollegen Boris Pistorius eine mit der deutschen Friedrich-Ebert-Stiftung vorbereitete gemeinsame Erklärung zur zukünftigen Zusammenarbeit im Verteidigungs- und Sicherheitsbereich. Ins britische Homeoffice von Innenministerin Yvette Cooper sollte noch im Herbst 2024 eine Beamtin des Innenministeriums von Nancy Faeser entsandt werden, eine Form des Austauschs, der aus Deutschland heraus sonst nur mit den wichtigsten Verbündeten wie Frankreich oder Israel stattfand. Die neue Regierung war sehr gut vorbereitet und meinte es offensichtlich ernst.

Abgerundet wurde die »Charme-Offensive« Starmers mit einem Besuch bei Olaf Scholz am 28. August in Berlin. Deutschland und das Vereinigte Königreich verbinde eine lange und vertrauensvolle Partnerschaft, die von gemeinsamen Werten und verlässlicher Freundschaft getragen sei, sagte Scholz nach dem Gespräch der beiden Regierungschefs und, »zum Wohle unserer Völker, zum Wohle Europas und zur Sicherheit im transatlantischen Raum« würden Deutschland und Großbritannien in den kommenden Monaten auf einen Vertrag über die bilaterale Zusammenarbeit hinarbeiten. Dieser solle die ganze Bandbreite der Beziehungen reflektieren. »Einen solchen Vertrag hat es zwischen Deutschland und dem Vereinigten Königreich noch nicht gegeben«, betonte Scholz. Es war geplant, den Vertrag im Rahmen von deutsch-britischen Regierungskonsultationen zu unterzeichnen, die bis Anfang 2025 abgeschlossen sein sollten. Nach dem Ampel-Aus im November 2024 kann das Abkommen nun erst von der nächsten Koalition verabschiedet werden. »Zu unseren gemeinsamen Prioritäten zählen die außenpolitische Zusammenarbeit für Frieden und Sicherheit, das Wachstum unserer Volkswirtschaften, die industrielle Transformation, die Zusammenarbeit bei der Strafverfolgung und das Vorgehen gegen irreguläre Migration, mehr Kontakte zwischen den Menschen sowie die Bereiche Jugend und Bildung, Energiesicherheit, Klima- und Umweltpolitik, Entwicklungszusammenarbeit, Verkehr und Infrastruktur sowie Technologie, Forschung und Innovation«, so die Erklärung. Beide Sozialdemokraten betonten, »wir sind entschlossen, ein aggressiveres Russland abzuschrecken, unsere Unterstützung für die Ukraine aufrechtzuerhalten und die europäische Verteidigung zu stärken«. Dennoch blieb Enttäuschung zurück, als es in der Pressekonferenz um die Zukunftschancen von jungen Menschen ging. »Wir haben keine Pläne für ein Jugendmobilitätsabkommen«, bekräftigte der britische Regierungschef ein weiteres Mal, »aber wir haben Pläne für eine engere Zusammenarbeit im Rahmen dieses Neustarts.«

Nach den vielen Antrittsbesuchen in Washington, Berlin, Warschau, Paris und Stockholm wartete ein bisher bescheidener und etwas zu kühl geratener Spätsommer in London. Die ersten Monate nach der Machtübernahme durch Labour waren ein glänzender Start gewesen, der nur durch die schrecklichen Morde in Southport und deren unfassbare Instrumentalisierung getrübt worden war.

Wie in einer Erinnerung an die Stürme von Brighton 2021 schlugen Starmer dann jedoch im Frühherbst erste tosende Wellen des Protests aus der eigenen neuen und selbstbewussten Fraktion im Unterhaus entgegen. Harte Entscheidungen standen an. Erstmals seit dem Jahr 1221 sollte mit Rachel Reeves eine Frau die Schatzkasse verwalten. Doch kaum im Amt, vermeldete Reeves, sie habe in den Büchern überraschend ein Defizit von 22 Milliarden Pfund gefunden. Die Erhöhung des Kindergeldes, welches bislang nur bis zum zweiten Kind ausgezahlt wurde (*2-child-cap*) und auch die Unterstützung der Rentner mit pauschal ausgezahlten Hilfen für hohe Heizkosten im Winter könnten unter keinen Umständen beibehalten werden, so die Schatzkanzlerin. Das Geld sei nicht vorhanden, und Schuld daran sei die Vorgängerregierung, die das Parlament nicht ausreichend über die tatsächliche Lage der Staatsfinanzen informiert habe – eine Behauptung, die vom unabhängigen »Office for Budget Responsibility« bestätigt wurde.

Das progressive Großbritannien tobte in den sozialen Medien: War das etwa die Empathie, die Labour im Wahlkampf versprochen hatte? Wollten Sie mit der Aushöhlung des Sozialstaates genauso weitermachen wie die Vorgängerregierung? Enttäuschung machte sich breit. »Sir Starmer« stand vor seiner ersten großen Bewährungsprobe, noch bevor die ersten 100 Tage seiner Regierung verstrichen waren. Abgeordnete, die gegen diese Politik stimmten, sollten konsequent für sechs Monate aus der Fraktion ausgeschlossen werden. Wie schon beim Umbau der Partei zur »Neuen Labour Party« ließ Starmer nicht mit sich verhandeln. Der *Honeymoon* war vorbei.

Bei den Parlamentswahlen am 4. Juli 2024 hatte Labour 411 Sitze (plus das Mandat des neutral zu agierenden »Speaker of the House«) errungen. Schon am 24. Juli 2024 waren es nur noch 404 Mandate, nachdem sieben Abgeordnete vom Parteivorsitzenden suspendiert worden waren, weil sie für einen Änderungsantrag der Schottischen Nationalpartei gestimmt hatten, die forderte, die Begrenzung des Kindergeldes auf zwei Kinder abzuschaffen. Und mit Rosie Duffield distanzierte sich im September eine weitere Abgeordnete nach nur drei Monaten von ihrer Fraktion.

Starmer verfügt jedoch noch immer über eine ansehnliche »Macht« im Rücken, und so gingen er und Reeves in die nächste Schlacht um die »Winter Fuel Payments«. Die Auszahlungen an Renter, die bislang ohne Bedürftigkeitsprüfung erfolgte und – worauf der *Belfast Telegraph* genüsslich hinwies – auch an prominente Vertreter wie Paul McCartney oder Mick Jagger erging, sollte modifiziert werden. Nicht wenige wohlhabende Rentner, so der Vorwurf, hätten die Hilfen angespart, um davon einen Winterurlaub in Spanien zu verbringen. Eine solche

»Gießkannenpolitik« sei nicht mehr finanzierbar. Die Auszahlung solle fortan an nur noch nach einer Bedürftigkeitsprüfung erfolgen. Auf den ersten Blick erschien das legitim.

Der Sozialbericht des Sonderberichterstatters der Vereinten Nationen, Philip Alston, zur Menschenrechtslage im Vereinigten Königreich gab den Kritikern dieser Entscheidung aber noch immer recht. Es wäre, so die Sozialverbände, weiterhin nicht erklärbar, wie betagte Pensionäre die nun vorgesehene Antragsstellung online bewältigen sollten. Selbst der Ausdruck der Formulare mit ihren 24 Seiten zu beantwortender Fragen schien keine Lösung zu sein. Starmer erklärte in der prominenten Sonntagmorgen-Show »Sunday with Laura Kuenssberg«, dass die Auswirkungen auf die 10 Millionen Rentner, die Einbußen hinnehmen müssten, durch die Tatsache gemildert würden, dass die Renten im April 2025 um 4 Prozent steigen und die volle staatliche Rente um 460 Pfund pro Jahr erhöht werde. Das Herbstbudget, die erstmalige Aufstellung des Staatshaushaltes durch Rachel Reeves Ende Oktober 2024, werde weiteren Aufschluss darüber geben, wie man soziale Härten abfedern könne. In der Tat erwarteten Steuerexperten die längst überfälligen Erhöhungen der Kapitalertrags- und Erbschaftssteuer.

Die Euphorie der ersten Tage schien bereits Anfang September einem kühleren Realismus gewichen zu sein. Während Reeves in den ersten acht Wochen nach Amtsantritt für viele Staatsbedienstete, darunter Lehrer und NHS-Beschäftigte, Gehaltserhöhungen über der Inflationsrate von durchschnittlich 5,5 Prozent beschlossen hatte und rechtsgerichtete Kommentatoren dies als Bestechung für die Unterstützer der Labour-Gewerkschaften bezeichneten, machte die Schatzkanzlerin deutlich, dass sie diese Maßnahmen für unerlässlich halte, um einen Schlussstrich unter jahrelange Streiks zu ziehen, Probleme bei der Einstellung und Bindung von Mitarbeitern zu lösen und den gesellschaftlichen Frieden wiederherzustellen. Die eigentliche Stimmungsprüfung musste ihr Chef jedoch vor dem jährlichen Kongress der Dachgewerkschaft TUC im September in Brighton über sich ergehen lassen.

Nachdem er zunächst stehende Ovationen von den Delegierten erhalten hatte, da er sich – als erster Premierminister seit 15 Jahren überhaupt – überreden ließ, vor dem TUC zu sprechen und sein Bekenntnis zur »größten Anhebung der Arbeitnehmerrechte seit einer Generation« noch einmal bekräftigte, wurde der Enthusiasmus der Delegierten durch die Besorgnis über Rachel Reeves harte Haltung bei den öffentlichen Ausgaben gedämpft. In einem der vielen begleitenden sogenannten »Fringe-Events« auf dem Kongress klagte Onay Kasab, leitender Funktionär der Gewerkschaft »Unite«, »wir hören sehr viel über harte Zeiten: Es ist wie in einem Dickens-Roman. Was kommt denn nach den harten Zeiten? Wir müssen endlich von Hoffnung hören.«

In seiner Rede trug Starmer sein inzwischen bekanntes Argument über den desolaten Zustand des Landes vor, das Labour geerbt habe. »Selbst in unseren schlimmsten Befürchtungen haben wir nicht geglaubt, dass es so schlimm sein würde«, sagte er dem Kongress und erklärte die Situation: »Die Verschmutzung unserer Flüsse. Die Überbelegung unserer Gefängnisse. Der Verfall unseres öffentlichen Raums.« All das erfordere, dass er sein Mandat für wirtschaftliche Stabilität unter keinen Umständen aufs Spiel setze.

Nicht alle Delegierte überzeugte diese Argumentation, aber ähnlich wie im Umgang mit den Ärzten und dem Pflegepersonal durch Wes Streeting, verspürte die Arbeitnehmerseite seit Jahren der Ignoranz nun wieder gegenseitige Wertschätzung. Auch die Gewerkschaften müssten ihre Rolle im öffentlichen Leben als wichtige Akteure in der Interessenvertretung von Arbeitnehmerrechten wohl erst wieder annehmen. So berichtete Mike Clancy, der Generalsekretär der Gewerkschaft »Prospect« von einem Treffen mit dem Team von Arbeitsministerin Angela Rayner: »Zum ersten Mal in meiner Laufbahn als Gewerkschaftsfunktionär haben wir etwas Historisches erlebt, nämlich, dass die stellvertretende Premierministerin und der Wirtschaftsminister die Generalsekretäre der größten Gewerkschaften mit Wirtschaftsführern an einen Tisch gebracht haben, um darüber zu diskutieren, wie die Arbeitswelt verbessert werden kann.«

Andere Gewerkschaftsmitglieder berichteten, dass Beamte im Regierungsviertel Whitehall aufgefordert worden seien, mit ihnen in Kontakt zu treten, obgleich dies wegen veralteter E-Mail-Kontakte schwierig war. Nur sehr wenige Beamte in den konservativen Regierungen der letzten Jahre hätten überhaupt einen Grund gehabt, den Kontakt zu den Arbeitnehmervertretungen aufrechtzuerhalten.

Jonathan Reynolds, Minister für Wirtschaft und Handel, wurde damit beauftragt, die Gesetzgebung zum »New Deal for Workers« durch das Parlament zu bringen, welcher nun mit Spannung erwartet wurde. Ein Großteil des Pakets soll die Rechte des einzelnen Arbeitnehmers wieder besser absichern. Auch soll den Gewerkschaften in einer seit Margaret Thatcher nicht mehr dagewesenen historischen Entwicklung das Recht eingeräumt werden, sich direkt am Arbeitsplatz organisieren zu dürfen. »Die Bedeutung des Plans, ›dass sich Arbeit wieder lohnen soll‹«, so Mike Clancy, Generalsekretär der Gewerkschaft »Prospect«, »und des Beschäftigungsgesetzes kann nicht hoch genug eingeschätzt werden. Beide Ansätze sind eine einmalige Gelegenheit, die Rechte der Arbeitnehmer in diesem Land wieder zu verbessern.«

»Diese Regierung scheut sich nicht zu sagen, dass wir stärkere Gewerkschaften wollen«, wurde Angela Rayner zitiert, »das ist es, was ich bin, und dafür werde ich kämpfen«, so die Secretary of State for Levelling Up, Housing and Communities in einer Rede am Rande des Kongresses, die mit Sticheleien gegen die Tories nur so gespickt gewesen sein soll.

Im Übrigen genoss Rayner, die von der rechten Presse als »Red Queen of Labour« bezeichnet wird, ihre neuen Freiheiten und stiefelte zur Freude der anwesenden Fotografen selbstbewusst auf rosafarbenen, gestanzten Plateausohlen mit eingelassenen Metallbügeln einer in Manchester ansässigen veganen Schuhmarke in die Kabinettssitzung. Auch ließ sich die stellvertretende Premierministerin tanzend in einem Club auf Ibiza ablichten. Abgeordnete von den Tories konnten es sich folglich nicht verkneifen zu behaupten, dass »das Verhalten von Frau Rayner ihr Amt erniedrigt«. Während der »Lausbube« Boris Johnson sich Ungeheuerlichkeiten aller Art hatte erlauben dürfen, war eine Frau als Deputy-Premierministerin mit Lebensfreude für manche einfach doch zu viel des »Wandels«.

Wandel und Wachstum – davon hinge nun das Wohl und Wehe des Erfolgs ab – so auch das Mantra des ersten Parteitags der Labour Party nach der Wahl, der vom 22. bis 25. September 2024 in der Beatles-Stadt Liverpool stattfand und einen Ausblick auf das geben sollte, was in den nächsten fünf Jahren von einer Labour-Regierung Labour zu erwarten sei.

»Welcome to conference« hieß es in der Begrüßungsbroschüre für die Delegierten, von denen nicht wenige sich zunächst einmal erschöpft durch das strenge Herbstwetter der Stadt am Mersey Fluss auf ihren Sitzplatz fallen ließen. »Wir haben die lange, harte Arbeit, unsere Partei zu verändern, nicht als Selbstzweck betrieben. Wir haben es getan, um unser Land zu verändern und das Leben der arbeitenden Menschen zu transformieren. Jetzt haben wir diese Gelegenheit, und wir werden sie nicht vertun. Unsere sechs ersten Schritte des Wandels haben begonnen, beginnend mit unserem absoluten Bekenntnis zu wirtschaftlicher Stabilität. Von diesem Fundament aus werden wir in jedem Winkel des Landes Wachstum schaffen, das der Gemeinschaft zugutekommt.« Aber nicht wenige Delegierten fragten sich, was das konkret bedeute? Würden die neuen Minister vor dem eigenen Publikum nun Tacheles sprechen? Noch vor Kurzem hatte ihr Premier, den sie nun eigentlich feiern wollten, in einer »Doom-and-gloom«-Rede für Schlagzeilen gesorgt. Die Lage des Landes war doch allgemeinhin bekannt. Dennoch hatte Starmer vor den blühenden Rosen seines Sommergartens ein Schreckensszenario gezeichnet: »Ich muss ehrlich zu Ihnen sein: Die Dinge sind schlimmer, als wir uns sie jemals vorgestellt haben.« Prompt fielen seine Zustimmungswerte um 45 Prozentpunkte unter die des jetzt als Oppositionsführer agierenden Rishi Sunak. Die Briten schienen es nicht mehr gewohnt zu sein, wenn ein Premier sie nicht anlog. Niemand wollte hören, was an Tatsachen nicht mehr zu leugnen war.

In Liverpool erwarteten die Delegierten jedoch, dass ihre Parteiführung ihnen einen Weg aus dem Schlamassel aufzeigt, und nicht nur das. Der linke Flügel erwartete auch eine Diagnose, bevor die Rezepte ausgestellt werden. Wäre es nicht ein ehrlicher Schritt, die Mitschuld an Jahren einer zerstörerischen neoliberalen Politik einzuräumen, die den Zustand des Landes herbeigeführt hatte? Wenn Starmer fortwährend von »verrotteten Fundamenten« sprach, müsste er dann nicht auch zugeben, dass die Deregulierung der Finanzmärkte und die Privatisierung der öffentlichen Daseinsvorsorge wie Bahnverkehr, Trinkwasserbereitstellung und sogar die Gesundheitsversorgung auch unter Labour zu Zeiten Tony Blairs und Gordon Brauns als »latest state of the art« galten?

Die Delegierten kannten ihren Parteivorsitzenden. Er war kein Visionär, kein Erfinder eines »dritten Weges«. Aber könnte er jetzt und hier in Liverpool, auf dem ersten Parteitag seit dem Wahlsieg, nicht endlich nachvollziehbare Beispiele nennen, wie sich für die Mehrheit der britischen Bevölkerung das Leben sehr schnell spürbar verbessern ließe? Es waren ja noch nicht einmal 100 Tage seit der Wahl vergangen, und die Partei konnte doch schon auf eine beeindruckend abgearbeitete To-do-Liste verweisen, ohne dass die eigentliche parlamentarische Arbeit überhaupt begonnen hatte.

Nach Sunaks vorgezogenen Wahlen Anfang Juli hatte sich das Unterhaus konstituiert, der traditionellen King's Speech beigewohnt und war dann wegen der Parteitage erneut in eine Sitzungspause eingetreten. Erst am 7. Oktober würden die Ausschüsse in gewählter Zusammensetzung tagen und am 30. Oktober Schatzkanzlerin Rachel Reeves ihren mit Spannung erwarteten Haushalt vorlegen können. Aber irgendwo zwischen den Zeilen der jetzt folgenden Ansprachen der Kabinettsmitglieder müssten sich Hinweise darauf entdecken lassen, wie die neue Regierung den vielgepriesenen »Change« vorantreiben wolle. Nicht nur die Delegierten, auch die politischen Kommentatoren wie Laura Kuenssberg, Emily Maitlis oder Chris Mason wurden ungeduldig.

Angela Rayner sprach als erste aus der Führungsriege und nutzte die Gelegenheit, die Stimmung aufzuhellen. Erste Schritte zur Umsetzung des Programms »Make Work Pay« (Arbeit muss sich lohnen) seien von ihr in Auftrag gegeben. »Als ich dieses Amt antrat, versprach ich die größte Verbesserung der Arbeitnehmerrechte seit einer Generation – nichts Geringeres als einen »New Deal for Working People«. Und ich kann heute bestätigen, dass das Gesetz über die Rechte der Arbeitnehmer im nächsten Monat ins Parlament eingebracht wird. [...] Nach jahrelangem Widerstand stehen wir nun kurz vor einem historischen Gesetz. Wir wollen Arbeit sicherer und familienfreundlicher machen. Wir wollen das Lohngefälle zwischen Männern und Frauen weiter und schneller abbauen. Die Durchsetzung von Rechten und Stärkung der Gewerkschaften bedeutet die Aufhebung der arbeitnehmerfeindlichen Gesetze der Tories und neue Rechte auch für Gewerkschaftsvertreter. Ein echter existenzsichernder Lohn und Lohnfortzahlung im Krankheitsfall für die Geringverdiener werden kommen. Ausbeuterische Null-Stunden-Verträge und unbezahlte Praktika werden verboten. Die Abschaffung der Praxis von Entlassung und Wiedereinstellung sowie die Einführung von Grundrechten vom ersten Arbeitstag an sind Bestandteil des Pakets. Delegierte, das ist unser Plan! Arbeit lohnend zu machen! Und dieses Konzept kommt zu Euch, in Eure Nähe!« Was in Deutschland eine pure Selbstverständlichkeit ist, führte im Konferenzsaal des ACC Liverpool zu tosendem Applaus: Die von Rayner vorgesehene »Employment Rights Bill« würde Gewerkschaften, Unternehmerverbände und den Staat zukünftig im Rahmen eines sozialen Dialogs bei Verhandlungen an einen Tisch bringen.

Bereits vor der Rede der nächsten Ministerin, Rachel Reeves, platzte das Plenum aus allen Nähten, und viele Konferenzteilnehmer mussten vor den Hunderten bereitgestellter Bildschirme des ACC Liverpool zum Teil auf dem Boden Platz nehmen. Reeves erläuterte erneut ihre »Securonomics«, eine Art Angebotspolitik von links. Hinter der Wortschöpfung aus den Begriffen »sicher« (secure) und »Ökonomie« (economics) versteht die Finanzministerin eine Ankurbelung des Wachstums durch beschleunigte Planungsverfahren, gezielte Investitionsanreize für die Privatwirtschaft und Staatshilfen. Erste Politikerinnenpflicht sei es, stabile politische Rahmenbedingungen zu schaffen. Vor allem die breite Bevölkerung, und eben nicht – wie zuletzt – die multinationalen Energiefirmen, sollten von diesem Wachstum profitieren.

Ein neuer Staatsfonds soll stattdessen über »Public Private Partnerships« in Wachstumsindustrien investieren. Vieles erinnert dabei an die »Modern Supply Side Economics« in den USA. Wie US-Finanzministerin Janet Yellen, setzt auch Reeves auf die Verbindung einer keynesianischen Nachfragepolitik des aktiven britischen Staates, gepaart mit einem gewissen Wirtschaftsliberalismus. Bereits im Wahlkampf hatte Reeves dargelegt, dies bedeute nicht, »dass die Regierung immer größer wird, aber es bedeutet eine aktivere, intelligentere Regierung, die mit der Wirtschaft, den Gewerkschaften, den lokalen Verantwortlichen und den dezentralen Regierungen zusammenarbeitet«. Das Land sei zu zentralisiert, »und das wirtschaftliche Potenzial zu vieler Regionen und Gemeinden wird ignoriert«. Eine gute Angebotspolitik sei für Labour eine offensive Industriepolitik und ein aktiver Staat.

Allein: Für einen massiven Subventionsschub nach dem Vorbild des »Inflation Reduction Act« fehle seit dem »Mini-Budget« von Liz Truss das Geld, so hatte die Schatzkanzlerin es in unzähligen Interviews vor dem Parteitag wiederholt. Aber wie viel von dem Programm, das sie in ihrem Herbsthaushalt am 30. Oktober bekanntgeben würde, würde sie jetzt vor den Augen der internationalen Presse bereits preisgeben können? Würde Labour mit der Sparpolitik so weitermachen wie die Vorgängerregierung, oder würde sie endlich einen Unterschied machen? Als Reeves endlich ans Rednerpult ging, schien ganz Großbritannien an ihren Lippen zu hängen.

Die britische U-14-Schachmeisterin, die sich auch gern einmal gegen ganze Grundschulklassen simultan an mehrere Bretter stellt, begann ihre Rede taktisch klug und gewann das Plenum für sich: »Auf dieser Konferenz begrüßen wir mehr als 200 neue Labour-Abgeordnete – Mitglieder des vielfältigsten Parlaments in der Geschichte unseres Landes. Labour gewann zum allerersten Mal in Orten wie Südost-Cornwall, die Isle of Wight, Aldershot, Banbury und Basingstoke, in Hexham, Altrincham und dem Ribble Valley. Und Labour ist zurück im Dienst von Gemeinden, die wir niemals hätten verlieren dürfen.

In unseren Hafen-, Kohle-, Stahl- und Mühlenstädten. Von Bolsover, Bassetlaw und Grimsby bis Hartlepool, Rother Valley, Newton Aycliffe und Bridgend. Und in Edinburgh, in Glasgow, im gesamten Central Belt und auf den Western Isles ist Labour auch in Schottland zurück. Lassen Sie mich also die Menschen in diesem Saal würdigen, die diesen Unterschied gemacht haben.«

Sie sei es nicht allein, die an diesem Wandel gearbeitet habe, auch den vielen aktiven Frauen bei Labour gebühre der Dank: »Seit 800 Jahren gibt es das Amt des Schatzkanzlers. Jeder von ihnen war ein Mann. Am 5. Juli dieses Jahres haben wir Geschichte geschrieben. Jede Frau, die dies sieht, wird wissen, dass es immer wieder Momente gibt, in denen man daran erinnert wird, dass einige Leute immer noch nicht glauben können, dass eine Frau den Job erledigen kann, egal wie hoch man aufsteigt, wie hart man arbeitet, wie qualifiziert man ist. Aber Millionen von Frauen in unserer Partei, in unseren Gewerkschaften und in allen Bereichen des Lebens haben diese Zweifel überwunden. Ich bin heute hier, weil ich hart gearbeitet habe, ja. Aber vor allem stehe ich hier wegen der Bemühungen derer, die vor mir da waren.« Reeves erinnerte an Wegbereiterinnen wie Jennie Lee, Barbara Castle und »unsere Freundin, unsere Inspiration«, Harriet Harman, die dienstälteste Abgeordnete der britischen Geschichte. »Und ich bin hier wegen Tausender von Frauen, von denen viele von Ihnen heute hier im Saal sind, die Barrieren eingerissen und niedrige Erwartungen besiegt haben, um den Weg für den Rest von uns frei zu machen. Ich bin Labour-Kanzlerin aufgrund dieser kollektiven Anstrengung.«

Danach war der Saal bereit für Reeves' Mantra der eisernen Disziplin: »In meinen ersten Wochen im Finanzministerium wurde mir das wahre Ausmaß der Verantwortungslosigkeit der Tories offenbart: 22 Milliarden Pfund an Ausgabenplänen in diesem Jahr, die die vorherige Regierung nicht offengelegt hat, für die sie keinen Plan hatte, um sie zu bezahlen, und die sie vor dem Parlament und dem britischen Volk verheimlicht hatte. Den Ministerien waren Gelder zugewiesen worden, die sie ausgeben sollten, die aber nicht vorhanden waren. Das Geld ist nicht da.«

Dieses »schwarze Loch«, so Reeves, würde in den kommenden Jahren erhebliche Risiken mit sich bringen, wenn man das Problem nicht sofort anginge. »Dazu gehören mehr als 6 Milliarden Pfund Mehrausgaben für das Asylsystem – einschließlich der gescheiterten Ruanda-Politik – und fast 3 Milliarden Pfund für Eisenbahnprojekte. Die nationale Reserve, die für echte Notfälle gedacht ist, sollte in nur drei Monaten des Haushaltsjahres dreimal ausgegeben werden.« Das Schlimmste aber sei, so die Schatzkanzlerin aufgebracht, dass die Tories nicht so gehandelt hätten, »weil sie glaubten, dass es für unser Land richtig wäre – sondern weil sie glaubten, dass es ihre Partei vor einer Niederlage bewahren könnte«.

Deshalb habe sie Maßnahmen ergriffen, um die notwendigen Einsparungen im laufenden Jahr vorzunehmen. Sie werde die Pläne für neue Krankenhäuser überprüfen, die von den Konservativen versprochen, deren Kosten aber nicht in den Haushalt aufgenommen wurden. Sie habe bereits jetzt Straßen- und Eisenbahnprojekte gestrichen, die von den Konservativen versprochen wurden, für die sie aber keinen Haushalt aufgestellt hätten. »Und ich habe mich für eine Bedürftigkeitsprüfung bei der Winterheizungsbeihilfe entschieden, damit sie nur noch den wirklich Bedürftigsten zugutekommt.«

Als hätte sie eine Art Damenschachfigur der Glaubwürdigkeit opfern müssen, beteuerte Reeves: »Ich weiß, dass nicht jeder, weder in diesem Saal noch im Land, mit jeder meiner Entscheidungen einverstanden sein wird. Aber ich werde mich diesen Entscheidungen nicht entziehen. Nicht aus politischer Zweckmäßigkeit und nicht um des persönlichen Vorteils Willen.« Angesichts des 22-Milliarden-Pfund-Lochs und der Rentengarantie, die dafür sorgt, dass die staatliche Rente im Laufe dieser Legislatur um schätzungsweise 1.700 Pfund steigen werde, habe sie diese Entscheidung unter den gegebenen Umständen für richtig gehalten.

Um ein Gegengewicht zu schaffen, versprach Reeves, die Ausgaben der Regierung für Beratungsdienste zu halbieren. Die Exzesse der privaten Flugreisen der Tory-Minister würden eingedämmt und der

»40-Millionen-Pfund-Vertrag« für den VIP-Hubschrauber von Rishi Sunak sei bereits gekündigt.

Auch die Verschwendungs- und Betrugspraxis während der Covid-Pandemie, als Milliarden Pfund an öffentlichen Geldern an Freunde und Spender der Konservativen Partei verteilt wurden, würde aufgearbeitet werden. Es ginge um mehr als eine Milliarde Pfund, die für Material ausgegeben wurde, das entweder nicht ankam oder nicht zweckmäßig war. »Als wir an die Regierung kamen, fanden wir strittige Verträge in Höhe von 674 Millionen Pfund vor und eine Empfehlung der vorherigen Regierung, dieses Geld nicht zurückzufordern. Den Tories war das einfach egal.« Sie werde einen Covid-Korruptionsbeauftragten ernennen, um die Dinge aufzuklären. Es könnte nicht dringender sein. »Ich werde vor Abzockern und Betrügern nicht die Augen verschließen. Ich werde nicht die Augen vor denen verschließen, die einen nationalen Notstand ausnutzten, um sich in die eigene Tasche zu wirtschaften. [...] Ich werde sie nicht ungestraft davonkommen lassen. Dieses Geld gehört in unsere Polizei, es gehört in unser Gesundheitswesen und es gehört in unsere Schulen. Und, liebe Delegierte, wir wollen dieses Geld zurück!«

Dem konnte niemand widersprechen, aber irgendwann in Rachel Reeves' Rede sollte der Schachzug kommen, auf den nicht nur der Parteitag, sondern viele Menschen im ganzen Land gewartet hatten. »Und weil ich weiß, wie viel Schaden in diesen vierzehn Jahren angerichtet wurde, möchte ich eines ganz klar sagen: Es wird keine Rückkehr zur Austerität geben.« Damit war die Dame zurück im Spiel.

Sie werde dabei bleiben, dass die Steuern für die arbeitenden Menschen nicht erhöht werden, weder die Grund- noch die höheren oder zusätzlichen Einkommenssteuersätze, die Sozialversicherung oder die Mehrwertsteuer. Sie werde die Körperschaftssteuer für die Dauer dieser Legislaturperiode auf ihrem derzeitigen Niveau halten. Wie versprochen, würde sie die Energie- und Gewinnabgabe für Öl- und Gasproduzenten verlängern, um in heimische Energie zu investieren. Die Steuerschlupflöcher für Nichtunternehmer würden geschlossen und gegen Steuervermeidung und Steuerhinterziehung hart vorgegangen werden.

Die *Financial Times* evaluierte Rachel Reeves' Rede wohlwollend. Erstmals habe sie »Flexibilität für mehr staatliche Schulden für zukunftsweisende Projekte angedeutet«. Im Herbstbudget vom 30. Oktober werde man sicherlich Veränderungen an den »Fiscal Rules« – der britischen Schuldenbremse – erwarten dürfen, ohne dass dies wie unter Liz Truss 2022 gleich »die internationalen Finanzmärkte in Angst und Schrecken« versetzten werde. Reeves hatte also auch in den Augen der Finanzfachwelt begonnen, das Narrativ zu wenden: Die Pläne der Regierung würden de facto »ein Ende der niedrigen Investitionen einläuten, die den Niedergang gefördert hatten«, so die *Financial Times*.

Als Parteivorsitzender behielt sich Starmer zu Recht vor, erst zum Höhepunkt des Treffens ans Rednerpult zu treten. Er wirkte gefestigter, sicherer im Auftreten, und es gelang ihm sogar, einen Funken Humor aufblitzen zu lassen. Authentisch und glaubhaft gelang es ihm zu vermitteln, dass er um die Sorgen der Menschen wisse, die das Vertrauen in die Politik verloren hatten. Er wendete sich bewusst an die Generation von Briten, deren Kindern es erstmals schlechter ergeht als ihnen selbst, und zwischen den Zeilen konnte jeder erkennen: Starmer sprach auch die Reform UK- und Brexit-Wähler direkt an. Immer wieder bezog er sich auf die »arbeitenden Menschen« und hielt diesen roten Faden bis ans Ende seiner Rede durch.

Er lieferte zahlreiche Beispiele von Ungerechtigkeiten, die die »Werktätigen im Laufe der Jahre durch die Hände derer erlitten haben, die ihnen eigentlich dienen sollten«. Die bekanntesten Vorfälle wie der »Postmaster-Skandal«, der Brand des Grenfell Towers oder die Tragödie der Fußballfans von Hillsborough nahm er auf, um zu vermitteln, dass er eine Gerechtigkeitslücke schließen werde. »Denn heute kann ich bestätigen, dass das ›Hillsborough-Gesetz‹ noch vor dem nächsten Jahrestag [der Hillsborough Tragödie] im April ins Parlament eingebracht wird.« Mit den neuen Rechtsvorschriften wird eine gesetzliche Pflicht zur Offenheit für alle öffentlichen Einrichtungen eingeführt, die strafrechtliche Sanktionen für jeden Beamten oder jede Behörde vorsieht, der oder die Ermittlungen in die Irre führt oder behindert, wie es in all den genannten dramatischen Skandalen der Fall war.

Sein Hauptziel sei es, »den arbeitenden Menschen in diesem Land zu zeigen, dass Politik eine Kraft für das Gute sein kann. Politik kann auf der Seite der Wahrheit und der Gerechtigkeit stehen. Politik kann ein besseres Leben für Ihre Familie durch die stetige, aber kompromisslose Arbeit im Sinne des Dienens sichern.«

Das verlorengegangene Vertrauen werde wiederhergestellt werden müssen. Dabei ginge es ehrlicherweise um ein Langzeitprojekt, aber der »Change« habe bereits begonnen. Starmer machte es an Beispielen deutlich, die endlich von seiner »Untergangs-Rede« aus dem Rosengarten ablenkten: Eine Industriestrategie, ein Zehnjahresplan für den NHS, eine Ausweitung der Dezentralisierung, eine Wiederherstellung der Arbeitnehmerrechte sowie die Zusage für mehr Lehrer in den Schulen und eine Ausbildungsgarantie für Jugendliche sollen für jeden Einzelnen spürbar machen, dass sich etwas verändert.

»Wandel« – das seien aber nicht nur ein paar zusätzliche Linien in einem Diagramm, das sich in die richtige Richtung bewege. »Wandel« seien nicht ein oder zwei gute Labour-Entscheidungen, die umgesetzt werden, während allgemeine Regelungen unangetastet blieben. »Nein, Wandel muss nichts weniger bedeuten als nationale Erneuerung. Weder eine Rückkehr zu alten Wegen noch ein völlig neuer Weg. Sondern eine Wiederentdeckung dessen, was wir sind, im vollen Lichte der Zukunft. Das Problem ist, liebe Delegierte, dass Großbritannien sich seiner selbst nicht mehr sicher ist, so wie wir es bei der Labour Party vor vier Jahren festgestellt haben. Unsere Geschichte ist ungewiss. Die Hoffnung – aus uns herausgeprügelt. Es gibt Stolz – natürlich gibt es den. Stolz vor allem in unseren Gemeinschaften. Und es gibt auch Respekt vor uns, überall auf der Welt. Glauben Sie mir, niemand zweifelt daran, dass dies eine großartige Nation ist. Ein Land, das für seine Kreativität bekannt ist, für unser künstlerisches Können, unser wissenschaftliches Genie und natürlich für unseren Pragmatismus.

Qualitäten, die in Verbindung mit dem Fleiß und dem Stolz der arbeitenden Menschen nicht nur unsere eigene Geschichte, sondern auch die der Welt neu geschrieben haben. Wir könnten das wieder tun. Das müssen wir sogar. Die Technik, der Klimawandel, die Überalterung der Bevölkerung, die Mobilität der Menschen – dies ist eine Zeit, in der große Kräfte nach einer entschlossenen Regierung verlangen, die bereit ist, sich der Zukunft zu stellen.«

Transformation zu einer grünen Wirtschaft, so Starmer, müsse dort stattfinden, wo alte Arbeitsplätze verloren gegangen waren, und so werde die neue »Great British Energy Agentur« selbstverständlich in Aberdeen angesiedelt werden, wo Anfang der 1970er-Jahre erste Ölfelder in der Nordsee erschlossen wurden. »Der Wandel hat begonnen. Und jeder einzelne Schritt ist ein notwendiger Schritt auf einer längeren Reise. Fünf nationale Missionen, die ein höheres Wachstum, sicherere Straßen, sauberere Energie, größere Chancen für alle und eine gesündere Gesellschaft schaffen werden, sind Missionen, von denen ich weiß, dass das britische Volk sie will und braucht. Das ist das Mandat, das wir gewonnen haben.«

Das Vereinigte Königreich werde auch seine internationale Verantwortung wahrnehmen, was er in New York bei der UN-Generalversammlung wiederholen wolle. Und ja, Migration benötige Kontrolle, aber Rassismus würde nicht mehr toleriert.

Die Fraktion mit ihrer Mehrheit von über 150 Sitzen wird alle Vorhaben ohne Widerstände durchwinken können. Das »brüchige Großbritannien«, wie Starmer es in Liverpool nannte, wird die Gewinne und Verluste der massiven wirtschaftlichen, demografischen und sicherheitspolitischen Veränderungen auf einem langen, harten Weg ausgleichen müssen. Wie viele Premierminister vor ihm, hätte auch Starmer in Liverpool mit einer populistischen Lüge von allen Problemen ablenken und das Land auf glorreiche Zeiten, auf »Global Britain«, einschwören können. Er hat sich entschieden, dies nicht zu tun. Seitdem ist das Wort von den »schweren Entscheidungen« zu einer Art Klischee geworden – zu einer Garantie, die Zustimmungswerte in den Keller rasen lässt. Starmer nimmt es gelassen: »Ich lege keinen

Wert darauf, beliebt zu sein.« Aufbau von Vertrauen und Glaubwürdigkeit brauchten Zeit. Er konzentriere sich darauf, eine klare Vision für die Zukunft zu präsentieren, anstatt nach Popularität zu heischen.

Folglich musste er auch Sharon Grahams kämpferische Ansage auf dem Parteitag ertragen, als die Vorsitzende der Gewerkschaft »Unite the Union«, der 1,3 Millionen Beschäftigte angehören, eine Abstimmung am letzten Tag des Jahreskongresses gegen die Aussetzung der Winterheizungskostenbeihilfe durchsetzte – und gewann. Das Ergebnis ist zwar nicht bindend, aber ein Rückschlag für Starmers Bemühungen, seine Mitte-links-Partei zu einem Konsens in der umstrittenen Maßnahme zu vereinen.

Auf ihrem Nachhauseweg konnten die Delegierten bereits auf eine beeindruckende Bilanz der neuen Regierung zurückblicken: Die Dinge würden sich zum Besseren wenden. Es brauche nur sehr, sehr viel Zeit. Der *Honeymoon* war vorbei. Jetzt begann der Ernst des Regierens.

Kapitel 13
Progressiver Realismus

Im Jahr 2024 ist das Vereinigte Königreich eine Mittelmacht außerhalb der Europäischen Union. Es bedeckt mit seinen 240.000 Quadratkilometern noch etwa 0,16 Prozent der Erdoberfläche. Seine Regierung herrscht »nur« noch über 68 Millionen Menschen. Das Land hat in den letzten 14 Jahren – wie kaum ein anderer OECD-Staat – an rechtlicher, politischer und wirtschaftlicher Kontinuität verloren. Kaum ein anderes Land der westlichen Welt, vielleicht mit Ausnahme der USA, war so sehr mit sich im Unreinen wie das Vereinigte Königreich. Zwischen den »Rule Britannia!«-Gesängen während der jährlichen »Night of the Proms« in der Royal Albert Hall und den anhaltenden Protestmärschen gegen die Verleugnung der eigenen Geschichte von Sklavenhandel, Rassismus und eines Reichtums, der auf Ausbeutung gegründet war, klafft eine riesige Wunde.

Besonders beim Umgang mit dem globalen Süden hatte sich die letzte Administration nicht gerade mit Ruhm bekleckert. Die schlecht verwaltete Fusion des Ministeriums für Entwicklungszusammenarbeit mit dem Ministerium für Außenpolitik habe Fachwissen abgewertet und finanzielle Kürzungen erzwungen, so die Bilanz des neuen Außenministers David Lammy. Das Ansehen des Vereinigten Königreichs als »Entwicklungssupermacht« sei geschwächt. »Diesen Schaden zu beheben, wird nicht einfach sein«, gab Lammy zu. Die britische Armee habe weniger Soldaten als je zuvor seit der napoleonischen Ära. Viele öffentlichen Dienste lägen darnieder, aber die Labour Party könne ein

Jahrzehnt der nationalen Erneuerung mit einem neuen transparenteren Ansatz für die internationalen Beziehungen liefern, und zwar mit einem »progressivem Realismus«.

Progressiver Realismus, so Lammy, befürworte den Einsatz realistischer Mittel zur Verfolgung progressiver Ziele. Für die neue britische Regierung würde dies bedeuten, dass sie sich in Bezug auf das heutige politische Gewicht des Vereinigten Königreichs, das Gleichgewicht der Kräfte und den Zustand der Welt »knallhart ehrlich machen« müsse. Man dürfe Realismus nicht ausschließlich zur Machtakkumulation nutzen, wobei sich Lammy bei seiner Beschreibung nicht auf eine bestimmte Schule oder Wissenschaftler wie Niebuhr oder Morgenthau bezog, sondern eher auf frühere Labour-Außenminister wie Ernest Bevin oder Robin Cook. Der »progressive Realismus« setze Macht im Dienste gerechter Ziele ein – zum Beispiel im Kampf gegen den Klimawandel.

Lammy kritisiert die aus seiner Sicht »chaotischen westlichen Militärinterventionen« in den ersten Jahrzehnten dieses Jahrhunderts. »Die Misserfolge in Afghanistan, Irak und Libyen untergruben die Vorstellung, dass liberaler Interventionismus, wie Blair 1999 bemerkte, ›eine subtilere Mischung aus gegenseitigem Eigeninteresse und moralischer Absicht‹ sei. Stattdessen wurde er als ein Rezept für Unordnung angesehen. Eine britische Regierung, die sich an den progressiven Realismus hält, wird diese Fehler nicht wiederholen.«

Lammy beruft sich in dieser Einordnung auch auf Fiona Hill, die ehemalige Direktorin des Nationalen Sicherheitsrates der USA. Hill, die sich wie Lammy aus sozial schwachen Verhältnissen, in ihrem Fall einer ehemaligen Bergwerksregion im Nordosten Englands, beruflich bis ins Weiße Haus gekämpft hatte, analysierte 2023, dass »der Krieg zu einem Stellvertreter für eine Rebellion ›der übrigen‹ gegen den Westen« geworden sei. Schon lange würde dem »Westen vorgeworfen, mit zweierlei Maß« zu messen. Angesichts der Hortung von Covid-19-Impfstoffen und der unzureichenden Maßnahmen des Westens zur Eindämmung klimabedingter Verluste und Schäden, so Lammy, »haben sie nicht ganz unrecht«. Die Bewältigung der sich verschlechternden globalen Sicherheitslage, mit der das Vereinigte Königreich konfrontiert ist, sei nun die zentrale Aufgabe und erste Verantwortung der britischen Außenpolitik. Diese Politik werde immer auf den Beziehungen des Landes zu den Vereinigten Staaten und Europa beruhen. Diese beiden Mächte seien die »Felsen«, auf denen das Vereinigte Königreich seine Sicherheit aufbaue, aber die Beziehungen der Regierung zu beiden müssen sich weiterentwickeln. Und so legten Lammy und sein Kollege, der neue Verteidigungsminister John Healey, bereits vor den ersten 100 Tagen der Amtseinführung los.

Der erfahrene Healey, der seit 1997 Mitglied im House of Commons ist und Regierungskompetenz aus der Zeit Tony Blairs mitbrachte, entwickelte in enger Abstimmung mit Lammy aus der Opposition heraus ein neues außen- und sicherheitspolitisches Regierungsprogramm mit dem Titel »Britain Reconnected«. Healey war jedoch sicher: Ohne auf die Bedürfnisse der eigenen Streitkräfte einzugehen, wäre er unglaubwürdig. Er suchte den Kontakt zu Eva Högl, der Wehrbeauftragten des Deutschen Bundestages, und ließ sich von ihr erläutern, wie sie versuchte, den Interessen der Soldatinnen und Soldaten Gehör zu verschaffen.

Unmittelbar nach Amtsantritt setzte der neue Verteidigungsminister die größte Gehaltserhöhung für die Streitkräfte seit 22 Jahren (bis zu 6 Prozent) und eine Angleichung der Gehälter der Armee an den »National Living Wage« durch. Hinzu kamen ein neues Leistungspaket mit subventionierten Lebensmitteln, ferner die Zusicherung, dass Soldaten, die von Auslandseinsätzen zurückkommen, nicht ohne Unterkünfte dastünden, sowie die dringend notwendigen Sanierungen von Kasernen.

Erst danach sprach Healey über eine anstehende Überprüfung der nationalen Sicherheitsstrategie. Unter der Anleitung des ehemaligen NATO-Generalsekretärs George Robertson soll die Analyse bereits in der ersten Hälfte des Jahres 2025 abgeschlossen sein. Der neuen politischen Kultur Labours folgend, werden dienende Militärs, Veteranen, Abgeordnete aller Parteien, die Industrie und die Wissenschaft hierzu konsultiert.

Unbestritten ist die Zusage an die Ukraine, die britische Unterstützung zu verstärken. Mehr Artilleriegeschütze, eine Viertelmillion Schuss Munition und fast 100 Präzisionsraketen vom Typ Brimsone, wurden als erstes bereitgestellt.

Nach den bereits beschlossenen »AUKUS-Verträgen« zwischen Großbritannien, den USA und Australien, die es allen drei Nationen ermöglichen sollen, enger zusammenzuarbeiten, um Technologien der nächsten Generation zu entwickeln und die Interoperabilität im indo-pazifischen Raum zu unterstützen, sucht Labour nun auch nach einer engeren Zusammenarbeit im Verteidigungsbereich mit Frankreich, Deutschland und Polen. Mit der »Joint Declaration on Enhanced Defence Cooperation between Germany and the United Kingdom«, einem gemeinsamen Beschluss zwischen dem deutschen Verteidigungsminister Boris Pistorius und John Healey vom 24. Juli 2024, war der britische Verteidigungsminister bereits drei Wochen nach seiner Wahl sehr sportlich über die selbst gesetzte Ziellinie gekommen.

Auch im Außenministerium emanzipierte sich Labour leicht und wich mit der Wiederaufnahme der »UNWRA-Finanzierung« von der US-Außenpolitik ab, indem man wieder Mittel für das UN-Flüchtlingshilfswerk für Palästina bereitstellte. In Erklärungen zum Konflikt zwischen der israelischen Regierung und der Hamas beziehungsweise der Hisbollah stimmten sich Starmer und Lammy selbstverständlich mit Frankreich und Deutschland ab.

In der Folge kündigte der neue Außenminister die teilweise Aussetzung von etwa 30 der insgesamt 350 Waffenexportlizenzen an Israel an, da er befürchtete, dass die von britischen Rüstungsunternehmen gelieferten Waffen in einer Weise eingesetzt werden könnten, die gegen das humanitäre Völkerrecht verstößt. Nach einer zweimonatigen juristischen Prüfung traf das »FCDO« diese Entscheidung auch aufgrund von Bedenken hinsichtlich der Behandlung palästinensischer Gefangener und des Zugangs zu humanitärer Hilfe in Gaza.

Starmer war seit dem 7. Oktober 2023 parteiintern immer wieder großer Kritik aus Gemeinden mit einem hohen muslimischen Bevölkerungsanteil ausgesetzt, weil er unablässig an das Selbstverteidigungsrecht Israels erinnerte. Durch diesen parteiinternen Konflikt hatten sich bei der Unterhauswahl sogar vier »Pro-Gaza-Kandidaten« gegen die jeweiligen Labour-Spitzenleute durchgesetzt. In Liverpool machte Starmer seine Haltung wiederholt deutlich und rief »erneut zur Zurückhaltung und Deeskalation an der Grenze zwischen Libanon und Israel« auf. Er fordere alle Parteien auf, sich »vom Abgrund zurückzuziehen« sowie »erneut einen sofortigen Waffenstillstand im Gazastreifen, die Rückgabe der Geiseln und ein erneutes Bekenntnis zur Zwei-Staaten-Lösung: ein anerkannter palästinensischer Staat neben einem sicheren und geschützten Israel.«

Die Ministerin für Entwicklungszusammenarbeit, Anneliese Dodds, schnürte – kaum im Amt – angesichts der von der Welt scheinbar vergessenen Lage im Sudan umgehend ein Hilfsabkommen für den Südsudan sowie – zur Unterstützung bei der Bekämpfung der Mpox-Epidemie in der Demokratischen Republik Kongo – ein 86-Millionen-Paket für humanitäre Hilfe und die Prävention geschlechtsspezifischer Gewalt.

Das Thema Migration, die im September 2015 – also vor dem Brexit-Referendum – noch 75 Prozent aller Befragten in einer Umfrage von YouGove als »wichtig für das Land« bezeichneten, hielten nach der Regierungsübernahme durch Labour und die gewalttätigen Ausschreitungen vom Juli 2024 noch immerhin 46 Prozent der Briten für bedeutend. Während Innenministerin Cooper zur Verstärkung der Grenzsicherheit bis zu 100 neue spezialisierte Nachrichten- und Ermittlungsbeamte bei der National Crime Agency einsetzte, um gegen Menschenhändler vorzugehen, wurde auf dem Parteitag auch das Thema Abschiebungen von illegalen Arbeitskräften enttabuisiert.

Starmers migrationspolitische Botschaft in Liverpool sollte ein Bekenntnis zu einem »toleranten und mitfühlenden« Großbritannien sein, welches Migration jedoch »kontrollieren«, »verwalten« und mit »starken Grenzen« verbinden könne.

Bei der Durchsetzung der wichtigsten Änderung in diesem Bereich, die Abschaffung der Ruanda-Regelung und die sofortige Bearbeitung der Asylanträge derjenigen, die ohne Visum in das Vereinigte Königreich eingereist waren, ging es jedoch weniger um gutes politisches Handwerk als um den Versuch, die Diskurshegemonie bei einem absolut toxisch aufgeladenen Thema zurückzugewinnen.

Sunaks Regierung hatte mehrere Gesetze verabschiedet, die darauf abzielten, unerlaubt eingereiste Personen dauerhaft vom Asylverfahren auszuschließen. Was in den Ohren der Tory- und UK-Reform-Wähler logisch klang, war in der Praxis jedoch gar nicht umsetzbar. Im Rahmen des Abkommens mit der Regierung in Kigali hätten rein quantitativ nicht mehr als 1 bis 2 Prozent der 65.000 Asylbewerber abgeschoben werden können. Sunak hätte also gar keine legale Alternative zur Bearbeitung von Asylanträgen gehabt, weshalb nicht wenige politische Beobachter darin auch einen Grund für die sehr frühe Ausrufung der Wahlen im Juli sahen. Nun lasteten ausgerechnet die Tories ihre eigene gescheiterte Migrationspolitik und die De-facto-Notwendigkeit, die liegengebliebenen Fälle schnell aufzuarbeiten, Labour als »Amnestie« an.

Das neue Narrativ in Sachen Migration und »Small Boats« musste nun also lauten, kosteneffizientere Alternativen zu einem chaotischen und verschwenderischen Erbe zu beschreiben. Nicht von ungefähr hatte Rachel Reeves ihren Vorgänger Hunt diesbezüglich im Parlament regelrecht vorgeführt. Die Haushaltsbücher seien von ihr in der Bibliothek des House of Commons für jeden einsehbar hinterlegt worden. Daraus ginge hervor, dass 6,4 Milliarden Pfund für Ausgaben im Rahmen der Bearbeitung von Asylanträgen nicht im Haushalt 2024 gegenfinanziert waren. Die »Ruanda-Mittel« würden nun in ein neues Grenzsicherungskommando investiert. Zehntausende von Asylbewerbern – zum Beispiel auf der überfüllten schwimmenden Asylbewerberunterkunft »Bibby Stockholm« – könnten nun mit einer Anerkennung rechnen und dem britischen Staat auf diese Weise täglich Millionen Pfund für ihre teure Unterbringung ersparen. Yvette Coopers neue Rückführungs- und Vollstreckungseinheit mit circa 1.000 Mitarbeitern würde diejenigen, deren Anträge abgelehnt werden, in sichere Länder abschieben – es war nur noch offen, in welche.

Die legale Einreise über Arbeitsvisa ist vor allem im Gesundheits- und Pflegesektor im Vergleich zu 2023 um 80 Prozent zurückgegangen. Die Nettomigration in Großbritannien wird auch mittelfristig weiter fallen. Anfang 2024 hatte die Regierung Sunak noch verschiedene Maßnahmen eingeführt, um die Zuwanderung, insbesondere von Familienangehörigen internationaler Studenten und Pflegekräfte zu verringern. Die Migrationsmuster der Studenten variieren seit der Pandemie wieder. Die Zahl der Studenten, die laut »Migration Observatory« 2023 wieder auswanderten, ist mehr als doppelt so hoch wie 2021 (133.000 gegenüber 55.000). Immer mehr Studierende, die bleiben, beantragen ein Langzeitvisum für qualifizierte Arbeitskräfte, die als Fachkräfte allerdings auch unbedingt und dringend gebraucht werden.

Sehr differenziert ist das Bild mit Blick auf EU-Bürger. Obwohl sich die Politik gegenüber dieser Gruppe erst im Januar 2021 änderte, begann die EU-Nettomigration unmittelbar nach dem Referendum zu sinken. Der Rückgang des EU-Anteils ist auch rein statistisch auf die steigende Zuwanderung aus Nicht-EU-Ländern im selben Zeitraum zurückzuführen. Was das Vereinigte Königreich dringend nötig hätte, wäre eine sachliche Debatte über die Vor- und Nachteile kontrollierter Einwanderung. Die *Financial Times* schrieb nach den Ausschreitungen vom Juli 2024: »Während Meinungsumfragen zeigen, dass die Besorgnis der Öffentlichkeit über legale und irreguläre Einwanderung zunimmt, weisen wissenschaftliche Analysen zu den Auswirkungen der Einwanderung auf Löhne, Kriminalität und öffentliche Dienstleistungen eine Kluft zwischen Wahrnehmung und Realität aus.«

Die Autoren Peter Foster und Amy Borett von der *Financial Times* weisen auch auf wichtige Nuancen hin. »Zum ersten Mal haben sich die Sorgen der konservativen Wähler deutlich von denen der Labour-Wähler unterschieden. Diese Verschiebung fiel damit zusammen, dass sich die vorherige Tory-Regierung nur auf die [...] kleinen Boote [...] konzentrierte, einschließlich des Slogans ›Stoppt die Boote‹ und eine Politik, Asylbewerberanträge nur in Ruanda zu bearbeiten. Trotz der in letzter Zeit zunehmenden Besorgnis ist das Vereinigte Königreich jedoch nach wie vor eines der Länder, die Einwanderung am ehesten akzeptieren. Laut der Umfrage »World Values 2022« gaben 55 Prozent der Briten an, dass sich die Einwanderung positiv auf die Entwicklung ihres Landes auswirke – mehr als doppelt so viele wie in Frankreich und Deutschland.« Welch ein verzerrtes Bild gab dagegen die rechte Berichterstattung zu diesem Thema ab, und – im Umkehrschluss – welche Chance ergab sich daraus für Labour, die Diskurshoheit bei dem Thema wieder zu übernehmen und auf all die Möglichkeiten hinzuweisen, die Migration für das ausbleibende Wirtschaftswachstum bietet?

Stattdessen ließ sich Labour bei jeglichem Versuch, auf der Suche nach Lösungen multilateral vorzugehen, von den Konservativen und der ihr nahe stehenden Presse wie dem Sender *GB News* am Nasenring durch die Manege führen, als ob jede Art von Gesprächsversuch mit Frankreich, Italien oder Albanien als »geheimer Plan« zur Rückkehr unter ein EU-Regime zu bewerten sei.

Während die einen dem neuen Premier also vorwarfen, er wollte im Geheimen den Brexit rückgängig machen, äußerten EU-Beamte und Diplomaten gegenüber *POLITICO*, »dass sie zunehmend daran zweifeln, ob der neue britische Premierminister – jenseits warmer Rhetorik – so sehr daran interessiert ist, den Brexit-Bruch mit Europa rückgängig zu machen.« Das Problem sei, »dass die Leute anfangen zu glauben, dass es sich um eine Fassade handelt, denn wenn man sich mit spezifischen Portfolios befasst – sei es nun Jugendmobilität oder Erasmus – lautet die Antwort immer ›nein‹«.

Starmers rasche Ablehnung von EU-Prioritäten – wie die Einrichtung eines Jugendmobilitätsprogramms und die Wiederaufnahme des Erasmus-Austauschprogramms – ist in den europäischen Hauptstädten schlecht angekommen und hat den anfänglichen Optimismus über die neue britische Regierung getrübt. Doch anders als die Konservativen oder gar Nigel Farages Reform UK unterstrich Starmer öffentlich wiederholt sein nachhaltiges Engagement für bessere Beziehungen zu den europäischen Nachbarn, indem er zum Beispiel die Europäische Menschenrechtskonvention zitierte. Wenn man in Rechnung stellt, dass die letzte Regierung mit dem Austritt aus der Konvention und aus dem Europarat gedroht hatte und wenn man bedenkt, dass diese Botschaft im Land der Magna Charta salonfähig geworden ist, dann müsste man Starmer auch zugestehen, dass er sich – gemessen an diesem niedrigen Niveau – langfristig wieder mutiger äußern wird.

Sein Rechtsverständnis unterstrich er bei seinem ersten Auftritt vor der UN-Generalversammlung in New York am 26. September 2024: »Ich erinnere mich, dass ich als Schüler die Allgemeine Erklärung der Menschenrechte gelesen habe«, begann er seine Rede. »Sie hatte einen tiefgreifenden Einfluss auf mich. Ich habe mich in meiner Laufbahn als Anwalt für den Schutz dieser Rechte eingesetzt, und die Erklärung inspiriert mich auch jetzt noch als Premierminister.« Nachdem Generationen von Diplomaten zuletzt die gefühlte Abwesenheit des Vereinigten Königreichs auf dem New Yorker Parkett beklagt hatten, brachte Starmer sein Land zurück auf die UNO-Bühne: »Nach 20 Jahren, in denen Fortschritte bei der Bekämpfung von Armut, Krankheit und Gesundheitsstörungen erzielt wurden, ist der Krieg einer der Hauptgründe dafür, dass der Fortschritt zum Stillstand gekommen ist. [...] Das geopolitische Rad [wurde] weg von der Rechtsstaatlichkeit hin zu brutaler Gewalt und Aggression gedreht. Das geht uns alle an. Es geht das britische Volk an.«

Das ist doch selbstverständlich – sollten die Diplomaten aus aller Welt meinen. Aber in Wirklichkeit erneuerte Starmer damit das Versprechen des Sicherheitsratsmitglieds Vereinigtes Königreich, seine globale Verantwortung in den Vereinten Nationen wieder wahrzunehmen. Starmer richtete sich dabei auch an das Publikum zu Hause: »Meine heutige Botschaft lautet: Wir bringen das Vereinigte Königreich zurück in eine verantwortungsvolle globale Führungsrolle. Denn ich glaube, dass das internationale System besser sein kann. Wir müssen es besser machen.«

Noch im Dezember 2023 hatten sich hohe Beamte der Regierung Johnson dagegen verwahrt, von den Vereinten Nationen Empfehlungen anzunehmen. Einen Tag, nachdem Rishi Sunak die Abstimmung im Parlament über seine neueste Version des Ruanda-Plans auf Messers Schneide gewonnen hatte, wandte sich der Minister für Internationale Entwicklung, Andrew Mitchell, mit den folgenden Worten an die Presse: »Ich möchte mein außerordentliches Erstaunen darüber zum Ausdruck bringen, dass der UNHCR, der Hohe Flüchtlingskommissar der Vereinten Nationen, den britischen Plan, Menschen nach Ruanda zu schicken, entschieden ablehnt, mit der Begründung, Ruanda sei kein sicheres Land.« Auf die Frage nach der Unterstützung Londons für das UNHCR sagte Mitchell, Großbritannien werde das UNHCR immer für die lebenswichtige Arbeit, die es leistet, finanzieren, wenn wir der Meinung sind, dass es einen Gegenwert für sein Geld erhält – und wenn wir der Meinung sind, dass es im Sinne der Werte und Interessen handelt, die Großbritannien unterstützt. Mehr musste er zur Auffassung der Tories über die Bedeutung von Multilateralismus und internationalem Völkerrecht nicht sagen. Er hätte seiner Geringschätzung nicht besser Ausdruck geben können.

Starmer dagegen erneuerte sofort die Zusagen im Rahmen des internationalen Klimaschutzes und verpflichtete sich zu 11,6 Milliarden Pfund »Klimahilfe in Übersee«, die zwar ursprünglich von der Johnson-Regierung zugesagt worden, aber nie geflossen sind.

Innenpolitisch machte Starmer deutlich, dass die Herrschaft des Rechts auch im Vereinigten Königreich zurück sei. Der neue Nordirland-Minister, Hilary Benn, versprach die Aufhebung des »Legacy and Reconciliation Act« – einer Art Amnestie-Gesetz, das die Verfolgung historischer und weiterhin anhängiger Ermittlungen im Zusammenhang mit dem Nordirlandkonflikt verhindert hätte. Vielleicht war dies zunächst nur Symbolpolitik, aber Hilary Benn gab sich Mühe, Überlebende und Opferfamilien anzuhören.

In den ersten 100 Tagen der Labour-Regierung wurden viele Politikanstöße gegeben, von denen erst in drei, vielleicht fünf Jahren Erfolge zu erwarten sind. Die Obdachlosenverbände werden das Ministerium für Wohnen, Kommunen und lokale Selbstverwaltung unter Angela Rayner mit Argusaugen beobachten, um zu sehen, ob verbindliche Wohnungsbauziele, zu denen die Gemeinderäte verpflichtet wurden, erreicht werden. Das neue Planungs- und Infrastrukturgesetz, welches vorsieht, dass die demokratische Mitsprache bei Projekten nur noch darüber möglich sein soll, wie Häuser und Straßen gebaut werden – nicht ob –, wird sicher nicht nur Freunde finden.

Verkehrsministerin Louise Haigh vermochte es, bereits innerhalb von 14 Tagen nach Dienstantritt den jahrelangen zermürbenden Streik der Lokführer zu beenden und sich auf Verhandlungen um eine Lohnvereinbarung für die Lokführer einzulassen. Als Verkehrsministerin zeichnet Haig ebenfalls verantwortlich für das Versprechen, die britische Eisenbahn zu renationalisieren. Nach 31 Jahren würde diese das erste Mal wieder in öffentliches Eigentum überführt. Wie bei der Deutschen Bahn werden die Reformen Zeit in Anspruch nehmen, und noch manche Pendlerin wird über »die da oben« fluchen, wenn sie einmal mehr zu spät zur Arbeit kommt.

Ed Miliband, Minister im Department for Energy Security and Net Zero, wird den Aufbau der »Great British Energy«-Agentur verantworten. Zunächst wurde das Verbot für Onshore-Windparks aufgehoben, mit dem Ziel, bis 2030 die Onshore-Wind-Energie zu verdoppeln. Darüber hinaus ist Miliband verantwortlich für den Launch der neuen »Great British Energy Partnership«: einer wichtigen Kooperation zwischen der Agentur Great British Energy und dem Crown Estate, die Milliardeninvestitionen in saubere Energie tätigen sollen. 1,5 Milliarden Euro sollen in saubere einheimische Energieprojekte und die Erhöhung der Energiesicherheit des Vereinigten Königreichs fließen (1,1 Milliarden Euro für Offshore- und der Rest für Onshore-Windkraftanlagen). Außerdem will Miliband die Energiepreisobergrenze sowie die unbeliebte Änderung der Winterheizungsbeihilfe in Angriff nehmen. Werden die bedürftigen Rentner tatsächlich verschont bleiben, weil ihre Rentenanpassung den weggefallenen Energiekostenzuschuss ausgeglichen hat? Und ab wann werden britische Haushalte spürbar von der Energie profitieren, die eine Agentur produziert hat, an der sie als Bürger de facto beteiligt sind?

Jonathan Reynolds, Minister im Department for Business and Trade, ist am 14. Oktober 2024 Gastgeber eines großen internationalen Investitionsgipfels, der Labours wichtigster Mission – Wachstum – gewidmet war. Bis zu 300 Branchenführer trafen zusammen, um Investitionen im Vereinigten Königreich zu fördern. Kanzlerin Reeves und Reynolds unterstrichen die Offenheit des Vereinigten Königreichs für Unternehmen und priesen die Investitions- und Wachstumsmöglichkeiten im ganzen Land.

Unter der Leitung von Reynolds will die Regierung auch den Rat für eine Industriestrategie wieder ins Leben rufen – ein Gremium, das von der letzten Tory-Regierung 2018 eingerichtet und 2021 wieder abgeschafft wurde.

Bereits einen Monat nach dem erdrutschartigen Labour-Wahlsieg hatten sich die Spitzen der Dachgewerkschaft TUC und von Make UK, die 20.000 Arbeitgeber im gesamten Vereinigten Königreich vertreten, gemeinsam in warnenden Worten an die Regierung gewandt, dass jetzt schnelles Handeln erforderlich sei, um eine langfristige Industriestrategie auf den Weg zu bringen. Andernfalls riskiere man, Milliarden von Pfund an Investitionen im Ausland zu verlieren. Stephen Phipson, der Vorstandsvorsitzende von Make UK, und Paul Nowak, der Generalsekretär des TUC, betonten, dass es Arbeitgebern und Arbeitnehmern helfen würde, gute Arbeitsplätze in den Mittelpunkt einer robusten und zügigen Industriestrategie zu stellen. »Bis jetzt«, so Phipson, »hörten wir großartige Botschaften, und ich kann [...] das Engagement nicht beanstanden. Aber wir versuchen nur, Sie daran zu erinnern, dass dies nun oberste Priorität haben muss.« Der Gewerkschaftschef Nowak und der Arbeitgebervertreter begrüßten zwar das Bekenntnis der Regierung zur Industrie, das sie in der Rede des Königs gehört hatten, erklärten jedoch, dass sich das Vereinigte Königreich in einem sehr kritischen Moment in einem globalen Wettlauf um Investitionen befinde. Ein Wort vermeidet der neue Wirtschaftsminister John Reynolds jedoch um jeden Preis: Brexit. Überhaupt spielte die EU in der Rhetorik von Reynolds und Reeves in den ersten 100 Tagen keine Rolle.

Wenn die Schaffung von Wirtschaftswachstum und Investitionen die oberste Priorität der neuen Regierung bleibt, wenn die Mischung aus einem unternehmensfreundlichen Umfeld, das Innovationen bereitstellt, aber auch hochwertige Arbeitsplätze im eigenen Land fördern soll, als fester Bestandteil des Labour-Programms bestehen bleibt, funktioniert das dann alles auch ohne den Wiedereintritt in die Zollunion?

Man sei weder arbeitgeber- noch arbeitnehmerfreundlich, so Reeves. Beides ginge nur Hand in Hand. »Arbeit«, so jedoch der wesentliche Unterschied zur Vorgängerregierung mit ihren Dumping-Löhnen, »müsse sich wieder lohnen« und den Staat langfristig von hohen Sozialabgaben entlasten. Wenn es aber – wie im Handels- und Kooperationsabkommen mit der EU festgelegt – vermieden werden soll, dass auf der Insel Dumping-Löhne fortbestehen, wäre es dann nicht klug, das Trade and Cooperation Agreement (TCA) zwischen der EU und dem Vereinigten Königreich, das eines der fortschrittlichsten und nachhaltigsten Handelsabkommen der Welt ist, zu nutzen, anstatt es totzuschweigen? Auch Allianzen zu schmieden würde sich eventuell anbieten.

Der Vertrag bietet den Gewerkschaften und anderen Akteuren der Zivilgesellschaft in der EU und im Vereinigten Königreich die Möglichkeit, ihre Regierungen zur Einhaltung dieser Verpflichtungen aufzufordern. Die Diskussion über die Stärkung der Arbeitsschutzklauseln ist bereits in vollem Gange. Die Zivilgesellschaft ist bislang durch das »Forum der Zivilgesellschaft« auf internationaler Ebene und durch »nationale Beratungsgruppen« (DAGs) auf nationaler Ebene eingebunden. Eine Option, die vom TUC vorgeschlagen wurde, um die Rolle der Zivilgesellschaft zu stärken, ist die Einrichtung eines »privaten Beschwerdeverfahrens«, wobei dies die Regierungsbehörden dazu veranlassen könnte, die angebliche Nichteinhaltung von Arbeitgeberverpflichtungen zu untersuchen, was möglicherweise zu formellen Konsultations- und Schiedsverfahren führen würde, wenn die Angelegenheit nicht gelöst wird. Eine kluge Labour-Politik würde das TCA also zum Schutz und zur Stärkung der eigenen Arbeitnehmerschaft nutzen und auch auf diese Weise und indirekt für mehr Binnennachfrage und Wachstum sorgen.

Mehr Menschen müssen in Arbeit. So viel steht fest. Im Department for Works and Pensions, dem Arbeitsministerium von Liz Kendall, wurde ein »Back to Work« Plan ausgerufen, ein neuer nationaler Arbeits- und Karrieredienst, der mehr Menschen in Jobs bringen und dort halten soll. Neue Arbeits-, Gesundheits- und Qualifizierungspläne für Nichterwerbstätige, die von Bürgermeistern und Kommunen begleitet werden, sowie eine Jugendbeschäftigungsgarantie sollen die Säulen dieser Pläne sein. 9,4 Millionen Menschen sind derzeit nicht erwerbstätig, eine Rekordzahl von 2,8 Millionen Menschen ist aufgrund von Langzeiterkrankungen – die vom überlasteten NHS nicht bewältigt werden können – arbeitslos. 900.000 junge Menschen (jeder achte) befindet sich nicht in Ausbildung. Die Jugendbeschäftigungsgarantie soll allen zwischen 18 und 21 Jahren mehr Möglichkeiten für eine Ausbildung, eine Lehrstelle oder Hilfe bei der Arbeitssuche bieten, um zu verhindern, dass sie schon in jungen Jahren von der Arbeitswelt ausgeschlossen werden.

Seit Langem ist deutlich geworden, dass fehlende Zukunftschancen und Kriminalität in Korrelation stehen. Yvette Cooper, die neue Innenministerin, will das Problem erkannt haben: »Es war schon immer schwierig, durch die Teenagerjahre zu kommen, aber ich habe das Gefühl, dass es für die Generation Alpha noch viel, viel schwieriger geworden ist«, sagte sie dem *Guardian*. Cooper, die schon auf der Labour-Konferenz 2023 das 100 Millionen Pfund schwere Programm »Young Futures« angekündigt hatte, sagte, es werde endlich auch »Jugendzentren« für Teenager geben. Das Programm ziele darauf ab, allen Jugendlichen den besten Start ins Leben zu ermöglichen. Ein Teil der Arbeit werde darin bestehen, die Jugendlichen zu identifizieren, die am meisten gefährdet sind, in Gewalt, Ausbeutung und Kriminalität abzurutschen. Nachdem sie sich wochenlang mit der polizeilichen Aufarbeitung der rassistischen Ausschreitungen befasst hatte, sagte die Innenministerin, sie wolle sich auch diesen Problemen endlich wieder widmen können. Es ist diese Wählergruppe, die Labour 2029 ihre Stimme geben wird oder nicht. Es ist diese Bevölkerungsgruppe, auf die sich Labour in ganz besonderer Weise wird konzentrieren müssen.

Mehr Menschen mit Behinderungen und gesundheitlichen Einschränkungen sollen ebenfalls unterstützt werden, in Arbeit zu kommen und zu bleiben, indem den lokalen Gebietskörperschaften mehr Befugnisse übertragen werden, sodass sie ein kombiniertes Arbeits-, Gesundheits- und Qualifikationsangebot gestalten können, das den Bedürfnissen der Menschen in der Region entspricht, für die sie arbeiten.

Bildungsministerin Bridget Phillipson ließ schon im Juli 2024 erstmals durchblicken, dass die mögliche Abschaffung der umstrittenen Beschränkung des Kindergeldes Teil einer Überprüfung durch die »Arbeitsgruppe zur Bekämpfung der Kinderarmut« sein werde, die sie gemeinsam mit der Ministerin für Arbeit und Renten, Liz Kendall, leiten werde. Aus den 2024 vom Ministerium für Arbeit und Renten veröffentlichten Zahlen ging hervor, dass im April dieses Jahres 1,6 Millionen Kinder in Haushalten lebten, die von dieser Obergrenze betroffen waren, während es bis April 2023 noch 1,5 Millionen waren. Von diesen Kindern lebten 52 Prozent in Haushalten mit drei Kindern, 29 Prozent in Haushalten mit vier Kindern und 19 Prozent in Haushalten mit fünf oder mehr Kindern. Die unabhängige »Resolution Foundation« ließ daher auch gegenüber der neuen Regierung nicht nach zu erklären, dass die Abschaffung der Zwei-Kind-Grenze die Regierung im Jahr 2024/25 »nur« zwischen 2,5 und 3,6 Milliarden Pfund kosten würde, und dass diese Kosten »gering sind im Vergleich zu dem Schaden, den die Politik langfristig verursacht«.

Phillipson will auch das Ausbildungssystem verändern. Die Initiative »Skills England« will zentrale und lokale Behörden, Unternehmen, Bildungsanbieter und Gewerkschaften zusammenbringen, um die Qualität und Quantität der Berufsausbildung zu verbessern. Die Schattenministerin für Qualifikationen und Weiterbildung, Seema Malhotra, hatte über einen Besuch beim Bundesinstitut für Berufsbildung (BIBB) in Bonn fachliche Beratung einholen können, die jetzt in Teilen umgesetzt wird. Finanziert werden soll dies auch durch die Abschaffung der Mehrwertsteuerbefreiung für Privatschulen ab dem 1. Januar 2025. Nicht wenige Mittelklasse-Eltern, die eine erste Generation Kinder auf eine solche Schule schicken, während sie dafür ihre letzten Ersparnisse aufbringen, bringt das jedoch in Rage. Die Regierung wird einen langen Atem benötigen, bis öffentliche Schulen wieder den gleichen Rang einnehmen wie zu Starmers Jugend, sodass sie einen realen Bildungsaufstieg ermöglichen können.

Nach dem Willen Starmers, des »Anti-Populisten«, soll ab jetzt wieder Sachpolitik in den Vordergrund rücken. »Stabilität ist Wandel« heißt nun das nicht sehr revolutionär und sexy klingende Programm. Man wolle »nicht predigen, sondern zuhören«, so der langjährige Generalsekretär, David Evans. Wir brauchen »Taten, keine Worte«, und die Menschen müssten »unmittelbar spüren können«, dass eine Labour-Regierung »den Unterschied in ihrem Leben« mache. Nur wenn man das Übel des Populismus an der Wurzel packe, indem man die immensen gesellschaftlichen Probleme auch wirklich löse, könne man erfolgreich sein. Nur durch eine Politik, die den sozialen und wirtschaftlichen Zusammenhalt stärkt und das Bedürfnis der Menschen nach Zugehörigkeit und einer gemeinsamen Identität ernster nähme als bisher, könne es gelingen, dem Populismus seine Protestgründe wenigstens teilweise zu entziehen. Dies werde ohne Ausschluss von Gruppen passieren. Gerade gesellschaftliche Minderheiten, »the vulnerable« (die Verwundbaren), wie zum Beispiel Transpersonen, so fügte Starmer hinzu, könnten sich des »vollen Respekts« der Labour Party sicher sein.

Noch nie seit 1908 lag der Stimmenanteil für beide großen Parteien zusammengerechnet so niedrig (57,4 Prozent) wie bei der letzten Unterhauswahl. Diese Warnung muss genügen, um die neue, riesige Labour-Fraktion im Parlament aufeinander einzuschwören und Zusammenhalt herzustellen. »Hoffnung«, so Starmer, »Vertrauen« und »Zuversicht« sind das, was die Briten jetzt benötigten. Auch ein neuer, sehr strenger Verhaltenskodex für Abgeordnete soll verloren gegangenes Vertrauen in die Politik zurückbringen. Wie schnell der Regierungschef dabei selbst in den Fokus geraten kann, davon zeugte die Berichterstattung über Spenden an seine Familie aus dem Sommer 2024.

Die Herausforderungen sind riesig und ihre Bewältigung muss schnell gehen. Ob dabei die neuen sogenannten »Delivery Boards« den Ausschlag geben werden, muss sich zeigen. Diese spezialisierten Gruppen oder Ausschüsse, die eingerichtet werden sollen, um die

Umsetzung der wichtigsten strategischen Ziele zu überwachen, sind Teil der umfassenderen Strategie Starmers, um eine wirksame Governance und Rechenschaftspflicht zu gewährleisten.

Jedes dieser Gremien soll aus Experten, Interessenvertretern und hochrangigen Beamten zusammengesetzt sein. Sie sollen für einen zielgerichteten und koordinierten Ansatz bei der Lösung komplexer Probleme sorgen, indem sie unterschiedliche Perspektiven und Fachkenntnisse auf der kommunalen, regionalen und nationalen Ebene zusammenbringen. Labour will sich dabei konkrete, klare und messbare Ziele setzen. Die Fortschritte der »Delivery Boards« sollen regelmäßig überprüft und Abweichungen oder Herausforderungen frühzeitig erkannt werden, um gute Lösungen zu finden. Daher ist eine Rechenschaftspflicht nötig, um regelmäßig und transparent über die Fortschritte der jeweiligen Mission zu berichten – gegenüber der eigenen Partei, aber natürlich auch der Öffentlichkeit. Doch wie wird dies das Verhältnis zu den Devolved Nations, deren Vertreter in Belfast, Edinburgh oder Cardiff sitzen, verändern? Wird sich das Misstrauen gegen »die da oben« abschwächen lassen, indem »normale« Bürgerinnen und Bürger aus der Kommunalpolitik die Expertenrunden ergänzen?

Was sehr technokratisch klingt, ist der schlichte Versuch, die britische Politik wieder auf ein normales Handlungsniveau zurückzuführen, wo es darum geht, Lösungen für die dringendsten Probleme der Menschen zu finden, den britischen Staat wiederzubeleben und Politik nachhaltiger zu gestalten. Mehr noch, da sich Demokratie ständig weiterentwickeln und anpassen muss, bietet dieser Ansatz des »missionsorientierten Regierens« in Großbritannien ja vielleicht auf lange Sicht gute Beispiele, die auch auf andere Länder in Europa übertragen werden können. Mit Deutschland konnten die Briten bereits ihre Erfahrungen in der Umsetzung der Energiewende vergleichen, die demselben Ansatz folgt.

Den Kritikern des missionsorientierten Ansatzes warf Starmer kurz vor den Wahlen im *Guardian* entgegen: »Ein weiteres Ignorieren des Vertrauensverlustes in die Politik wird nur in einem neuen Erstarken des rechten Rands enden.« Er wird sich selbst an seine Worte erinnert haben, als das Königreich nur vier Wochen nach Amtsantritt eine rechte Welle der Gewalt erlebte. Ein neuer Bericht des »UCL Policy Lab« und von »More in Common« aus dem Juli 2024 hatte ergeben, dass »die Wähler die Parlamentswahlen 2024 genutzt haben, um dem politischen Mainstream Großbritanniens eine letzte Warnung zukommen zu lassen, dass sich die Art und Weise, wie Großbritannien funktioniert, ändern muss, und dass die Politiker mehr Respekt für die einfachen Menschen zeigen« müssen.

Die Untersuchung, so *UCL*, zeigte auch auf, dass die beispiellose politische Zersplitterung und die hohe Wahlenthaltung im Juli durch einen wachsenden Zynismus gegenüber der Politik und das Gefühl angetrieben wurden, dass der politische Mainstream einfach nichts für die normalen Menschen leisten könne. Dem Bericht zufolge glauben beängstigende 74 Prozent der britischen Öffentlichkeit, dass Großbritannien im Dienst der Reichen und Einflussreichen manipuliert würde. Angesichts der Frustration der Öffentlichkeit darüber, dass ihre Forderungen nach Veränderungen beim Brexit-Referendum 2016 und bei den Wahlen 2019 nicht vollständig beachtet wurden, warnt der Bericht, »dass die Kernaufgabe der nächsten Regierung laute, die Erwartungen der Wähler an Veränderungen zu erfüllen, da sonst die Gefahr besteht, dass sich mehr Wähler dem Populismus zuwenden.«

Und die Tories? Es bleibt abzuwarten, welchen Weg die »abgestrafte« Partei nun einschlagen wird. Zum Zeitpunkt des Redaktionsschlusses für dieses Buch befand sich die Partei wieder einmal auf der Suche nach einem oder einer neuen Vorsitzenden. Gelingt ein Neuaufbau in der Opposition unter dem Motto »zurück zu den Wurzeln«, oder erliegt man dem zweifelhaften »Charme« eines Nigel Farage und sucht mit ihm und Reform UK den Schulterschluss? Die 800 Jahre alte Demokratie des Vereinigten Königreichs hat sich oft als resilient erwiesen. In den nächsten zehn Jahren wird voraussichtlich keiner der Akteure, die für »Broken Britain«, das gebrochene Großbritannien, verantwortlich sind, je wieder auf der Regierungsbank Platz nehmen.

Doch was bleibt vom populistischen Experiment? Es hat Repräsentationsdefizite in der britischen Politik offengelegt, an denen Keir

Starmers Partei arbeiten muss. Er wird sich nicht ausruhen und darauf vertrauen können, dass eine nachwachsende, über den Brexit enttäuschte und in einem ausgelaugten Staat lebende Jugend einfach darauf vertraut, dass die Dinge irgendwann besser werden. Nicht nur die Konservativen, auch die Labour Party wurde zu Korrekturen gezwungen und wird Verantwortung dafür tragen müssen, dass das Rechtssystem wieder in eine Balance kommt, dass freie Meinungsäußerung nicht zu *Hate Speech* mutiert, dass Großbritannien ein offenes Land bleibt und junge Männer und Frauen wieder mit Zuversicht in den Spiegel blicken können, egal welche Hautfarbe sie darin sehen.

So for the ones who parted seas (ah yeah)
For the ones who's following dreams (ah yeah)
For the ones who opened doors (ah yeah)
And allowed us to pass down keys (ah yeah)
Pray that we speak with a tongue that is honest
And that we understand how to be modest
Pray when she looks at herself in the mirror
She sees a queen
She sees a goddess

Coldplay, We Pray, 2024

Die Autorin

Michèle Auga, geb. 1967, Politikwissenschaftlerin, leitet seit 2021 das Büro der Friedrich-Ebert-Stiftung in London. Sie ist häufige Kommentatorin zu Fragen der britischen Innen- und Außenpolitik in den deutschen Medien. Als Politikberaterin sammelte sie über zwanzig Jahre Berufserfahrung unter anderem in Berlin, Johannesburg, New York und Jerusalem. Zuvor war sie Leiterin des Referats Westeuropa und Nordamerika der FES.